Découvrir la Bible
100 textes essentiels commentés

Philippe Haddad
Bernard Miserez

Découvrir la Bible

100 textes essentiels commentés

Robert Laffont

Les extraits de la Bible hébraïque sont tirés de *La Bible, Traduite du texte original par le Rabbinat français,* sous la direction du Rabbin Zadoc Kahn © Éditions Colbo, 1999.

La traduction des extraits du Nouveau Testament est celle de l'Association épiscopale liturgique pour les pays francophones (AELF).

ISBN : 978-2-221-25771-5
Dépôt légal : novembre 2021
Éditions Robert Laffont – 92, avenue de France 75013 Paris

Sommaire

INTRODUCTION À *NOTRE BIBLE*

LA BIBLE HÉBRAÏQUE

LE NOUVEAU TESTAMENT

INTRODUCTION À *NOTRE BIBLE*

Introduction de Philippe Haddad

Le best-seller

Selon le *Guinness World Records* de 2020, la Bible reste le livre le plus vendu au monde avec plus de 5 milliards d'exemplaires. Ainsi, depuis au moins 2 500 ans, le Livre, que juifs et chrétiens attribuent à l'inspiration divine, produit toujours son miracle de librairie.

Vendu signifie-t-il *lu* ? Si oui, par qui ? Et sa lecture fait-elle consensus dans sa compréhension ? Sa vente à travers le monde, ce qui implique sa traduction dans toutes les langues et tous les dialectes, laisse penser que des milliards d'individus, hommes et femmes, continuent d'y puiser une source de foi, ou au moins une source de sagesse ou de savoir-vivre. Sans doute l'agnostique, voire l'athée pourraient-ils y trouver un intérêt, ne serait-ce qu'en tant qu'objet culturel qui a façonné, même de manière inconsciente, l'esprit occidental et, dans une certaine mesure, influencé l'islam également. Quelques curieux aimeront découvrir ou relire les récits de l'arche de Noé, de la tour de Babel, la libération des Hébreux d'Égypte, la tendre histoire de Ruth, ou méditer sur le « vanité des vanités » de l'Ecclésiaste.

Ce que l'on désigne par culture judéo-chrétienne jaillit d'abord d'un livre : la Bible. Très tôt, elle a inspiré des poètes, des peintres, des sculpteurs, des cinéastes, des philosophes, etc. Elle a pu être aimée, chérie, défendue ; elle a pu être critiquée, rejetée, vomie ; mais elle n'a jamais laissé indifférent.

Bible et Bible

Parler de la Bible (du grec *biblos,* « livre »), c'est d'abord parler d'une bibliothèque de livres, mais c'est tout autant parler de ceux qui l'ont portée, transcrite, commentée, depuis ses premières formes jusqu'à aujourd'hui, à savoir le monde juif puis le monde chrétien.

Participant à l'écriture juive, il me revient de parler de *ma* Bible. À l'époque antique, les rabbins (enseignants du judaïsme) ont divisé ce grand corpus en trois parties : le Pentateuque (*Torah*), les Prophètes (*Néviim*) et les Écrits (*Kétouvim*), eux-mêmes subdivisés en livres que nous présenterons dans cet ouvrage à deux voix.

Quand le judaïsme, la religion juive, parle de la Bible, il parle du *Tanakh,* terme formé des initiales hébraïques du triptyque mentionné. Mais il n'englobe pas les Évangiles qui restent, dans le prolongement de la Bible hébraïque, la part de la foi chrétienne.

Le fait que cette Bible hébraïque soit commune aux deux religions confirme, si nécessaire, que le christianisme naquit du sein du judaïsme, mais s'en détacha en proclamant la messianité de Jésus, qui naquit, vécut et mourut en juif. Les Pères de l'Église parlèrent alors de l'Ancien Testament et du Nouveau Testament. Est-ce un hasard si quelques personnages et sagas bibliques se retrouvent aussi dans le Coran ?

Pourquoi la Bible

Tout livre répond à l'intention d'un auteur, et la Bible n'échappe pas à la règle : affirmation qui signifie d'emblée que le judaïsme – pas plus que le christianisme – ne croit pas qu'elle soit tombée toute faite du Ciel. L'auteur ? Historiquement parlant, il nous faut évoquer *des* auteurs, voire d'écoles d'écriture et de composition, de rédacteurs et de compilateurs, jusqu'à sa forme définitive, au IIe siècle avant l'ère chrétienne. Considérant que les premiers écrits remontent au roi judéen Josias (648-609 avant J.-C.), il a fallu près de cinq siècles pour obtenir ce Livre qui allait engendrer le « peuple du Livre », et, par effet domino, bouleverser le Proche-Orient, l'Occident et le monde (même la Chine contemporaine a réécrit *sa* Bible).

Pourquoi la rédaction de la Bible ? Parce qu'elle raconte une histoire et qu'elle exprime une foi. Une histoire : celle du peuple hébreu qui devint plus tard le peuple juif, dont Abraham et Sarah siègent en couple originel ; une foi : celle vouée à un seul Dieu, Créateur des Cieux et de la Terre, quand l'humanité proclamait un panthéon de puissances tutélaires.

L'écriture de la Bible mit en marche la révolution monothéiste. Elle portait avec elle l'idée d'une histoire horizontale et progressive, et non plus cyclique, où les dieux ne pouvaient plus tout décider pour l'homme (le *fatum*), puisque l'homme était présenté libre face à Dieu et face à son propre avenir. Sans l'exercice de la justice, sans le vécu de l'amour, ces valeurs restaient suspendues au Ciel, mais non incarnées sur Terre.

Par ce Livre, des idées nouvelles furent semées tels des germes qui allaient éclore plus tard : la vision unitaire du cosmos, alors que les peuples antiques voyaient dans les forces de la nature autant de divinités tutélaires ; la liberté, la responsabilité et la dignité de tout être humain, masculin et féminin ; l'éthique, fondement de la religion ; l'espérance d'un monde pacifié ; la fraternité universelle, etc.

Plusieurs auteurs, plusieurs livres, avons-nous dit, d'où les contradictions inhérentes à une écriture collective prolongée dans le temps. Parfois le Dieu biblique gronde, s'emporte, ne peut retenir sa colère, parfois il se révèle dans « la voix d'un doux silence » ; parfois il détruit son monde, parfois il envoie un prophète sauver les pécheurs ; parfois il impose son décret sans négociation, parfois la requête de quelques jeunes filles l'amène à réviser sa copie ; parfois sa présence pèse de tout le poids de sa gloire, parfois il s'absente quand l'on voudrait qu'il retienne le bras du meurtrier…

La Bible révèle les contradictions de Dieu comme pour mieux souligner les contradictions de l'homme, masculin et féminin. C'est pourquoi il faudrait lire la Bible du début à la fin, et idéalement en hébreu (combien de traductions sont de véritables trahisons) pour suivre le cheminement de cette histoire et de cette foi, histoire vivante et foi vive, pour y découvrir les impasses et les horizons lumineux, les révoltes et les espérances. L'histoire d'un peuple lié à son Dieu, l'histoire d'un Dieu qui ne peut se défaire de l'histoire des hommes.

La canonisation

Le *Tanakh* recense vingt-quatre livres reconnus par le judaïsme et le christianisme comme inspirés par Dieu. Car les nombreux héros qui peuplent cet univers affirmaient recevoir leurs paroles de la Transcendance ; mais d'autres rouleaux circulaient, d'autres récits. Les manuscrits de la mer Morte en témoignent. Finalement, il a fallu trancher – acte religieux autant que politique – quant à ceux qui allaient être canonisés, c'est-à-dire reconnus dans la norme, le « canon », portant dès lors l'imprimatur de l'inspiration céleste. Quant aux autres, ils furent appelés « apocryphes », c'est-à-dire « cachés », et considérés donc comme peu inspirants.

Au moment de cette canonisation, au début du IIe siècle, on estima que Dieu avait assez parlé et que sa créature humaine était suffisamment informée pour comprendre ce que ce Dieu-là, à la morale exigeante, attendait de sa créature créée à son image. La liste des livres appartenant à ce canon était donc fixée et plus aucun texte ne viendrait le rejoindre.

Actualité de la Bible

Qu'est-ce que l'histoire d'un petit peuple du Proche-Orient antique, qu'est-ce que sa foi et sa religion ont encore à dire à notre humanité, mondialisée, hyperconnectée, ultra-libéralisée ? Que pèse quantitativement la religion d'Israël après l'expansion du christianisme et de l'islam, après les enseignements du bouddhisme et des cultures de l'Extrême-Orient ?

Les héros ont changé d'origine et de superpouvoirs, *Harry Potter* ou les *Advengers* de Marvel font plus rêver la jeunesse friande d'aventures que Moïse, Élie ou Isaïe. La science-fiction tournée vers un avenir hypersophistiqué, électronisé, transhumanisé ouvre un nouvel imaginaire, de nouveaux horizons de Salut. La Bible juive pèsera-t-elle encore longtemps dans la balance ?

Un optimisme atavique nous laisse penser que nous n'en avons pas fini avec la Bible, parce que la Bible n'en a pas fini avec nous. Peut-être qu'entre autres, la rencontre d'un professeur japonais de *midrach* à l'université de Tokyo m'a renforcé dans ma conviction, puisqu'il affirmait remplir son amphithéâtre chaque année ; les travaux remarquables du professeur Thomas Römer sur les origines et la constitution de la Bible ajoutent à cette conviction d'un intérêt toujours renouvelé...

Car, au final, de qui parle la Bible ? De Dieu, certes, mais si peu (l'Hébreu n'est pas un théologien) ; elle parle surtout de l'homme, non pas de l'homme hébreu ou judéen ou juif, mais de l'homme tout court. D'où le débat stérile sur la véracité des faits bibliques. La Bible est un livre de conscience, non de science. Elle s'adresse à l'éternel humain, comme on a pu décrire « l'éternel féminin ».

Les uns croient à la véracité des récits, d'autres – même au sein du peuple juif – y voient de purs contes et légendes. L'heure où nous écrivons n'est plus à la disputation, mais à l'urgence écologique, éthique, au « principe responsabilité », selon Hans Jonas.

En relisant la Bible aujourd'hui, cette urgence crève le parchemin. Ce qui se dissimulait en filigrane dans les versets saute aux yeux du moderne : la parité homme-femme, l'équilibre corps et âme, le respect de la nature, l'amour du prochain et l'accueil de l'étranger, l'humanisation du travail, la mondialisation, la question du bonheur, la nécessité vitale d'une loi d'équilibre, l'éducation des enfants, le particularisme et l'universalisme, etc.

Certes la Bible a été et reste la mémoire d'un peuple et d'une religion, mais elle ne semble pas connaître de frontières, car elle parle de l'humain, non tel qu'il devrait être, mais tel qu'il est ; être de désir plus qu'être de raison, être de faiblesse, mais capable de sagesse et du sursaut moral qui fait toute sa dignité et toute sa grandeur.

À travers les soixante textes que nous avons choisis – subjectivité de l'auteur –, nous avons tenté de relever le défi de faire du nouveau avec de l'ancien, de redire dans le langage de notre temps, selon nos préoccupations quotidiennes, ce que ces textes pouvaient encore nous dire. Nous espérons avoir réussi, sinon la faille viendra de l'auteur, non du Livre.

Mais avant de conclure, permettez-moi d'ajouter ma foi personnelle. L'humanité a trop souffert et continue de souffrir de l'intransigeance religieuse. À l'orée de ce XXIe siècle, nous sommes les témoins de ces dérives sauvages, insupportables pour l'âme civilisée. Aussi, le phénomène interreligieux, le dialogue interreligieux, par la Parole ou par l'écrit, ne présentent pas pour nous un épiphénomène, mais le défi pour tous les croyants, de foi et de bonne foi, de bâtir un monde de paix. Tel est, du début à la fin de notre écriture, l'esprit « sain » qui nous anime.

La tradition juive, pour parler de la Bible, utilise communément le mot *Mikra* « Lecture », c'est donc à une bonne lecture que nous invitons la lectrice, le lecteur, avant de passer la plume au père Bernard Miserez.

P. H.

Introduction de Bernard Miserez

Lire la Bible, pour la tradition chrétienne, est une invitation à dialoguer. Toute l'histoire de l'Alliance de Dieu avec l'humanité y est racontée. Ce sont des femmes et des hommes comme nous qui sont les acteurs de ce récit. Dans leur vie, Dieu a parlé. La joie et la souffrance ont tissé la trame de leur existence. Ils ont connu l'épreuve et le doute, la foi et l'espérance. Comme nous, ils ont marché avec le mystère de leur vie.

Quand le christianisme parle de la Bible, il distingue et unifie l'« Ancien Testament » ou « Première Alliance » et le Nouveau Testament. L'Ancien Testament est composé de l'ensemble de la Bible hébraïque augmentée, pour les catholiques et les orthodoxes, d'autres livres, appelés deutérocanoniques, finalement non retenus dans la Bible hébraïque parce que transmis en langue grecque – mais appartenant à la tradition hébraïque. Il s'agit des livres de Judith, de Tobie, des passages grecs du livre d'Esther, des deux livres des Macchabées, du livre de la Sagesse, de l'Ecclésiastique, des premiers chapitres du livre de Baruch et des passages grecs du livre de Daniel. Cet « Ancien Testament », c'est la Bible que Jésus a connue, avec laquelle il a écouté et prié la Parole de Dieu. Le « Nouveau Testament », comme son nom l'indique, désigne la nouvelle alliance révélée et accomplie par Jésus de Nazareth. Reconnu comme Fils de Dieu, Jésus, Christ (c'est-à-dire « oint », choisi et consacré par Dieu), réalise la promesse des origines, chantée par les patriarches et les prophètes. Cette Parole de Dieu qui a traversé les siècles prend corps en Jésus et devient pour la foi chrétienne le lieu de la Révélation totale et définitive. L'humanité de Jésus révèle Sa divinité. Il est homme, il est Dieu.

Une communauté de disciples, appelés par Jésus, s'est progressivement constituée autour de lui. En les associant à sa mission, il les envoie annoncer, eux aussi, la proximité du Royaume de Dieu. Après sa mort et sa résurrection, devant le témoignage des apôtres et des croyants, de nouvelles communautés ont été fondées bien au-delà de Jérusalem. En mémoire du Seigneur, elles se réunissaient le premier jour de la semaine, lendemain du shabbat, jour de la Résurrection du Christ, pour l'écoute de la Parole et le partage du pain. Grâce aux premiers témoins de la vie de Jésus, la tradition orale s'est transmise aux communautés de croyants rassemblés. De plus, la première génération de chrétiens pensait que la fin des temps était proche et le retour du Christ imminent. Ainsi, la littérature du Nouveau Testament la plus ancienne vient répondre aux questions brûlantes que se posent les chrétiens. Ce sont des lettres et des épîtres de Paul notamment.

D'après la plupart des exégètes, les Évangiles apparaîtront plus tardivement, à partir des années 65-70 pour celui de Marc, puis vingt ans plus tard pour les évangiles de Matthieu et de Luc, et enfin autour de l'an 100 pour celui de Jean. Le mot Évangile signifie « Bonne Nouvelle ». Ces récits organisés contiennent l'enseignement de Jésus, ses faits et gestes et bien sûr sa Passion et sa Résurrection.

Le Nouveau Testament est formé de vingt-sept livres en grec. Les quatre évangiles y tiennent une place de choix. Les Actes des Apôtres, suivis des lettres de Paul (l'Épître aux Hébreux, puis les Épîtres pastorales), les épîtres de Pierre, de Jean, de Jacques et de Jude, ainsi que le livre de l'Apocalypse montrent l'abondance de la littérature chrétienne dès le début du christianisme. À l'instar de la Bible juive, le canon des Écritures du Nouveau Testament connaîtra de multiples épisodes avant d'être définitivement accepté dans le courant du IVe siècle. Un nombre considérable de textes ont vu le jour dès la fin du Ier siècle. Parmi eux, des évangiles, la *Lettre à Diogène*, la *Didascalie des douze apôtres*, et tant d'autres écrits appelés « apocryphes » n'ont pas été retenus pour entrer dans le canon des Écritures. En effet, un des critères qui ont guidé le discernement de sélection des textes canoniques prenait en compte le lien indiscutable de l'auteur avec un des apôtres.

Ces écrits nourrissent depuis deux mille ans les générations de croyants et ne cessent de faire signe à l'humanité entière.

La Bible est un livre universel, destiné à révéler un chemin pour le devenir humain. Certes, pour le croyant qui fonde sa vie sur Jésus Christ, l'Écriture sainte est d'abord une Parole, celle de Dieu et celle de l'homme. Il la reçoit dans un dialogue amoureux, offrant à cette Parole vive toute son écoute pour qu'elle féconde en lui la vie même de Dieu. Cette Parole accueillie est alors agissante. Elle n'est pas réduite à un texte, fût-il sacré. Elle fait naître celui qui la reçoit puisqu'elle s'incarne dans l'intimité de son être.

Les auteurs bibliques du Nouveau Testament ne manquent pas de souligner « l'efficacité » de la Parole du Seigneur. Des femmes et des hommes se sont levés à l'écoute de cette Parole pour devenir des témoins, parfois inattendus, de sa puissance et de sa fécondité. Les Évangiles nous racontent aussi combien les rencontres de Jésus ont pu transformer la vie de celles et de ceux qui ont croisé son chemin.

Cette Parole est subversive. Elle continue de susciter ce qu'il y a de meilleur en l'homme pour faire vivre une fraternité possible sur la Terre. Elle est vivante et stimulante. Elle est Présence qui appelle à vivre dans la liberté et la confiance.

B. M.

Mot de l'éditeur

Deux auteurs

Deux auteurs ont été choisis pour ce livre, un juif pour la Bible hébraïque, un chrétien pour le Nouveau Testament, pour que tous les textes soient présentés de la façon la plus vivante possible. Ce que les chrétiens appellent « Ancien Testament » ou « Première Alliance » est pleinement assumé par eux : ces textes font partie de « leur » Bible et de leur liturgie. Par ailleurs la fidélité de Jésus à la Loi juive, depuis les rites liés à sa naissance jusqu'à sa récitation d'un psaume sur la Croix, est désormais tout à fait reconnue tant par les juifs que par les chrétiens. Pourtant, l'actualité des textes de la Bible hébraïque est forcément étudiée plus profondément par les personnes de confession juive, et la richesse extraordinaire de millénaires d'interprétation mieux connue et prolongée par ces dernières. Nous avons voulu que les lecteurs puissent bénéficier de tout cela. Ce livre en commun est également un signe heureux de l'engagement fraternel entre juifs et chrétiens dont une étape essentielle a été la déclaration *Nosta AEtate* du concile Vatican II, largement renouvelée par chaque communauté à l'occasion de son cinquantième anniversaire, en 2015.

Quelles traductions ?

Les extraits bibliques de cet ouvrage proviennent, pour la Bible hébraïque, de la traduction du Rabbinat, pour le Nouveau Testament, de la traduction liturgique de la Bible. Ce sont celles utilisées le plus communément dans les synagogues et les églises catholiques françaises. Elles sont « reconnues » et ont été écrites pour être facilement comprises tout en étant suffisamment proches du texte. D'autres traductions font encore mieux entendre la langue d'origine ou sont encore plus proches de notre langage actuel : faute de connaître l'hébreu et le grec, le lecteur pourra également s'y référer.

Ambition de ce livre

L'ambition de ce livre n'est pas de *prouver* les grands enseignements bibliques : création *ex nihilo*, par étapes et bonne, du monde ; Alliance du Dieu créateur avec Abraham et sa descendance à laquelle il s'est révélé notamment par les prophètes ; pour les chrétiens, divinité de Jésus. D'autres ouvrages exposent et exposeront les travaux de leurs auteurs sur les rapports entre foi et la science. Son ambition est de permettre au lecteur de « découvrir la Bible », c'est-à-dire d'entrer dans un texte qui a traversé les siècles et marqué notre civilisation et l'ensemble du monde. Il s'agit d'en éclairer les sens, de déplier ce qu'il dit, de le remettre si nécessaire dans un contexte, de voir ce en quoi il nous concerne aujourd'hui, croyants ou non. Certains passages ont traversé les siècles sans prendre une ride et nous touchent immédiatement, d'autres semblent trop connus pour qu'on fasse encore attention à leur sens, pourtant souvent révolutionnaire, d'autres enfin paraissent obscurs et peuvent (parfois !), avec quelques clés, devenir beaucoup plus lisibles.

Structure et notations

Les extraits de la Bible hébraïque sont présentés dans l'ordre canonique de cette dernière, avec notamment ses trois grandes parties : *Tanakh* (Pentateuque), Écrits et Prophètes. Les lecteurs habitués à une Bible catholique ou orthodoxe verront de légères différences par rapport à l'ordre adopté dans celles-ci, sans bouleversement toutefois, hormis l'absence des livres deutérocanoniques.

Par souci de lisibilité, les références bibliques sont données en toutes lettres, sans abréviation. À savoir toutefois : après le nom du livre, le premier chiffre est celui du chapitre, ensuite sont indiqués les versets dont il est question. Par exemple : Genèse 1, 3, qui se réfère au livre de la Genèse, premier chapitre, verset 3. Et lorsqu'un chiffre précède le nom d'un livre, il s'agit du « numéro » du livre. Par exemple : 1 Rois 3, 18-20 se réfère au premier livre des Rois, chapitre 3, versets 18 à 20.

LA BIBLE HÉBRAÏQUE

Tanakh

« Ancien Testament »

Introduction à la Bible hébraïque

Le livre de la foi d'Israël

Chaque tradition religieuse ou spirituelle possède son ou ses textes fondateurs. Le peuple d'Israël appuie sa foi sur la Bible hébraïque que la tradition chrétienne a appelée « Ancien Testament », et qu'aujourd'hui elle nomme plus fréquemment « Première Alliance ».

Le peuple juif a hérité de la tradition religieuse de ses ancêtres antiques : les Hébreux. En effet, dans ses origines lointaines (– 1800), on parle du peuple hébreu ou peuple d'Israël, constitué de douze tribus. À la mort du roi Salomon (vers – 930), un schisme s'opère entre le royaume du Nord, ou royaume d'Israël, et le royaume du Sud, ou royaume de Juda. Le royaume du Nord sera détruit en – 722 par les Assyriens. Ne subsistera alors que le royaume du Sud, judéen, avec Jérusalem comme capitale, où avait été érigé le Temple salomonien. En – 586, ce royaume sera à son tour détruit par les Babyloniens, et sa population déportée : on ne parlera plus des Hébreux, mais des Judéens, ce qui donnera par la suite le terme « Juif ».

Le terme « Bible » vient du grec *biblos* et signifie « livre », au singulier. Or, la Bible hébraïque n'est pas *un* livre, mais un ensemble de livres qui, selon un découpage que nous présenterons, s'élèvent au nombre de vingt-quatre.

À la différence des Évangiles et du Coran qui présentent un récit autour d'un personnage central – Jésus, Mahomet –, la Bible constitue une bibliothèque de livres très différents, et aux héros multiples. On y trouve les récits des origines du monde et des peuples (des récits métaphoriques, sans prétention scientifique !), la naissance du peuple d'Israël jusqu'à la monarchie, puis la déportation à Babylone et le retour sur la terre ancestrale. À ces récits s'ajoutent la loi de Moïse, les oracles des prophètes, le livre des Psaumes – premier livre de prières d'Israël – des livres de sagesse, des fictions et des proverbes édifiants pour la foi des lecteurs.

La tradition juive utilise rarement le terme « Bible », sauf à parler de son texte fondateur avec le monde non juif, et en particulier avec le monde chrétien. Mais elle utilise plus naturellement deux termes : soit celui de *Mikra*, soit celui de *Tanakh*.

Le *Mikra*

Le terme *Mikra* signifie « Lecture ». Si la tradition chrétienne parle abondamment des *Saintes Écritures*, incluant aussi bien la Bible hébraïque que l'ensemble du Nouveau Testament, la tradition juive parle de son Livre comme d'une sainte « Lecture », et parfois comme de *Mikraoth guédoloth* : « Grandes Lectures ». Sous cet angle, ce serait l'oralité ou l'écoute qui primerait sur l'écrit. On pense à un vieux sage entouré de jeunes disciples recevant la mémoire ancestrale, dans un échange respectueux de questions-réponses.

L'écrit véhicule une parole, une pensée et une mémoire fixées dans la trame du texte, mais le propre d'une mémoire est d'être entendue, transmise, répétée, voire commentée. Le textile du texte devient alors prétexte à une lecture toujours fidèle et toujours nouvelle. Dans le Talmud, par exemple, qui recense les discussions des rabbins de l'Antiquité depuis le début du IIIe siècle jusqu'au VIe siècle après J.-C., chaque fois qu'un verset est mentionné, le maître expose comment il le lit.

Il est également possible que l'origine du mot *Mikra* provienne de l'oralité des récits, des lois et des chants avant leur écriture. Car les héros bibliques, depuis les patriarches jusqu'aux rois et prophètes, écrivent peu, mais parlent et agissent. Avec le développement de l'écriture, cette mémoire des Hébreux trouva un jour son repos sur des parchemins de peau de bête, travail méticuleux réalisé par des scribes. On peut considérer que cette mise par écrit de la Bible hébraïque s'est réalisée entre la destruction du premier Temple de Jérusalem et la période hellénistique, soit entre le VIe et le IIe siècle avant l'ère chrétienne.

Ce sont ces parchemins ou rouleaux qui étaient lus au Temple de Jérusalem et dans les maisons de prière dès le Ve siècle avant J.-C., moment du retour de l'exil de Babylone[1], et de semblables rouleaux, recopiés de siècle en siècle, sont encore aujourd'hui l'élément le plus saint des synagogues.

Le *Tanakh*

L'hébreu rabbinique et l'hébreu moderne utilisent très souvent les sigles formés des initiales de mots pour désigner une institution, un savoir, une association. Au lieu de lire les initiales, lettre par lettre (comme RATP), on les lit comme un mot (comme ONU) en ajoutant des voyelles pour la prononciation. Le sigle Tanakh (en hébreu *tav – noun – kaf*) provient des initiales de *Torah*, *Néviim*, *Kétouvim* – en français : Pentateuque, Prophètes, Écrits (ou Hagiographes, c'est-à-dire « Vies des saints »), qui sont les trois grandes parties de cette bibliothèque.

Comme son étymologie l'indique, le Pentateuque contient cinq livres, attribués à Moïse : on parle ainsi de la « Torah de Moïse[2] ». Les Prophètes contiennent huit livres et les Écrits onze livres, soit au total vingt-quatre livres.

Pourtant, à regarder de près la table des matières d'un Tanakh, on découvre plus de vingt-quatre livres. Cela vient du fait que l'on garde la référence aux premiers rouleaux de papyrus sur lesquels on inscrivait plusieurs textes, même d'auteurs différents, pour les remplir. Ainsi, les douze « petits » prophètes forment une unité, *idem* pour Esdras et Néhémie.

Mikra et *Tanakh*, tels sont les termes usités aujourd'hui aussi bien dans les milieux religieux qu'universitaires pour désigner le livre fondateur de la foi d'Israël. L'ouvrage présent offrira un choix de quelques textes importants aussi bien pour la religion juive que, nous l'espérons, pour la culture universelle.

---

1. Néhémie 8 ; Luc 4, 17-21, etc.
2. Malachie 3, 22 : « Souvenez-vous de la Torah de Moïse. »

Les auteurs de la Bible

Par qui la Bible fut-elle écrite ? La Bible n'est pas tombée du ciel en un jour, mais elle traduit le travail lent, rigoureux et pieux de prêtres (*cohen*), de responsables du culte (lévites) et de disciples des derniers prophètes, qui ont rassemblé, organisé et réécrit les récits, les lois, les poèmes dont l'origine se perd parfois avec la naissance du peuple hébreu.

Il paraît néanmoins certain aujourd'hui, selon la recherche scientifique, qu'au moment du retour de la déportation de Babylone, au Vᵉ siècle avant J.-C., les Judéens rapportèrent la majorité des rouleaux qui constitueraient la Bible. Les derniers livres naquirent à l'époque hellénistique – après la conquête d'Alexandre, entre le IVᵉ et le Iᵉʳ siècle avant J.-C. (rouleau de l'Ecclésiaste) –, soit au moment de la domination des Séleucides, qui voulurent imposer le culte grec à Jérusalem (rouleau de Daniel).

Les héros de la Bible

La Bible présente deux héros : Dieu et le peuple d'Israël, au cœur de l'histoire du Proche-Orient antique. Contrairement à d'autres livres fondateurs, le texte biblique ne se focalise pas sur un personnage central mais commence par le patriarche Abraham (– 1800) et se termine par le retour à Jérusalem des exilés de Babylone.

Pour ne pas couper cette histoire de l'histoire universelle, les onze premiers chapitres de la Genèse, premier livre de la Torah, relatent les grands mythes fondateurs de l'humanité, avant la naissance d'Abraham : la Création, Adam et Ève et le jardin d'Éden, Caïn et Abel, le Déluge et l'arche de Noé, la tour de Babel et la naissance de la multitude des peuples.

Beaucoup d'éléments bibliques comme les lois, récits ou proverbes trouvent leur source dans des cultures antérieures : mésopotamienne, égyptienne, etc. L'originalité de la Bible ne s'exprime donc pas toujours dans son contenu narratif, mais dans la manière dont sont reprises ces épopées et ces lois en les transformant parfois pour les rendre cohérentes avec le monothéisme proclamé par les prophètes d'Israël.

Le projet de la Bible

Le projet de la Bible consiste à présenter la naissance et les premiers siècles du peuple d'Israël, surnommé « royauté de prêtres ». Sa vocation s'exprime dans la promesse faite à Abraham, son père fondateur : « Elles seront bénies par toi toutes les familles de la terre. » Ce sacerdoce n'implique nulle conversion de l'humanité au judaïsme mais invite à la reconnaissance du Dieu Un, créateur des Cieux et de la Terre, et source de toute existence et de toute vie. À cette reconnaissance du Dieu Un s'ajoute une morale exigeante portée par tous les prophètes qui posent que le culte de ce Dieu Un n'a de sens que s'il se conjugue avec une morale : l'éthique monothéiste. Ce qui fera la grandeur d'un individu – qui méritera alors le titre de juste (*tsadik*) –, ce sera cette conjugaison harmonieuse entre la foi religieuse et une éthique de vie[1], allant jusqu'à l'amour du prochain et l'amour de l'étranger, le lointain[2].

Ce monothéisme éthique constitue un défi de l'existence ; chacun des personnages de cette longue saga, qui nous ressemblent tant par leur psychologie, se mesure à ce défi moral.

Bien qu'elle promeuve cet idéal, la Bible décrit l'humain (homme et femme) tel qu'il est, et sa manière de vivre devant Dieu. On comprendra que les réussites se mêlent aux échecs, que les joies se brisent sur les douleurs, que les doutes puissent même submerger le cœur du croyant[3] ; pour autant la Bible demeure un livre d'espérance. Cette espérance n'est pas un espoir né de la tourmente, mais une authentique vertu religieuse, qui découle de la foi en un Dieu du Commencement, qui, malgré les vicissitudes de l'Histoire, sera reconnu à la fin des temps pour le Dieu universel[4].

1. Par exemple : Ezéchiel 18.
2. Lévitique 19, 18 et 35.
3. Psaume 22, 2 : « Mon Dieu, mon Dieu, pourquoi m'as-Tu abandonné ? », verset repris, selon l'Évangile, par Jésus sur la Croix (Matthieu 27, 46).
4. Par exemple : Isaïe 2, 4 : « De leurs glaives, [les nations] forgeront des socs de charrue et de leurs lances des serpettes ; un peuple ne tirera plus l'épée contre un autre peuple, et on n'apprendra plus l'art des combats. »

L'homme de la Bible ne peut ainsi séparer sa foi en Dieu de cet optimisme utopique d'après lequel le bien triomphera de toutes les folies. La réussite de l'humanité sera alors la réussite de Dieu.

À propos de la traduction

« Et tu [Moïse] écriras sur les pierres tout le contenu de cette doctrine, très distinctement. » *Très distinctement,* c'est-à-dire dans les soixante-dix langues (*Talmud de Babylone,* Traité *Sota,* 32a).

La Bible a été écrite en ancien hébreu[1], exception faite pour une partie de Daniel, en araméen. Lorsque les Juifs se sont trouvés en exil ou en contact avec d'autres peuples et d'autres langues, la nécessité de traduire dans ces langues s'imposa, d'autant plus que les Juifs eux-mêmes avaient perdu leur hébreu originel. Ainsi, dès le retour de l'exil de Babylone, à partir de – 500, Esdras instaura la lecture de la Torah dans la synagogue en hébreu et aussi en araméen, la langue vernaculaire de l'époque du deuxième Temple. Quand Alexandre conquit le Proche-Orient, une communauté juive de culture hellénisante se développa à Alexandrie au IIIe siècle avant J.-C. On décida alors de traduire la Bible en grec ; cette traduction se nomme la Septante car, selon la légende, soixante-dix ou soixante-douze sages furent convoqués par le roi Ptolémée pour cette œuvre. Un siècle après la destruction du deuxième Temple, Onkélos, un Grec converti au judaïsme, traduisit toute la Torah en araméen. Cette traduction dite *Targoum Onkélos* est toujours restée une référence pour les exégètes jusqu'à aujourd'hui. Quand l'islam s'imposa en Orient, notamment en Babylonie, la Torah fut alors traduite en arabe.

Mais très vite ce travail de traduction fut continué par les Pères de l'Église. Ainsi en latin, la Bible se nomme la Vulgate et fut réalisée par saint Jérôme (environ 347-420). Puis au fur

1. L'hébreu moderne de l'État d'Israël a été simplifié et occidentalisé. Par exemple, en hébreu biblique, le verbe est placé avant le sujet, en hébreu moderne, c'est le contraire.

et à mesure de l'évangélisation des peuples, cette Bible, englobant dorénavant l'Ancien Testament (*Tanakh*) et le Nouveau (Évangiles) connut autant de traductions que de peuples sur la Terre, jusqu'aux dialectes des sociétés les plus traditionnelles. C'est pourquoi on considère à juste titre que la Bible est le livre le plus imprimé de par le monde.

Au début du XXe siècle, une traduction en bon français de l'époque fut réalisée sous la direction du Grand Rabbin de France, Zadoc Kahn (1839-1905), elle se nomme la Bible du Rabbinat. Ce travail de traduction s'étendit de 1899 à 1906. Il est librement disponible sur Internet[1], accompagné du commentaire de Rachi (1040-1105), l'incontournable exégète du Moyen Âge.

La Bible du Rabbinat se présente aujourd'hui sous deux formes : en français seul ou en version bilingue hébreu-français.

Après la Seconde Guerre, André Chouraqui (1917-2007) décida de traduire la Bible, les Évangiles et le Coran dans un esprit de dialogue interreligieux dont il fut l'un des pionniers. L'originalité de son travail a consisté à traduire au plus près du texte hébraïque, grec et arabe. Sa traduction de la Bible notamment surprend car la syntaxe, la grammaire et les étymologies offrent en français des rétroversions auxquelles le public n'est pas habitué. À sa suite, Henri Meschonnic propose de faire entendre dans le génie de la langue française ce que disait le génie de la langue hébraïque. Récemment, Marc-Alain Ouaknin a offert sa propre traduction ; et la TOB, Traduction œcuménique de la Bible, a été revisitée en 2010[2].

Les Évangiles subiront le même mouvement de retour à l'origine grecque qui rompt avec les Évangiles en français courant. André Chouraqui, déjà mentionné, sœur Jeanne d'Arc ou Claude Tresmontant (1925-1997) ont œuvré dans ce sens. Ce dernier, en particulier, tira toutes les conséquences linguistiques, exégétiques et théologiques de l'hébraïté de Jésus[3]. Son travail de rétroversion du grec à l'araméen et à l'hébreu sous-jacents dans

1. La traduction est consultable à l'adresse suivante : www.sefarim.org.

2. Incontestablement le dialogue entre juifs et chrétiens autour de la Bible, initié par le concile de Vatican II, a permis de revoir certaines traductions trop tendancieuses.

3. Claude Tresmontant, *Le Christ hébreu*, Paris, DDB, 2015.

les Évangiles a permis de retrouver leurs liens souterrains entre Jésus et la tradition rabbinique comme le Talmud et le Midrach.

Luther sut rendre hommage à la langue hébraïque en écrivant : « Qui ne la connaît point ne comprendra jamais les Saintes Écritures ; car même le Nouveau Testament, écrit en grec, est empli de locutions hébraïques. Aussi a-t-on raison de dire que les Hébreux boivent à la source, les Grecs dans le ruisseau et les Latins dans le bourbier. »

Les rédacteurs hébreux avaient une conception précise de Dieu, de l'homme, de l'Histoire. C'est en revenant au plus près du texte biblique que nous entendrons le plus fidèlement possible leur message.

Concernant notre propre travail dans cet ouvrage, nous serons parfois amené, sans surcharge fastidieuse, à formuler des précisions quant à la traduction. Par ailleurs, nous nous référerons ponctuellement à l'exégèse juive quand elle éclaire le sens littéral ou offre une subtilité que nous croyons utile de partager.

Notre commentaire

Cette présentation voulant rejoindre le plus grand nombre, nous n'avons pas voulu systématiquement citer les références à tel ou tel commentaire. Bien entendu, nous avons puisé dans l'exégèse traditionnelle, le Talmud, le Midrach et la Kabbale, voire chez quelques penseurs modernes.

Au détour d'un commentaire, on entendra parfois en écho un enseignement de Jésus : cela signifie qu'à nos yeux, l'enseignement évangélique et l'enseignement rabbinique se rejoignent dans une sagesse universelle nourrie des mêmes sources.

Notre espérance ? Que cet ouvrage à deux voix, et deux voies, montre que les religions ne se concurrencent pas, mais se complètent, à condition de se mettre à l'écoute de l'autre, de savoir critiquer ses fondamentalismes, et d'œuvrer pour un monde plus fraternel. Ces conditions réunies, les religions pourront, à nos yeux, prétendre poser un regard sur l'Histoire, car elles y planteront des graines de bénédiction.

Pour une bonne traduction

Le premier Livre de la Bible se nomme Torah, rendu en français par « Pentateuque » du fait qu'il se présente en cinq livres. La traduction grecque de la Septante (LXX)[1] a choisi le terme Nomos, « Loi », que l'on retrouve dans les Évangiles. S'il est exact que la Torah présente une loi, dite « de Moïse », cette traduction est réductrice : tout d'abord parce que le mot Torah signifie « Enseignement, Instruction » qui sont plus larges que « Loi », mais aussi parce qu'elle occulte la partie narrative qui constitue l'essentiel du Pentateuque.

Ces cinq livres se nomment :

1. *Berechit* (Au commencement) / Genèse ;
2. *Chemot* (Noms) / Exode ;
3. *Vayikra* (Il appela) / Lévitique ;
4. *Bamidbar* (Dans le désert) / Nombres ;
5. *Devarim* (Paroles) / Deutéronome.

Livre et rouleau

Ces cinq livres, outre ceux imprimés depuis la première Bible de Gutenberg (1455), se trouvent transcrits à la main sur un long parchemin, dit *Sefer Torah*. Ce rouleau, écrit par un scribe (*sofer*), à la main et à la plume, selon une calligraphie spécifique, constitue l'élément central d'une synagogue.

Le *Sefer Torah* demeure dans l'*armoire sainte* et est sorti pour être lu, plus précisément cantilé (chanté), durant les offices du shabbat (samedi) et des fêtes, et lors de la bat- et bar-mitsva – rite important de passage de l'enfance à l'âge adulte, de la fille et du garçon.

Le plus vieux *Sefer Torah* du monde encore utilisé se trouve à Biella, dans le Piémont, et date du XIIIe siècle, mais on a retrouvé des fragments de rouleaux dans le désert de Judée, à Qumrân, datant d'un siècle avant l'ère chrétienne.

---

1. Première traduction de la Bible en grec au IIIe siècle avant l'ère chrétienne. (Et cf. « À propos de la traduction », page 26).

Les cinq livres

* Genèse (*Berechit*)

Chaque livre possède sa spécificité. Le livre de *Berechit* (Genèse) présente un ensemble de commencements : le commencement du monde (la Création) ; le commencement de l'Humain ; le commencement des engendrements : Caïn et Abel ; le recommencement de l'humanité avec Noé, après le Déluge ; le commencement des peuples depuis la tour de Babel, et le commencement de l'histoire d'Israël, avec les patriarches et les matriarches : Abraham et Sarah ; Isaac et Rebecca ; Jacob, Léa et Rachel.

Le livre s'achève par l'histoire des douze fils de Jacob : Joseph et ses frères. Ce récit commençant par un conflit familial qui aurait pu être fatal pour Joseph se termine en réconciliation. À la fin de *Berechit*, tout le clan de Jacob, soixante-dix âmes, s'installe en Égypte pour échapper à une terrible famine. Joseph devenu vizir assure la survie de tous.

* Exode (*Chemot*)

L'Exode présente la naissance du peuple d'Israël. Tout commence par un terrible esclavage imposé aux Hébreux – c'est-à-dire le clan de Jacob qui s'est multiplié – par Pharaon qui va jusqu'à jeter dans le Nil tous les nouveau-nés mâles. Un bébé sauvé, *in extremis*, par la fille du roi, devient le prince Moïse qui, de péripéties en péripéties, sera choisi par Dieu pour délivrer son peuple. Dix plaies envoyées du Ciel finiront par faire céder le souverain.

La nuit de Pâque (*Pessah*), durant laquelle les enfants d'Israël consomment un agneau grillé, des herbes amères et du pain azyme, précède la libération finale. Arrivés au pied du Sinaï, les Hébreux entendent de la bouche de Dieu le Décalogue – les dix « Commandements » –, qui constitue la base religieuse et sociale de la société biblique. La fête de Pentecôte (*Chavouoth*) commémore cet événement.

Pendant l'absence de Moïse, monté chercher les tables de pierre sur lesquelles Dieu a gravé la Loi, le peuple commet la faute du Veau d'or. À sa descente, le prophète brise les tables sur l'idole, mais obtient le pardon divin. Il grave de nouvelles tables qu'il place dans l'arche d'alliance au cœur d'un sanctuaire portable, construit par les enfants d'Israël. Cette œuvre collective achevée, le peuple va se diriger vers la Terre promise : le pays de Canaan.

Durant la traversée du désert, une nourriture miraculeuse, la manne, pourvoit aux besoins nourriciers de cette population nombreuse.

* Lévitique (*Vayikra*)

Le Lévitique contient les règles spécifiques à la tribu de Lévi, un des fils de Jacob, consacrée au sanctuaire, qui deviendra quelques siècles plus tard le temple de Salomon. Parmi les lévites, Aaron, frère de Moïse, hérite de la fonction pontificale (*cohen*), héréditaire. Telle est l'origine des noms Cohen, Cahen, Kahn ou Kohn.

Dans le Temple, le *cohen* gère le culte sacrificiel, transmet la bénédiction à l'assemblée, et s'occupe de la purification des personnes en contact avec la mort ou portant certaines maladies de peau. Il s'agit ici des premières règles de prophylaxie, pour éviter les contaminations. Quant aux autres lévites, non descendants d'Aaron, ils auront charge de l'administration et de l'entretien du sanctuaire. L'ensemble de la tribu lévitique aura pour fonction également l'instruction du peuple.

À cette législation spécifique, qui n'a plus cours depuis deux mille ans, s'ajoute pour l'ensemble du peuple des lois de justice sociale (coin du pauvre, repos sabbatique de la terre, annulation des dettes, etc.), de responsabilisation citoyenne (amour du prochain, de l'étranger, etc.), un code alimentaire précis, et le respect des solennités commémorant le cycle agricole et les étapes de la libération d'Égypte (fêtes de pèlerinage). Enfin, une journée sera consacrée au pardon des péchés : *yom hakippourim*, « jour des expiations », surnommé Kippour.

Le livre s'achève par l'alliance que Dieu contracte avec Israël, à travers la Torah et la pratique des commandements.

* Nombres (*Bamidbar*)

Ce livre commence par le dénombrement des tribus israélites, d'où son nom en français (Nombres, chapitres 1 à 5). Mais surtout, il relate les moments les plus houleux de la traversée du désert dont le récit a commencé dans l'Exode. Tout d'abord, du fait d'une médisance contre Moïse, son jeune frère, Myriam se trouve frappée d'une étrange maladie de peau (*tsaraât*) qui disparaît au bout de sept jours (chapitre 12). Ce récit souligne la gravité de la mauvaise langue. Puis survient l'épisode des douze explorateurs qui, ayant visité la Terre promise, découragent le peuple d'y entrer du fait de la puissance des Cananéens. Josué et Caleb tenteront, en vain, de motiver le peuple. Dieu décrète l'errance de cette génération durant quarante ans, pour que naisse une nouvelle génération plus confiante (chapitres 13 et 14). Plus tard, Korah, cousin de Moïse et d'Aaron, soulève une partie du peuple contre leur autorité. Le jugement de Dieu provoque un tremblement de terre qui engloutit les révoltés (chapitres 16 et 17).

À l'approche de la Terre promise, deux rois transjordaniens, Sihon et Og, tentent d'écraser le peuple hébreu, mais ils perdent le combat et leurs territoires (chapitre 21). Un récit met en lumière un devin du nom de Balaam chargé, par le roi Balak de Moab (Jordanie), de maudire Israël. Mais à chaque oracle, Dieu place dans sa bouche des bénédictions, et Balak chasse alors Balaam (chapitres 23 et 24). Entre ces récits, la Torah intercale régulièrement des éléments de législation soit religieuse, soit sociale.

Lors d'un déplacement qui suit la mort de Myriam, le peuple ressent une soif intense, et réclame de l'eau. Dieu demande aux deux frères de parler à un rocher, mais Moïse, en colère, frappe la pierre qui offre de l'eau. Cette étrange révolte coûtera le billet d'entrée des deux frères dans le pays d'Israël. Ainsi, les trois guides – Moïse, Aaron et Myriam – mourront avec la génération sortie d'Égypte. Le fidèle Josué succédera à Moïse.

* Deutéronome (*Devarim*)

Ce dernier livre nommé, selon la Septante, Deutéronome (« Répétition de la Loi ») constitue le dernier sermon de Moïse, son testament spirituel, énoncé dans les plaines de Moab (Deutéronome 1). Avant de mourir, il exhorte la nouvelle génération à rester fidèle à Dieu, à son alliance, à sa Torah, à ses commandements, en mettant plusieurs fois en garde contre les séductions idolâtres. Le prophète reformule le Décalogue (chapitre 5), proclame l'unité de Dieu (chapitre 6,

4), énonce quelques nouvelles lois liées à la terre d'Israël, avant de poser un dernier regard sur la terre qu'il ne pourra fouler. Transmettant ses dernières bénédictions aux tribus (chapitre 33), il monte sur le mont Nébo, où il mourra « du baiser de Dieu ». Il quitte ce monde à l'âge de cent vingt ans sans que personne ne sache où se trouve le tombeau du plus grand prophète d'Israël. Le rouleau de la Torah s'achève par un éloge touchant de celui qui fit passer tout un peuple de l'esclavage à la liberté (chapitre 34).

Qui a écrit la Torah ? Selon la Torah elle-même, Moïse écrivit sous l'inspiration divine. Les rabbins considèrent que le dernier chapitre évoquant la mort de Moïse serait de la plume de Josué. Mais, dès le Moyen Âge, des exégètes comme Abraham ibn Ezra, au XIe siècle, ont émis l'hypothèse d'une lente et progressive rédaction à l'époque du premier Temple, à partir de matériaux originaux, comme pour tous les livres de foi.

INTRODUCTION AUX PROPHÈTES/*NÉVIIM*

Le livre des Prophètes contient huit rouleaux-livres, dont certains contiennent plusieurs textes. Il se divise en deux parties distinctes : les livres historiques, Josué, Juges, Samuel (chapitres 1 et 2) et Rois (chapitres 1 et 2), et les livres d'oracles prophétiques, Isaïe, Jérémie et Ézéchiel, et les douze dits « petits » prophètes, d'Osée à Malachie. Bien que la première partie soit historique, elle a été incluse dans les Prophètes, en considération du fait que les héros furent inspirés par Dieu.

Le livre des Prophètes constitue le prolongement historique de la Torah (Pentateuque) jusqu'à la destruction du Temple de Jérusalem et la déportation du peuple à Babylone.

Si la Torah décrit la naissance du peuple d'Israël au sein de l'humanité et la révélation de la législation divine, le livre des Prophètes traite du rapport d'Israël à sa terre. Ce rapport se fonde sur l'alliance (*bérit*) entre Dieu et Israël. Si Israël reste fidèle au Dieu Un, en s'éloignant de l'idolâtrie et en pratiquant la Torah en acte et en esprit, il demeurera dans le pays offert par Dieu ; sinon il sera exilé. Les prophètes n'envisagent jamais un paradis ou un enfer.

Le terme « prophète » traduit l'hébreu *navi*, de la racine *niv* qui signifie « remuer » (les lèvres) selon Isaïe (chapitre 57, 17). Selon la remarque d'André Néher dans *L'Essence du prophétisme*[1], « le prophète est, dans l'acception usuelle, l'homme qui *pré*voit, qui *pré*dit. Nous mettons l'accent sur le préfixe. [...] Or, la prophétie [...] n'est que très accessoirement anticipatrice. [...] Ce qu'elle dévoile n'est pas l'avenir, c'est l'absolu ». En d'autres termes : le présent est plus important que le futur, car le futur dépend du présent.

Le premier prophète sera Abraham (Genèse 20, 7), Moïse sera le plus grand (Deutéronome 34, 10), et Malachie, le dernier canonisé. Abraham marque la naissance de l'identité d'Israël ; Moïse transmet la Loi ; Malachie annonce la réconciliation des générations avant le Jour du Seigneur.

Le prophétisme s'entend en phénomène universel, il peut toucher tout humain : un homme (le plus souvent), une femme (Myriam, Déborah, etc.), voire un idolâtre (Balaam).

Il existe une différence notoire entre la prophétie de Moïse et celle des prophètes postérieurs. Moïse reçoit la législation du Ciel, le Décalogue, au Sinaï, puis à partir de la Parole divine qui se révèle dans le Tabernacle entre les chérubins d'or. Tous les autres prophètes insistent sur l'*éthique* monothéiste : droit, justice, amour du prochain. Cela ne signifie pas que Moïse ait totalement occulté cette éthique, comme le montrent le Code de sainteté du Lévitique (chapitre 19) ou la législation sociale du Deutéronome, ni que les prophètes aient aboli les rites : sacrifices, shabbat, règles alimentaires. Le prophétisme, d'Abraham à Moïse, enseigne que la Parole de Dieu doit se vivre en acte et en esprit, sinon l'alliance perd sa signification. Et entre un culte mécanique, sans cœur, et la générosité et la justice envers les plus démunis, le prophétisme optera toujours pour la deuxième voie (Isaïe 1 ; Osée 6, etc.).

Au sein de la société hébraïque, les prophètes présentent différents visages. Josué et les juges, contrairement à ce que le nom de ces derniers semble indiquer, sont essentiellement des chefs de guerre luttant pour la liberté et l'unité du peuple ;

1. Paris, Calmann-Lévy, 1955.

Samuel unifie les tribus et oint les premiers rois, Saül et David. Durant la royauté, ils deviennent conseillers de cour (Samuel, Nathan, etc.). Après le schisme entre le royaume du Nord et le royaume du Sud, ils incarnent un contre-pouvoir dénonçant les rois, les juges, les prêtres corrompus, ou le peuple infidèle. Ils peuvent user de merveilles – arrêt de la pluie, ressuscitation de morts, multiplication de nourriture –, de mimodrames pour marquer les esprits – se dévêtir, porter un joug sur les épaules, dormir sur un flanc de nombreux jours, épouser une prostituée –, mais leur puissance vient surtout de leur verbe, des oracles qui proviennent toujours de Dieu, jamais d'eux-mêmes, aussi commencent-ils tous leurs apostrophes par : « Ainsi parle l'Éternel » ou : « Vision de l'Éternel »...

La finalité de leur discours vise à améliorer la société hébraïque pour en faire le peuple témoin du Dieu Un et d'une morale exemplaire, au milieu d'un monde idolâtre. Aujourd'hui on les nommerait des lanceurs d'alerte. Cela ne signifie pas qu'ils ne se soucient pas des autres nations dont ils peuvent dénoncer les travers (Amos, Obadia), ou éveiller le repentir (Jonas). Nous restons donc dans la cohérence monothéiste : Dieu s'occupe de (tout) son monde.

Les prophètes utilisent deux modes opératoires : la réprimande et la consolation. Les prophètes, et la Bible en général, ne connaissent pas les nuances psychologiques utilisées par le pédagogue. Ils dénoncent tout de suite la faille, à l'instar d'un médecin qui envoie aux urgences au moindre signe inquiétant.

Par exemple, à la suite de la faute d'un seul individu, Akhan, qui a dérobé quelques objets du butin de Jéricho, Dieu déclare tout de go : « Israël a péché ! Ils ont violé l'alliance que Je leur avais ordonnée ! Ils ont pris ce qui était anathème, ils ont volé, ont dissimulé, et ont enfoui parmi leurs bagages ! » (Josué 7, 10). Selon le principe de coresponsabilité, si une partie du peuple faute, alors tout le peuple sera remis en cause. Un organe malade affaiblit tout le corps. S'il y a délinquance, la population non délinquante devrait s'interroger sur son niveau de moralité.

Mais point de condamnation sans consolation. Ainsi, à côté des dénonciations cinglantes (à notre connaissance, la Bible reste le seul livre religieux qui dénonce ses adorateurs), la majorité des prophètes offre des visions d'un avenir grandiose, de paix, de bénédictions, de retour d'Israël sur sa terre, et de fraternité universelle. Le judaïsme a identifié ces jours heureux aux temps du Messie, ce rejeton de David qui incarnera le roi idéal pour Israël et l'humanité. Si le statut de Jésus pose la fracture entre judaïsme et christianisme, les deux religions se reconnaissent dans ce futur glorieux.

Qui a écrit les *Néviim* ? Eux-mêmes n'ont rien écrit, restant des hommes de l'oralité ; en revanche, des disciples zélés, des prêtres et des scribes ont religieusement rédigé ce qu'ils avaient entendu directement ou par tradition orale. Historiquement, on peut considérer que l'essentiel du travail d'écriture s'achève durant l'exil de Babylone, au Ve siècle avant J.-C., et qu'à l'époque du second Temple, soit cinq siècles avant la naissance du christianisme, les Judéens possèdent les rouleaux de la Torah et des Prophètes, hypothèse confirmée, entre autres, par les manuscrits de la mer Morte – Qumrân.

INTRODUCTION AUX ÉCRITS/*KÉTOUVIM*

Sous le titre générique *Kétouvim*, c'est-à-dire Écrits ou « Livres des saints », les compilateurs ont regroupé onze rouleaux, sans lien historique entre eux mais qui visent, communément, à édifier la foi des fidèles.

Présentons-les rapidement.

* Les Psaumes (*Téhélim*)

Ce livre constitue le livre de prières des Hébreux, source de la liturgie juive et chrétienne. La majorité des cent cinquante poèmes est attribuée au roi David, le « roi lyre », mais d'autres auteurs ont participé à sa composition, notamment des lévites, chantres du Temple. Ces psaumes étaient chantés chaque jour, selon une certaine cantillation dans le sanctuaire, en fonction des circonstances. Les uns décrivent des situations, d'autres instruisent le fidèle, d'autres encore expriment les états d'âme de l'auteur, les joies, les peines, les doutes, les révoltes, les certitudes, etc. Tous ces textes sont pétris d'une foi ardente et d'un mysticisme profond.

* **Les Proverbes (*Michlé*)**

Le premier livre attribué à Salomon présente, souvent sous forme proverbiale, les conseils d'un père à son fils adolescent pour l'aider à grandir moralement, et à rester fidèle à Dieu, tout au long de sa vie.

* **Job (*Yov*)**

Dans ce livre est présentée la grande question de la souffrance du Juste. Le héros mythique, Job, reconnu totalement juste par Dieu, se trouve éprouvé dans sa foi (*émouna*), par la perte successive de ses biens, de ses enfants, puis de sa santé. Gardant pleine raison, il se débat avec ses amis qui ne le comprennent pas, avant de débattre avec Dieu lui-même. Bien que la réponse ne soit pas offerte par le Ciel, Job reste fidèle du début à la fin, sa foi ira même en grandissant.

* **Cantique des cantiques (*Chir Hachirim*)**

Merveilleux chant d'amour érotique, attribué à Salomon, ce long poème a finalement été intégré dans le canon biblique par les rabbins qui en proposèrent une lecture allégorique, à savoir l'expérience de l'amour mystique entre l'homme et Dieu.

* **Ruth (*Routh*)**

Il s'agit de la tendre histoire de Ruth, une jeune veuve du pays de Moab, qui décide d'intégrer le peuple d'Israël en se liant à son Dieu. Elle se mariera avec Booz de la tribu de Juda, et deviendra l'aïeule du roi David.

* **Les Lamentations (*Ekha*)**

L'auteur anonyme – la Tradition mentionne Jérémie – décrit, en termes douloureux et lyriques, la destruction de Jérusalem et de son Temple par les Babyloniens, en – 586.

* **L'Ecclésiaste (*Kohélet*)**

Le thème général de ce troisième et dernier livre attribué à Salomon s'exprime dans son verset introductif, rendu célèbre par Bossuet : « Vanité des vanités, tout est vanité. » La notion de buée, d'haleine ou d'évanescence correspondrait davantage au terme *hével*. Après avoir remis en cause toutes les valeurs auxquelles l'humain s'attache généralement, l'auteur conclut que seules la vénération de Dieu et la pratique de ses commandements donnent un sens à notre existence éphémère.

* Esther

Le rouleau d'Esther décrit l'ascension d'une jeune femme juive au rang d'épouse du roi perse Assuérus (serait-ce Xerxès Ier ?), et comment, grâce à sa position et surtout son courage, elle empêcha le massacre de ses coreligionnaires fomenté par le vizir Haman.

* Daniel

Dans la Bible hébraïque, Daniel se situe dans les *Écrits* et non dans les *Prophètes*. Ce rouleau, écrit majoritairement en araméen, relate la fidélité à Dieu de quelques jeunes Juifs déportés à Babylone, dont Daniel. Les derniers chapitres présentent les visions apocalyptiques de la fin du monde. Daniel annonce l'Apocalypse de Jean.

* Ezra et Néhémie

Ces deux livres, toujours associés, présentent le retour des Judéens à Jérusalem et l'organisation du culte, et surtout le renouvellement de l'antique alliance du Sinaï autour de la Torah.

* Les Chroniques (*Divré Hayamim* = Paroles des jours)

En deux tomes, les Chroniques retracent la généalogie de l'humanité depuis Adam, puis celle d'Israël depuis Abraham, en insistant sur la lignée de Juda et de David son descendant. Le récit s'achève par le retour des exilés à Jérusalem.

Le Pentateuque / Torah

La Torah regroupe les cinq livres dits de Moïse, d'où son nom, Pentateuque. Elle commence par la création du monde par Dieu et s'achève avec la mort de Moïse, « le plus grand prophète ». Dans les faits, ces cinq livres offrent deux types de récits : du chapitre 1 au chapitre 11 de la Genèse, les récits universels fondateurs : Adam et Ève, Caïn et Abel, le déluge et l'arche de Noé, la tour de Babel et la naissance des traditionnels soixante-dix[1] peuples. À partir du chapitre 12 jusqu'à la fin du Deutéronome, le texte présente la lente naissance du peuple hébreu : les patriarches et les matriarches (Abraham et Sarah, Isaac et Rebecca, Jacob, Rachel et Léa), la période de l'esclavage en Égypte, la libération miraculeuse sous la conduite de Moïse, le don du Décalogue et de la Loi, les quarante années dans le désert, et enfin l'arrivée de la nouvelle génération au seuil de la Terre promise : le pays de Canaan.

1. Dans la Bible, le nombre 70 symbolise l'universel.

1. La Création

La création du monde inaugure la Bible. Il ne faut pas y voir une description scientifique, mais une affirmation de la foi hébraïque : un seul Dieu (*Elohim*) crée le Ciel et la Terre, et met en ordre durant « six jours » son univers. La matière puis la vie végétale et animale apparaissent progressivement jusqu'à Adam et Ève, bénis par Dieu et invités à travailler, à remplir et à protéger la Terre. Selon ce récit, l'humanité entière descend de ce premier couple, excluant dès lors toute forme de racisme. Le septième jour, Dieu cesse toute intervention. Cette cessation fonde à la fois le shabbat et le cycle hebdomadaire de la cité biblique : six jours de travail et un jour de repos.

Genèse 1, 1-5, 26-29

**1 Au commencement, Dieu créa le ciel et la terre. 2 Or la terre
n'était que solitude et chaos ; des ténèbres couvraient la face de
l'abîme, et le souffle de Dieu planait à la surface des eaux. 3 Dieu
dit : « Que la lumière soit ! » Et la lumière fut. 4 Dieu considéra que
la lumière était bonne, et il établit une distinction entre la lumière
et les ténèbres. 5 Dieu appela la lumière jour, et les ténèbres, il
les appela Nuit. Il fut soir, il fut matin, un jour. [...]**
**26 Et Dieu dit : « Faisons l'homme à notre image, à notre res-
semblance, et qu'il domine sur les poissons de la mer, sur les
oiseaux du ciel, sur le bétail ; enfin sur toute la terre, et sur tous
les êtres qui s'y meuvent. » 27 Dieu créa l'Homme à son image ;
c'est à l'image de Dieu qu'il le créa. Mâle et femelle furent créés
à la fois. 28 Dieu les bénit en leur disant : « Croissez et multipliez !
Remplissez la terre et soumettez-la ! Commandez aux poissons
de la mer, aux oiseaux du ciel, à tous les animaux qui se meuvent
sur la terre ! » 29 Dieu ajouta : « Or, je vous accorde tout herbage
portant graine, sur toute la face de la terre, et tout arbre portant
des fruits qui deviendront arbres par le développement du germe.
Ils serviront à votre nourriture. »**

Le verbe *barah*, « il créa », qui n'a jamais d'autre sujet que Dieu, s'entend comme création *ex nihilo* : « il y a », à partir de « il n'y a pas ». Conséquence : le monde, immanence créée, n'est pas Dieu, transcendance incréée, et rien dans le monde n'est Dieu – ce qui protège de toute idolâtrie. Si les Cieux expriment la première réalité, la Torah ne s'occupe que de la Terre. Celle-ci, tout en procédant d'un Dieu parfait, se présente en état chaotique, abîmé. Le tohu-bohu, l'obscurité sur un abîme d'eaux, constitue le chantier primordial.

Ce texte se réfère certainement à des mythes mésopotamiens plus anciens, mais ici, pas de lutte entre les divinités, entre forces du bien et du mal, mais un Dieu unique qui organise, patiemment, le monde qu'il donnera aux hommes. Le souffle de Dieu planant sur la surface des eaux offre un contrepoint rassurant.

Au verset 3, le premier « jour », Dieu parle et la lumière *est*, sans qu'aucune source extérieure n'alimente cette existence. Il faudra attendre le « quatrième jour » pour la création des luminaires célestes. Pour toute l'œuvre du Commencement, Dieu n'utilisera que sa Parole.

La création de la lumière permet la séparation de l'obscurité. Ces deux réalités porteront dorénavant des noms : le jour (*yom*) et la nuit (*laïla*). Le cycle circadien commence en l'absence du Soleil et de la Lune. L'espace et le temps composent les dimensions de l'univers. À chaque étape, Dieu, tel un architecte, pose un regard sur la tâche accomplie et la déclare « bonne » – terme répété sept fois –, avant de passer à l'étape suivante.

Création, séparation, nomination, appréciation, ainsi se trame le scénario créationnel, jusqu'à ce que la distinction entre masculin et féminin fasse sortir l'Humain de son esseulement. Cet Humain, masculin et féminin, constitue le point d'orgue de l'intervention divine. Dieu alors entre dans son shabbat, c'est-à-dire qu'il fait retraite de sa toute-puissance, de sa toute-présence, pour offrir le lieu de l'Histoire à sa double créature et à ses descendants. La liberté de Dieu s'arrête où commence celle des enfants d'Adam et Ève, invités à parachever l'action divine. À la fin de cette mise en ordre de la Terre, Dieu juge son œuvre « très bonne ».

2. La deuxième création de l'homme et de la femme

Le chapitre 2 de la Genèse rompt, au niveau du ton et de la forme, avec le chapitre 1, et nous présente un autre récit de la création de l'homme et de la femme.

Genèse 2, 15-24
15 L'Éternel Dieu prit donc l'homme et l'établit dans le jardin d'Éden
pour le cultiver et le soigner. 16 L'Éternel Dieu donna un ordre à
l'homme, en disant : « Tous les arbres du jardin, tu peux t'en nour-
rir ; 17 mais l'arbre de la science du bien et du mal, tu n'en mangeras
point : car du jour où tu en mangeras, tu dois mourir ! » 18 L'Éternel
Dieu dit : « Il n'est pas bon que l'homme soit isolé ; je lui ferai une
aide digne de lui. » 19 L'Éternel Dieu avait formé de matière ter-
restre tous les animaux des champs et tous les oiseaux du ciel. Il
les amena devant l'homme pour qu'il avisât à les nommer ; et telle
chaque espèce animée serait nommée par l'homme, tel serait son
nom. 20 L'homme imposa des noms à tous les animaux qui paissent,
aux oiseaux du ciel, à toutes les bêtes sauvages ; mais pour lui-
même, il ne trouva pas de compagne qui lui fût assortie. 21 L'Éternel
Dieu fit peser une torpeur sur l'Homme, qui s'endormit ; il prit une
de ses côtes, et forma un tissu de chair à la place. 22 L'Éternel Dieu
organisa en une femme la côte qu'il avait prise à l'homme, et il la
présenta à l'homme. 23 Et l'homme dit : « Celle-ci, pour le coup,
est un membre extrait de mes membres et une chair de ma chair ;
celle-ci sera nommée *Ichah* (femme), parce qu'elle a été prise de
Ich (homme). » 24 C'est pourquoi l'homme abandonne son père et
sa mère ; il s'unit à sa femme, et ils deviennent une seule chair.

Dans le chapitre 1 de la Genèse, les arbres et les animaux précèdent l'homme ; dans le deuxième, l'homme naît avant. Dans le chapitre 1, le masculin et le féminin sont créés simultanément pour faire fructifier et conquérir la Terre ; dans le chapitre 2, l'homme masculin est façonné seul de l'humus fertile, pour travailler et garder un jardin, puis la femme, nommée Hawa (Ève), « source » ou « mère » de « vie », sera « construite » d'un côté de l'homme, après l'apparition des animaux. À l'analyse, d'autres différences se révèlent, qui suggèrent deux auteurs ou deux écoles : dans le premier chapitre, le nom de Dieu est *Elohim*, dans le deuxième, le texte utilise le doublon *Elohim YHWH*. Il s'agit sans conteste de deux récits provenant de deux écoles de scribes[1] que le dernier compilateur a rassemblés.

Cette disparité n'a pas échappé aux rabbins qui, au lieu de s'arrêter au constat des deux sources, ont vu deux visions de

1. Les spécialistes parlent d'une école élohiste et d'une école yahviste.

l'être humain. Dans le premier chapitre, l'homme est masculin et féminin et constitue l'idéal d'un couple messianique qui, éclairé de l'image divine (*tsélem Elohim*), gère le monde animal et végétal en prolongeant la bénédiction divine.

Dans le chapitre 2, l'homme apparaît avant la femme, et le récit nous renvoie à la question existentielle de toute l'Histoire : comment deux êtres différents et complémentaires pourront-ils parachever l'œuvre divine ? Comment le sujet humain peut-il être à la fois partenaire d'un autre sujet et de Dieu ? « Histoire », dans la Bible, se dit « engendrements » (*toldoth*) : c'est à travers la famille (père, mère, enfants), la première cellule politique, que se joue l'avenir du projet de Dieu. D'où l'importance du dialogue, de l'éducation, de la maîtrise de la pulsion, comme autant de nécessités vitales pour la réussite du projet divin.

Les échecs qui suivront, loin d'engendrer la désespérance, devront, au contraire, éclairer le lecteur sur les voies de la réussite du projet divin qui dépend aussi de la bonne volonté de l'homme.

3. Le jardin d'Éden

Du côté de la Mésopotamie, entre le Tigre et l'Euphrate, l'Éternel Dieu (*YHWH Élohim*) plante un verger, nommé Éden (« Délice »). L'homme (*adam*), qui vient de naître du mariage du terreau (*adamah*) et du souffle de Dieu, y est placé. Il ne ressemble pas l'homme de Cro-Magnon. Sa mission : travailler la terre – sa matrie – et la conserver. Aucune activité spirituelle ou religieuse n'est requise, mais un investissement à visée *écologique*, dirions-nous aujourd'hui. Il nomme aussi les animaux : activité divine, s'il en est !

Après fois l'avoir placé dans le jardin, le Créateur s'adresse à Adam au sujet de son alimentation, puis il crée la femme ; mais un autre personnage apparaît.

GENÈSE 3, 1-9

1 Mais le serpent était rusé, plus qu'aucun des animaux terrestres qu'avait faits l'Éternel Dieu. Il dit à la femme : « Est-il vrai que Dieu a dit : vous ne mangerez rien de tous les arbres du jardin ? »
2 La femme répondit au serpent : « Les fruits des arbres du jardin, nous pouvons en manger ;
3 mais quant au fruit de l'arbre

**qui est au milieu du jardin, Dieu a dit : Vous n'en mangerez pas,
vous n'y toucherez point, sous peine de mourir. » 4 Le serpent dit
à la femme : « Non, vous ne mourrez point ; 5 mais Dieu sait que,
du jour où vous en mangerez, vos yeux seront dessillés, et vous
serez comme Dieu, connaissant le bien et le mal. » 6 La femme
jugea que l'arbre était bon comme nourriture, qu'il était attrayant
à la vue et précieux pour l'intelligence ; elle cueillit de son fruit
et en mangea ; puis en donna à son époux, et il mangea. 7 Leurs
yeux à tous deux se dessillèrent, et ils connurent qu'ils étaient
nus ; ils cousirent ensemble des feuilles de figuier, et s'en firent
des pagnes. 8 Ils entendirent la voix de l'Éternel-Dieu, parcourant
le jardin du côté d'où vient le jour. L'homme et sa compagne se
cachèrent de la face de l'Éternel-Dieu, parmi les arbres du jardin.
9 L'Éternel-Dieu appela l'homme, et lui dit : « Où es-tu ? »**

Qu'est-ce que ce jardin d'Éden ? Un jardin d'enfants pour y apprendre les règles de vie. Adam naît adulte, mais il a tout de l'enfant ; certains le diront « inachevé ». Le projet de Dieu pour l'humanité a été énoncé plus haut : « Emplissez la terre et gérez-la. » Comment apprendre la bonne gestion ? En apprenant à manger ! Voilà la pédagogie divine : manger du monde, avec sagesse. Prendre et ne pas prendre. Notre monde moderne nous le rappelle encore.

Sans nourriture, l'homme meurt. Adam sait dès lors qu'il reste un être lié à la mort. Cela le remplit de l'amour de la vie, d'amour tout court. Un « je t'aime », c'est un instant d'éternité. Dieu a créé en lui la grâce de la faim, pour éviter sa fin.

Humilité de celui qui sait sa vie fragile, car elle dépend d'un élément extérieur. L'altérité se révèle dans la main qui saisit le fruit qui deviendra son corps. Recevoir le monde en source de bénédiction.

La tradition juive entend la première parole « tu mangeras de tout » comme une invitation de jouissance de la chair et de l'âme. Car la Bible ne les oppose pas : il n'y a d'ailleurs qu'un seul mot pour les dire, ensemble : *nephesh* – « corps animé, vivant », par opposition à cadavre –, auquel s'ajoute l'esprit. Mais l'homme se réduirait-il à une main qui prend, une bouche qui mange, un corps qui bouge, et une espèce qui se reproduit ? Point de différences, donc, entre l'Humain et l'amibe ? Devenir totalement homme s'obtient par la retenue à la totalité, à l'instar de Dieu qui retient sa toute-puissance pour que le monde soit, sinon l'être divin emplirait tout l'être.

Le premier commandement offert à l'homme, à l'humanité, est un appel à aimer.

Dieu dit : « Aime-moi comme je t'aime, laisse-moi une place, dans ton cœur, dans ta bouche. Ne fais pas du monde que je te donne une société de consommation sans fin. » Dieu a parlé ! L'humain (masculin et féminin) peut connaître ce qu'est le bien, ce qu'est le mal ; ce qu'est la haine, ce qu'est l'amour, avec un simple fruit...

4. Caïn et Abel, fraternité et fratricide

L'histoire humaine commence vraiment avec les deux frères Caïn et Abel, engendrés par un père et une mère. La psychanalyse peut naître. Ce texte met en évidence la violence inhérente à l'être humain quand il se laisse déborder par la jalousie.

Genèse 4, 1-17
1 Or, l'homme s'était uni à Ève, sa femme. Elle conçut et enfanta
Caïn, en disant : « J'ai fait naître un homme, conjointement avec
l'Éternel ! » 2 Elle enfanta ensuite son frère, Abel. Abel devint pas-
teur de menu bétail, et Caïn cultiva la terre. 3 Au bout d'un cer-
tain temps, Caïn présenta, du produit de la terre, une offrande au
Seigneur ; 4 et Abel offrit, de son côté, des premiers-nés de son
bétail, de leurs parties grasses. Le Seigneur se montra favorable à
Abel et à son offrande, 5 mais à Caïn et à son offrande il ne fut pas
favorable ; Caïn en conçut un grand chagrin, et son visage fut abattu.
6 Le Seigneur dit à Caïn ; « Pourquoi es-tu chagrin, et pourquoi ton
visage est-il abattu ? 7 Si tu t'améliores, tu pourras te relever, sinon
le Péché est tapi à ta porte : il aspire à t'atteindre, mais toi, sache le
dominer ! » 8 Caïn parla à son frère Abel ; mais il advint, comme ils
étaient aux champs, que Caïn se jeta sur Abel, son frère, et le tua.
9 L'Éternel dit à Caïn : « Où est Abel ton frère ? » Il répondit : « Je
ne sais ; suis-je le gardien de mon frère ? » 10 Dieu dit : « Qu'as-tu
fait ! Le cri du sang de ton frère s'élève, jusqu'à moi, de la terre.
11 Eh bien ! Tu es maudit à cause de cette terre, qui a ouvert sa
bouche pour recevoir de ta main le sang de ton frère ! 12 Lorsque
tu cultiveras la terre, elle cessera de te faire part de sa fécondité ;
tu seras errant et fugitif par le monde. » 13 Caïn dit à l'Éternel :

« Mon crime est trop grand pour qu'on me supporte. 14 Vois, tu me proscris aujourd'hui de dessus la face de la terre ; mais puis-je me dérober à ta face ? Je vais errer et fuir par le monde, mais le premier qui me trouvera me tuera. » 15 L'Éternel lui dit : « Aussi, quiconque tuera Caïn sera puni au septuple. » Et l'Éternel le marqua d'un signe, pour que personne, le rencontrant, ne le frappât. 16 Caïn se retira de devant l'Éternel, et séjourna dans le pays de Nod, à l'orient d'Éden. 17 Caïn connut sa femme ; elle conçut et enfanta Hénoch. Caïn bâtissait alors une ville, qu'il désigna du nom de son fils Hénoch.**

Cinq personnages dans ce récit : Adam, le père ; Ève, la mère ; Caïn, l'aîné ; Abel, le frère, et Dieu. Ici, Adam assume son rôle de géniteur, non celui d'éducateur. Ève devient la première maman de l'Histoire, ce qui correspond bien à son nom hébraïque *Hawa*, « source de vie ». Si Adam avait nommé les animaux puis nommé sa femme, Ève nomme explicitement son fils aîné – dans la Genèse, généralement, ce sont les mères qui nomment leur progéniture –, et implicitement son cadet. Ce décalage souligne déjà un déséquilibre dans le rapport de la mère à ses deux fils.

Ève justifie le nom de Caïn : « Car j'ai acquis (*kaniti*, même racine que Caïn) un homme avec Dieu. » L'exégèse s'étonne de ce « je » au lieu du « nous » (Adam et Ève) et de ce terme « homme » (*Ich*) attribué dans la Bible à un adulte ou à un ange. Caïn semble surévalué par une mère possessive, et qui exclut Adam. Caïn devient l'homme de la possession. Abel apparaît en surplus, et porte un nom diamétralement opposé à celui de son frère : « Buée », et par extension « Vanité ». C'est le terme qui inaugure le livre de l'Ecclésiaste (chapitre 1, 2), « Vanité des vanités ». Son destin d'assassiné justifie *a posteriori* son patronyme.

Caïn assume la vocation paternelle de travailler la terre, Abel celle de dominer les animaux. Le sédentaire et le nomade. Quand ces deux fonctions ne s'harmonisent pas, elles entrent en conflit. Caïn accomplit le premier geste religieux en offrant « des fruits de la terre », sans autre précision, alors qu'Abel, par imitation de son frère sans doute, présente des prémices de son troupeau et de leur « gras » : lait, fromage ? Dieu, jugeant les intentions, agrée uniquement l'offrande d'Abel – sans que le texte dise comment. Caïn connaît alors un sentiment de colère puis de déprime, comme plus tard Saül par rapport à David. Celui dont le nom évoque la possession se sent dépossédé de son aînesse.

Dieu, et non Adam, intervient, paternellement, pour guérir et encourager Caïn qu'il espère sauver de ses mauvais sentiments. Le « si tu t'améliores » ou « si tu fais le bien » (*tétiv*) invite Caïn à faire du bien à son frère, à ses parents, à sortir de son égocentrisme vindicatif.

La Bible ici donne l'une des grandes leçons du prophétisme hébraïque : le religieux ne peut être détaché de l'éthique, la seconde valeur l'emportant sur la première (Osée 6, 6). La conséquence de la jalousie pourrait être la violence ultime : le meurtre. Jeu de mots hébraïque entre *kanah*, « posséder », et *kana*, « jalouser ».

Remarquons la première apparition du mot « péché », '*hatath*, qui, étymologiquement, renvoie à « rater la cible » : rater son humanité. Bibliquement, le péché est toujours violence et fratricide, en parole et/ou en acte.

Caïn, ne pouvant se maîtriser, réalise le premier assassinat de l'Histoire. Dieu tente une seconde fois un dialogue salvateur, mais Caïn ne se sent pas « gardien de son frère ». Chacun pour soi et Dieu pour tous ! Le Père divin révèle la gravité du geste : « Les sangs (au pluriel dans le texte) de ton frère crient vers moi. » Non seulement une image divine (*tsélem Elohim*) a été supprimée, mais toute sa descendance jusqu'à la fin des temps. À partir de ce récit, les rabbins enseignent : « Qui supprime une vie supprime le monde entier, mais qui sauve une vie sauve le monde entier. » Car quiconque supprime une vie supprime non seulement toute sa descendance, mais bafoue les ancêtres, et inversement pour quiconque sauve une vie. Le décret divin s'exprime par l'errance du meurtrier sur une terre improductive. Le sédentaire nomadise sur un *no man's land*. Paradoxalement, Caïn s'installe dans le territoire de Nod (« Errance »), et construit la première ville qu'il nomme du nom de son fils *Hanoch* (« Éducation »).

Celui qui avait refusé l'éducation divine prend conscience que, sans éducation à l'éthique, le monde bascule dans la brutalité. La leçon ne vaut que pour Hanoch, car malheureusement l'humanité issue de Caïn se corrompt dans la violence, et seul Noé « trouva grâce aux yeux de Dieu ».

5. L'arche de Noé, surnager aux violences

Le récit de l'arche de Noé décrit une catastrophe universelle, un déluge, conséquence d'une violence généralisée, en même temps qu'il souligne la proximité entre l'homme juste – le héros biblique – et Dieu. Le récit biblique du Déluge emprunte à l'épopée de Gilgamesh, mais avec une nuance significative : dans la légende mésopotamienne, les dieux noient les hommes du fait de leur nuisance sonore ; dans celle de la Genèse, c'est leur immoralité qui justifie le cataclysme.

Genèse 6, 9-22

9 Ceci est l'histoire de Noé. Noé fut un homme juste, irréprochable,
entre ses contemporains ; il se conduisit selon Dieu. 10 Noé engen-
dra trois fils : Sem, Cham et Japhet. 11 Or, la terre s'était corrompue
devant Dieu, et elle s'était remplie d'iniquité. 12 Dieu considéra que
la terre était corrompue, toute créature ayant perverti sa voie sur
la terre. 13 Et Dieu dit à Noé : « Le terme de toutes les créatures
est arrivé à mes yeux, parce que la terre, à cause d'elles, est rem-
plie d'iniquité ; et je vais les détruire avec la terre. 14 Fais-toi une
arche de bois de gôfèr ; tu distribueras cette arche en cellules, et
tu l'enduiras, en dedans et en dehors, de poix. 15 Et voici comment
tu la feras : trois cents coudées seront la longueur de l'arche ;
cinquante coudées sa largeur, et trente coudées sa hauteur. 16 Tu
donneras du jour à l'arche, que tu réduiras, vers le haut, à la lar-
geur d'une coudée ; tu placeras la porte de l'arche sur le côté.
Tu la composeras d'une charpente inférieure, d'une seconde et
d'une troisième. 17 Et moi, je vais amener sur la terre le Déluge
– les eaux – pour détruire toute chair animée d'un souffle de vie
sous les cieux ; tout ce qui habite la terre périra. 18 J'établirai mon
pacte avec toi : tu entreras dans l'arche, toi et tes fils, et ta femme
et les femmes de tes fils avec toi. 19 Et de tous les êtres vivants,
de chaque espèce, tu en recueilleras deux dans l'arche pour les
conserver avec toi : ce sera un mâle et une femelle. 20 Des oiseaux
selon leur espèce ; des quadrupèdes selon leur espèce ; de tout
ce qui rampe sur la terre, selon son espèce, qu'un couple vienne
auprès de toi pour conserver la vie. 21 Munis-toi aussi de toutes
provisions comestibles, et mets-les en réserve : pour toi et pour
eux, cela servira de nourriture. » 22 Noé obéit, tout ce que Dieu lui
avait prescrit, il l'exécuta ponctuellement.

La lignée de Caïn, le premier meurtrier de l'Histoire, connaît une dégradation morale *crescendo,* jusqu'à l'autodestruction de l'humanité par toutes sortes de perversions. Mais la Torah présente une seconde lignée, celle de Seth (« Remplaçant »), troisième fils d'Adam et Ève, porteur de l'espérance du monde. Huit générations plus tard, son descendant Noé apparaît comme le premier Juste (*tsadik*) qui résiste à toutes les tentations de ses contemporains. Son nom hébraïque *Noah* évoque la quiétude de l'homme de foi. Avec sa femme, dont nous ne connaîtrons pas le nom, il engendre trois fils, aux patronymes symboliques : Sem (Nom), Ham (Chaud) et Japhet (Beauté). Entre l'éthique, liée à la reconnaissance du Nom des êtres et des choses, et l'esthétique de la Beauté se loge la Pulsion qui peut être canalisée, sublimée par ces deux voies. En revanche, cette dernière, livrée à elle-même, se montrera agressive même vis-à-vis du père (la Loi), comme lorsque Ham observera la nudité de son géniteur (Genèse 9, 22) – le texte hébraïque suggérant même une faute sexuelle plus grave.

Nous retrouvons les thèmes présents depuis Adam et Ève : l'humain sera-t-il dominé par son animalité ou sera-t-il capable de maîtriser sa pulsion de vie vers le bien, l'altruisme ? L'optimisme biblique répond par l'affirmative : l'homme le peut. Mais la question reste ouverte : l'homme le *veut*-il ?

Pour sauver sa famille, ainsi que des couples d'animaux, Noé construit une arche, une grande boîte sans voile ni rame, de trois cents coudées de hauteur sur cinquante de longueur et trente de largeur, et aménage son espace pour la survie de ce microsystème. Comme Adam et Ève confinés au jardin d'Éden pour apprendre la liberté, Noé et sa famille doivent apprendre à pacifier les relations entre eux et avec le monde animal. La domination des animaux (Genèse 1, 27) s'entend ici comme responsabilisation de l'homme dans la survie de toutes les espèces : thème d'une grande actualité !

Les mesures de l'arche interpellent les commentateurs. Rabbi Israël ben Eliézer, le « Baal Chem Tov », fondateur au XVIIIe siècle du hassidisme, une mystique populaire comparable aux mouvements charismatiques chrétiens, traduit ces chiffres en lettres, puisqu'en hébreu chaque lettre possède sa valeur numérique, et obtient le mot *lachon,* « langage ». Le Rabbi voit, par-delà la construction d'une embarcation de survie, le devoir de Noé de construire un moyen de communication qui a manqué à ses contemporains. En hébreu, quand la Parole se fait mutisme (*ilem*), la violence (*élim*) surgit. Or depuis le commencement, ni Adam ni Ève ne se parlent, pas plus que Caïn et Abel. Et malgré sa justice avérée, Noé ne parlera ni avec sa femme, ni avec ses enfants. Le Juste peut être une île de vertu coupée de toute relation avec son extérieur. Il faudra attendre Abraham pour découvrir le dialogue entre époux et entre un père et son fils.

Les pluies tombent quarante jours et quarante nuits, période biblique, et évangélique, qui traduit un temps de maturation, de renouvellement. L'annonce de la décrue sera faite par une colombe portant un rameau d'olivier ; image qui connaîtra un bel avenir iconique jusqu'à aujourd'hui.

À la sortie de l'arche, les trois fils de Noé sont à l'origine de soixante-dix nations, chiffre qui symbolise l'universel dans la Bible. L'humanité recommencera sous le signe de l'arc-en-ciel, engagement unilatéral de Dieu de ne plus envoyer un déluge d'eau sur le monde.

6. La tour de Babel, un peuple, des langues

Le chapitre 11 de la Genèse relate la naissance des nations à partir d'un lieu originel : Babel, célèbre pour sa tour. Les fouilles en Irak ont mis en exergue les *ziggurats*, grandes tours vouées à une idole, qui servaient autant de repères pour les voyageurs que de protection, sous le regard tout-puissant de la divinité. Ce récit s'inspire de récits similaires de la tradition mésopotamienne. Quelle lecture la Torah en donne-t-elle ?

Genèse 11, 1-8

1 Toute la terre avait une même langue et des paroles semblables. 2 Or, en émigrant de l'Orient, les hommes avaient trouvé une vallée dans le pays de Sennaar, et s'y étaient arrêtés. 3 Ils se dirent l'un à l'autre (litt. Ils dirent : un homme à son prochain) : « Çà, préparons des briques et cuisons-les au feu. » Et la brique leur tint lieu de pierre, et le bitume de mortier. 4 Ils dirent : « Allons, bâtissons-nous une ville, et une tour dont le sommet atteigne le ciel ; faisons-nous un établissement durable, pour ne pas nous disperser sur toute la face de la terre. » 5 Le Seigneur

descendit sur la terre, pour voir la ville et la tour que bâtissaient les fils de l'homme ; [6] et il dit : « Voici un peuple uni, tous ayant une même langue. C'est ainsi qu'ils ont pu commencer leur entreprise et dès lors tout ce qu'ils ont projeté leur réussirait également. [7] Or çà, paraissons ! Et, ici même, confondons leur langage, de sorte que l'un n'entende pas le langage de l'autre. »
[8] Le Seigneur les dispersa donc de ce lieu sur toute la face de la terre, les hommes ayant renoncé à bâtir la ville. [9] C'est pourquoi on la nomma Babel, parce que là le Seigneur confondit le langage de tous les hommes et de là l'Éternel les dispersa sur toute la face de la terre.

Nous retrouvons un récit parallèle à celui du jardin d'Éden : un seul lieu de départ d'où va diasporer « toute la terre », c'est-à-dire l'humanité. Les descendants des fils de Noé décident de cesser leur nomadisme pour se sédentariser dans la vallée de Sinéar.

Comme dans les récits antérieurs, les hommes expriment leur liberté avant que Dieu ne pose sur eux son regard. Dans un premier temps, les hommes élaborent les premiers matériaux à partir des éléments naturels. Ils transforment le monde profane en fonction de leur besoin, comme Adam invité à transformer le blé en pain. La découverte du feu qui avait permis la cuisson permet aussi de transformer la glaise en briques.

À ce moment du récit, un « homme [parle] à son prochain », expression qui souligne la fraternité du projet. Au verset suivant, les intentions se précisent : construire une ville et une tour jusqu'au Ciel. L'expression « un homme à son prochain » a disparu. Il arrive que l'enthousiasme des commencements se transforme en un travail déshumanisé. Projet mégalomaniaque, quand l'homme veut se faire l'égal de Dieu, et la grenouille plus grosse que le bœuf.

Dieu descend pour le constat. Note ironique de l'écrivain biblique qui souligne que Dieu restera toujours au-dessus des hommes. Dieu suscite alors des langues différentes – soixante-dix, traditionnellement – qui engendrent les – soixante-dix – nations. Le texte ne mentionne aucune malédiction.

Comment ce récit peut-il se lire ? Quelques exégètes considèrent que cette humanité refusa le projet originel de Dieu ; celui-ci avait béni le premier couple par : « Et emplissez la terre », et eux voulurent rester en un seul lieu. D'autres voient, en Babel, le premier impérialisme : le refus de la différence et la proclamation du même. Même langue, même culture, même religion. Mais Dieu désire de la différence. Selon cette lecture, cette diaspora traduit une bénédiction divine. De la même manière que personne ne peut se revendiquer d'une « race » supérieure, puisque l'humanité descend d'Adam et Ève, aucun peuple ne peut se revendiquer d'une langue supérieure, car toutes sont inspirées par Dieu.

7. Abraham, la marche du Juste

Avec Abraham s'inaugure l'histoire d'Israël. À partir du chapitre 12 de la Genèse jusqu'à sa fin, la Bible constitue les annales nationales et religieuses de ce peuple. Le patriarche a l'honneur de treize chapitres dans la Genèse, et est mentionné 175 fois dans la Bible. Bien entendu la seule vérité historique du personnage consiste en sa vérité scripturaire ; sans parler des récits fidéistes postérieurs qui augmenteront la vie de ce fondateur d'une myriade de récits et de miracles.

Disons-le d'emblée, la Bible n'est pas un livre de science, mais de conscience – sauf dans une lecture fondamentaliste que nous réfutons. Il suffit pour le croyant de choisir Abraham pour modèle et de le suivre dans sa marche.

Genèse 12, 1-8

1 L'Éternel avait dit à Abram : « Éloigne-toi de ton pays, de ton lieu
natal et de la maison paternelle, et va au pays que je t'indiquerai.
2 Je te ferai devenir une grande nation ; je te bénirai, je rendrai
ton nom glorieux, et tu seras un type de bénédiction. 3 Je bénirai
ceux qui te béniront, et qui t'outragera je le maudirai ; et par toi
seront heureuses toutes les races[1] de la terre. » 4 Abram partit
comme le lui avait dit l'Éternel, et Loth alla avec lui. Abram était
âgé de soixante-quinze ans lorsqu'il sortit de Haran. 5 Abram prit
Saraï son épouse, Loth fils de son frère, et tous les biens et les
gens qu'ils avaient acquis à Haran. Ils partirent pour se rendre

1. Ce qui a été traduit par « race », ici, est le mot hébreu *zérâ*, « semence, descendance ». Pour la Bible, il n'existe qu'une race, la race humaine, divisée en masculin et féminin. Le terme « race » correspondait à la pensée de la fin du XIXe siècle et n'a aujourd'hui plus de sens.

**dans le pays de Canaan, et ils arrivèrent dans ce pays. 6 Abram
s'avança dans le pays jusqu'au territoire de Sichem, jusqu'à la
plaine de Moré ; le Cananéen habitait dès lors ce pays. 7 L'Éternel
apparut à Abram et dit : « C'est à ta postérité que je destine ce
pays. » Il bâtit en ce lieu un autel au Dieu qui lui était apparu.
8 Il se transporta de là vers la montagne à l'est de Béthel et y
dressa sa tente, ayant Béthel à l'occident et Aï à l'orient ; il y
érigea un autel au Seigneur, et il proclama le nom de l'Éternel.**

Pour la lecture juive, Abraham franchit une étape supplémentaire dans la foi en Dieu en présentant une nouvelle identité du Juste, dans sa forme la plus aboutie. On pourrait même y voir une figure messianique, en acceptant cet anachronisme. Si Noé représente le Juste de la morale statique (le Juste pour lui-même), Abraham incarne le Juste de la morale dynamique (le Juste pour les autres). Alors que Noé n'exprime aucune prière pour ses contemporains condamnés à cause de leur méchanceté, Abraham se tient en avocat farouche, devant Dieu, pour plaider la cause des habitants de Sodome (Genèse 18, 16-33), quitte à bousculer, respectueusement mais fermement, le Maître du monde qui ne s'offusque jamais.

Dans la Bible, Dieu accepte le dialogue avec sa créature : il questionne, il est questionné ; il « impose », mais l'homme dispose ; il est interpellé et il revisite la Loi ; il joue le jeu de sa créature, avant de révéler une nouvelle façon de voir. Ainsi, la notion d'alliance s'entend au sens dialogal : deux partenaires en discussion, l'Être éternel face à l'être éphémère.

La tradition de l'interprétation juive des textes ne fera que prolonger ce dialogue infini avec Dieu, avec sa Parole.

Le peuple d'Israël commence avec Abraham. Pour les hébraïsants, son nom se trouve en allusion dès le chapitre 2, verset 4 de la Genèse. « Voici l'histoire des Cieux et de la Terre dans leur *béhibaréam* (création) », ce mot pouvant également se lire « *be-Avraham* », ce qui donne : « Voici les engendrements du Ciel et de la Terre pour Abraham », le Juste parfait. (Le « b » et le « v » sont une seule et même lettre en hébreu.)

En tant que Juste, Abraham sera éprouvé – non *tenté* –, c'est-à-dire qu'il devra prouver sa totale confiance (*émouna*) en Dieu, alors que sa vie, celles des autres, ou celles de ses propres enfants, Ismaël et Isaac, seront mises en danger.

Sa première épreuve consiste à tout abandonner de son passé : d'abord son pays (valeurs nationales), puis sa ville natale (valeurs locales), puis la maison de son père (valeurs familiales). Trois arrachements successifs jusqu'à ce qu'il soit « adopté » par Dieu qui lui donne un nouveau nom : *Avraham*, « père d'une multitude ». En effet, les juifs, puis les chrétiens, puis les musulmans, puis les bahaïs se revendiquent de lui charnellement ou spirituellement.

Non seulement Abraham doit s'arracher trois fois, mais de plus il ne connaît pas la destination. Abraham se jette totalement dans les bras de Dieu.

Remarquons qu'Abraham est béni comme ancêtre d'une nation, et non d'une religion : on voit bien l'importance de la terre de Canaan dans la Promesse. À ce stade, nous touchons au particularisme hébraïque. La religion d'Abraham se décline en peu de points : le monothéisme contre le polythéisme (pas d'athéisme en ces temps antiques) ; l'alliance de la circoncision (marque du monothéisme dans la chair) ; l'interdiction des sacrifices humains ; une conduite d'hospitalité, d'amour du prochain et de l'étranger en toutes circonstances ; et enfin la promesse d'une terre.

Cette identité abrahamique, par sa manière d'être, tout en confiance et en générosité, devient porteuse d'une bénédiction non seulement pour la descendance du fondateur, mais pour toute l'humanité : « Elles seront bénies par toi toutes les familles de la terre. » Comment comprendre cette bénédiction ? Elle s'exprime par l'harmonie entre la morale et la religion. L'homme ne peut se revendiquer d'une religiosité pleine et entière s'il ne traduit pas sa piété par une bonne relation avec son prochain, tout prochain. De ce point de vue, toutes les religions et tous les peuples se trouvent interpellés pour les siècles des siècles.

8. Hospitalité d'Abraham, rire de Sarah

Abraham est une figure incontournable pour le juif, le chrétien, le musulman – qui le nomme Ibrahim – et pour le bahaï. En nous en tenant au sens littéral, le plus naturel, Abraham apparaît comme le parangon de l'hospitalité. Pour le judaïsme, il est l'incarnation même de l'attribut divin de bonté ('*hessed*).

Genèse 18, 1-14
1 Et l'Éternel se révéla à lui [Abraham] dans les plaines de Mamré,
tandis qu'il était assis à l'entrée de sa tente, pendant la chaleur
du jour. 2 Comme il levait les yeux et regardait, il vit trois person-
nages debout près de lui. En les voyant, il courut à eux du seuil de
la tente et se prosterna contre terre. 3 Et il dit : « Seigneur, si j'ai
trouvé grâce à tes yeux, ne passe pas ainsi devant ton serviteur !
4 Qu'on aille quérir un peu d'eau ; lavez vos pieds et reposez-vous
sous cet arbre. 5 Je vais apporter une tranche de pain, vous répa-
rerez vos forces, puis vous poursuivrez votre chemin, puisque aussi
bien vous avez passé près de votre serviteur. » Ils répondirent :
« Fais ainsi que tu as dit. » 6 Abraham rentra en hâte dans sa
tente, vers Sara et dit : « Vite, prends trois mesures de farine de
pur froment, pétris-la et fais-en des gâteaux. » 7 Puis, Abraham
courut au troupeau, choisit un veau tendre et gras et le donna au
serviteur, qui se hâta de l'accommoder. 8 Il prit de la crème et du
lait, puis le veau qu'on avait préparé et le leur servit : il se tenait
devant eux, sous l'arbre, tandis qu'ils mangeaient. 9 Ils lui dirent :
« Où est Sara, ta femme ? » Il répondit : « Elle est dans la tente. »
10 L'un d'eux reprit : « Certes, je reviendrai à toi à pareille époque
et voici, un fils sera né à Sara, ton épouse. » Or, Sara l'entendait
à l'entrée de la tente qui se trouvait derrière lui. 11 Abraham et
Sara étaient vieux, avancés dans la vie ; le tribut périodique des
femmes avait cessé pour Sara. 12 Sara rit en elle-même disant :
« Flétrie par l'âge, ce bonheur me serait réservé ! Et mon époux
est un vieillard ! » 13 Le Seigneur dit à Abraham : « Pourquoi Sara
a-t-elle ri, disant : "Eh quoi ! En vérité, j'enfanterais, âgée que je
suis !" 14 Est-il rien d'impossible au Seigneur ? Au temps fixé, à
pareille époque, je te visiterai et Sara sera mère. »

Ce passage se situe juste après l'alliance de la circoncision d'Abraham, de ses serviteurs, convertis au monothéisme, et de son fils bien-aimé Ismaël, fils d'Agar, la servante égyptienne de Sarah. Cette juxtaposition avec notre récit fait dire aux rabbins que, malgré sa convalescence, le patriarche se soucie d'autrui. Ni la douleur ni la chaleur du jour ne l'empêchent de veiller au seuil de sa tente. Il guette l'horizon. Il voit trois hommes. Qui sont-ils aux yeux du vieillard ? D'abord, des Bédouins du désert, des étrangers, des hommes créés à l'image de Dieu. Plus tard, il comprendra qu'ils viennent de Dieu.

Abraham court vers eux et se prosterne, visage à terre : imaginons la scène aujourd'hui devant des migrants... Il n'a pas besoin d'attendre le Code de sainteté du Lévitique (chapitre 19) – « Tu aimeras ton prochain comme toi-même [...]. Tu aimeras l'étranger comme toi-même » – pour agir : sa foi (*émouna*) en Dieu suffit à lui dicter cette éthique supérieure. L'amour ne connaît pas de frontière.

Ce passage nous touche par le zèle de l'amour qui se traduit par les verbes et les adverbes : « courir », « se hâter », « vite »... L'amour donne des ailes – la haine aussi malheureusement. Constatons le décalage entre ce qu'il propose : « une tranche de pain, un peu d'eau », et le festin qu'il offre à l'ombre d'un arbre bienfaisant – hôtel et repas avec la climatisation. Il dit peu, mais fait beaucoup. Certains disent beaucoup et même « un peu », ils ne le font pas...

Ces hommes viennent de Dieu, ils vont annoncer l'incroyable : une matrice de quatre-vingt-dix années portera un fils. Si toute naissance est un miracle, la création d'une nouvelle âme, celle-ci le sera doublement, vu l'âge des parents. Sarah rit. Cela nous rassure, les personnages bibliques restent bien humains. Le fils portera le nom de ce rire : Yitzhak (Isaac), « Celui qui rit ». L'humour (juif) serait-il né à Canaan ? Grande vertu en tout cas pour ne jamais basculer dans le fanatisme.

9. La ligature d'Isaac, l'amour plus fort que la mort

Dans la Bible, le Juste est éprouvé dans sa confiance en Dieu. L'épreuve exprime un dépassement de soi, la révélation des forces morales, psychologiques et spirituelles contenues dans l'image de Dieu (*tsélem Elohim*) placée en chaque humain.

En hébreu, le verbe *nissah* « éprouver » vient de la racine *ness*, « étendard », car, tel un étendard, la vertu nous fait grandir devant Dieu et devant les hommes. Le chapitre 22 de la Genèse offre la seule occurrence de ce verbe : « Dieu *éprouva* Abraham. »

Genèse 22, 1-18

**1 Il arriva, après ces faits, que Dieu éprouva Abraham. Il lui dit :
« Abraham ! » Il répondit : « Me voici. » 2 Il reprit : « Prends ton
fils, ton fils unique, celui que tu aimes, Isaac ; achemine-toi vers
la terre de Moria et là offre-le en holocauste sur une montagne**

que je te désignerai. » [3] Abraham se leva de bonne heure, sangla son âne, emmena ses deux serviteurs et Isaac, son fils et ayant fendu le bois du sacrifice, il se mit en chemin pour le lieu que lui avait indiqué le Seigneur. [4] Le troisième jour, Abraham, levant les yeux, aperçut l'endroit dans le lointain. [5] Abraham dit à ses serviteurs : « Tenez-vous ici avec l'âne ; moi et le jeune homme nous irons jusque là-bas, nous nous prosternerons et nous reviendrons vers vous. » [6] Abraham prit le bois du sacrifice, le chargea sur Isaac son fils, prit en main le feu et le couteau et ils allèrent tous deux ensemble. [7] Isaac, s'adressant à Abraham son père, dit « Mon père ! » Il répondit : « Me voici mon fils. » Il reprit : « Voici le feu et le bois, mais où est l'agneau de l'holocauste ? » [8] Abraham répondit : « Dieu choisira lui-même l'agneau de l'holocauste mon fils ! » Et ils allèrent tous deux ensemble. [9] Ils arrivèrent à l'endroit que Dieu lui avait indiqué. Abraham y construisit un autel, disposa le bois, lia Isaac son fils et le plaça sur l'autel, par-dessus le bois. [10] Abraham étendit la main et saisit le couteau pour immoler son fils. [11] Mais un envoyé du Seigneur l'appela du haut du ciel, en disant : « Abraham ! Abraham ! » [12] Il répondit : « Me voici. » Il reprit : « Ne porte pas la main sur ce jeune homme, ne lui fais aucun mal ! Car, désormais, j'ai constaté que tu honores Dieu, toi qui ne m'as pas refusé ton fils, ton fils unique ! » [13] Abraham, levant les yeux, remarqua qu'un bélier, derrière lui, s'était embarrassé les cornes dans un buisson. Abraham alla prendre ce bélier et l'offrit en holocauste à la place de son fils. [14] Abraham dénomma cet endroit : Adonaï-Yiré ; d'où l'on dit aujourd'hui : « Sur le mont d'Adônaï-Yéraé. » [15] L'envoyé de l'Éternel appela une seconde fois Abraham du haut du ciel, [16] et dit : « Je jure par moi-même, a dit l'Éternel, que parce que tu as agi ainsi, parce que tu n'as point épargné ton enfant, ton fils unique, [17] je te comblerai de mes faveurs ; je multiplierai ta race comme les étoiles du ciel et comme le sable du rivage de la mer et ta postérité conquerra les portes de ses ennemis. [18] Et toutes les nations de la terre s'estimeront heureuses [s'entre-béniront] par ta postérité, en récompense de ce que tu as obéi à ma voix. »

En relisant la vie d'Abraham, nous découvrons que celle-ci fut rythmée par des appels divins, depuis son départ d'Ur en Chaldée jusqu'à son ultime épreuve. Mais ici l'exigence semble totalement surhumaine. Comment demander à un père, et de plus au parangon de l'amour et de la générosité, d'offrir froidement son fils sur un autel tel un agneau ou une brebis en holocauste ? Dans la tradition d'Israël, l'holocauste, qui se dit *ôla* (« élévation »), désigne un sacrifice totalement brûlé. Réduire Isaac en cendres ? Cela rappelle de tragiques souvenirs dans la mémoire juive.

Mais est-ce Dieu qui demande un tel sacrifice, ou bien Abraham qui entend un tel appel ?

Pour Abraham, l'appel semble clair : « Et Abraham se leva de bon matin » sans s'attarder, préparant lui-même sa monture, réveillant sans doute lui-même son fils bien-aimé. Les rabbins précisent que « durant toute la nuit, son âme fut perturbée entre sa volonté et la volonté divine, mais à la fin de [sa] nuit, il accepta la volonté divine comme sa propre volonté... *Et Abraham se leva de bon matin* ».

Abraham marche au côté de son fils chéri, le fils de la vieillesse, le fils qu'il n'attendait plus de Sarah. Il sait, lui, la finalité de ce voyage. Isaac, pas encore. Ce dernier porte le bois, Abraham le feu et le couteau ici nommé *maakhéleth*, « dévoreur ». On pense à Cronos et ses enfants.

Durant ce chemin de trois jours, Abraham pense peut-être à une autre épreuve, celle de son fils bien-aimé Ismaël, issu d'Agar. À cause du conflit entre les deux femmes, Dieu demande à Abraham de lui confier Ismaël : « Abandonne ton droit paternel, et confie-le à ma Miséricorde. » Abraham acceptera de laisser partir Ismaël, qui deviendra le père d'une multitude qui nomme Dieu *al Rahman* « le Miséricordieux ».

Mais offrir Isaac, ligoté sur un autel, l'immoler et le brûler, porte une autre dimension de foi plutôt qu'abandonner Ismaël dans les bras du bon Dieu.

Sur le chemin qui mène au sommet du mont Moriah, Isaac interroge Abraham. Premier dialogue entre un père et son fils, comme Abraham inaugura le premier dialogue entre l'homme et la femme. Nous entendons ici : *avi* (« mon père »), nous entendons là : *béni* (« mon fils »).

« Mon père, où est l'agneau ? – Dieu pourvoira à l'holocauste, mon fils. » Rachi propose : « Dieu pourvoira à l'holocauste, [sinon ce sera toi] mon fils. » La réponse exprimée a été comprise par Isaac. Isaac accepte donc de vivre sa Passion. Le père et le fils marchent ensemble d'un même cœur.

Le texte biblique reste muet sur les moments qui précèdent le ligotage. La Bible demeure toujours pudique dans l'amour et dans la mort. Refus de l'imagerie impudique ou traumatisante. Néanmoins, les exégètes traditionnels y voient un double amour pour Dieu : celui du père sacrifiant, celui du fils sacrifié.

L'auteur offre ici un suspense *crescendo* qui culmine avec l'intervention de l'ange retenant le bras dévoreur. « Ne jette pas la main sur l'enfant. » Abraham voit ce qu'il n'avait pas encore vu : un bélier pris par les cornes dans un épais bosquet. Il comprend ce qu'il n'avait pas compris. Abraham était prêt à offrir son fils, Isaac, à offrir sa vie ; Dieu leur demandait leur foi, en condamnant tout sacrifice humain.

L'ange advient une seconde fois et donne sens à cette épreuve. La déclaration : « Parce que tu ne m'as pas refusé ton fils devant moi » s'entend généralement : « Parce que tu ne m'as pas refusé – *en sacrifice* – ton fils devant moi. » Mais selon le sens biblique du verbe ***hassakh*** (refuser), le verset peut s'entendre dans le sens exactement opposé : « Parce que tu ne m'as pas refusé ton fils – *de le laisser vivre* – devant moi. » En d'autres termes : « Parce que tu n'as pas refusé de laisser la vie et la foi de ton fils grandir devant moi, dans sa spécificité, dans son originalité, comme tu as fait grandir ta propre foi, sans vouloir en faire une imitation de toi-même », alors « toutes les nations s'entre-béniront grâce à toi ». La psychanalyse Marie Balmary a mis en relief la différence entre cette bénédiction et celle donnée plus haut : « Seront bénies par toi toutes les familles de la terre » (Genèse 12, 3). Un modèle religieux universel qui consiste à laisser la foi des uns et des autres s'exprimer dans un respect mutuel ouvre sur l'espérance d'une bénédiction *inter-nationale*, où toute violence sera bannie et où les couteaux serviront à partager des pommes.

10. Isaac, le non-violent

Isaac (*Yitzhak*, Celui qui rit) apparaît bien discret entre le charisme de son père Abraham et les caractères trempés de ses propres fils Ésaü (*Ésaw*) et Jacob (*Yaâkov*). Peu de chapitres lui sont consacrés : la ligature (Genèse 22) où il se révèle en héros à l'ombre de son père, et l'usurpation de sa bénédiction par Jacob au détriment d'Ésaü, sur les injonctions de Rebecca (Genèse 27). Entre ces deux histoires majeures pour la mémoire et la foi d'Israël, se love un récit d'apparence anodine qui en dit long sur la personnalité du deuxième patriarche.

Genèse 26, 12-33
12 Isaac sema dans ce pays-là et recueillit, cette même année, au
centuple : tant le Seigneur le bénissait. 13 Cet homme devint grand ;
puis sa grandeur alla croissant et enfin il fut très grand. 14 Il avait
des possessions en menu bétail, des possessions en gros bétail,
des cultures considérables et les Philistins le jalousèrent. 15 Tous
les puits qu'avaient creusés les serviteurs de son père, du temps
de son père Abraham, les Philistins les comblèrent en les rem-
plissant de terre. 16 Abimélekh dit à Isaac : « Cesse d'habiter avec
nous car tu es trop puissant pour nous. » 17 Isaac se retira de ce
lieu, fit halte dans la vallée de Ghérar et s'y établit. 18 Isaac se remit
à creuser les puits qu'on avait creusés du temps d'Abraham son
père et que les Philistins avaient comblés après la mort d'Abraham.
Il leur imposa les mêmes noms que leur avait imposés son père.
19 Les serviteurs d'Isaac, en creusant dans la vallée, y découvrirent
une source d'eau vive. 20 Les pâtres de Ghérar cherchèrent que-
relle à ceux d'Isaac, en disant : « L'eau est à nous ! » Il appela ce
puits Essek [Contestation] parce qu'on le lui avait contesté. 21 Ils
creusèrent un nouveau puits sur lequel on se querella encore. Il
lui donna le nom de Sitna [Accusation (même racine que Satan)].
22 Il délogea de là et creusa un autre puits, qu'on ne lui disputa
point ; il le nomma Rehovot [Largesses], disant : « Pour le coup,
le Seigneur nous a élargis et nous prospérerons dans la contrée. »
23 Il monta de là à Beersheba. 24 L'Éternel se révéla à lui cette
même nuit, en disant : « Je suis le Dieu d'Abraham ton père ; sois
sans crainte, car je suis avec toi, je te bénirai et je multiplierai ta
race, pour l'amour d'Abraham mon serviteur. » 25 Il érigea en ce
lieu un autel et proclama le nom de l'Éternel. Il y dressa sa tente
et ses serviteurs y creusèrent un puits. 26 Or, Abimélekh alla chez
lui, de Ghérar, avec Ahouzzath son confident et Pikhol son général
d'armée. 27 Isaac leur dit : « Pourquoi êtes-vous venus à moi, alors
que vous me haïssez et que vous m'avez éconduit de chez vous ? »
28 Ils répondirent : « Nous avons bien vu que le Seigneur était avec
toi et nous avons dit : "Qu'il y ait un engagement réciproque entre
nous et toi ! Nous voudrions conclure ce pacte avec toi, 29 que tu
t'abstiendras de nous nuire, de même que nous ne t'avons pas
touché, que nous en avons toujours bien usé avec toi et que nous

t'avons renvoyé en paix. Maintenant, sois béni de Dieu !" » [30] Il leur prépara un festin, ils mangèrent et burent. [31] Le lendemain de bon matin ils se prêtèrent serment l'un à l'autre ; Isaac les reconduisit et ils le quittèrent amicalement. [32] Or ce même jour, les serviteurs d'Isaac virent lui donner des nouvelles du puits qu'ils avaient creusé ; ils lui dirent : « Nous avons trouvé de l'eau. » [33] Il le nomma Chiba ; de là cette ville s'est nommée BeerSheba [Puits du Serment], nom qu'elle porte encore.

Le récit se déroule dans une période de sécheresse et de famine. Isaac veut descendre en Égypte à l'instar de son père Abraham qui, dans les mêmes circonstances, s'y était réfugié. Dieu demande au patriarche de rester en Canaan, dans le territoire philistin de Ghérar (bande de Gaza), et lui assure qu'il recevra la protection céleste. Des trois patriarches, seul Isaac naîtra, vivra et mourra en Terre promise. Le seul à ne jamais changer de nom. Le seul à ne connaître qu'une seule épouse.

Il sème et récolte au centuple. Dans le livre de la Genèse, tous les patriarches puis Joseph reçoivent la richesse, signe de la bénédiction divine. Isaac prospère, ce qui suscite la jalousie des Philistins, jalousie qui demeure un grand moteur de haine et de violence, et ce, depuis le temps de Caïn et Abel.

Les puits qu'Abraham avait creusés pour ses troupeaux et dont bénéficiaient aussi les Philistins ont été rebouchés : les apports d'une civilisation peuvent profiter à d'autres à condition de vouloir maintenir, voire développer, ces apports, sinon, il y a régression. Toujours à l'instar de son père – Isaac est un Abraham introverti –, il creuse de nouveau les puits qui pourraient profiter à la population locale, mais ici encore, la jalousie l'emporte. Isaac doit sans cesse fuir, tel un étranger mal-aimé, jusqu'au repos de Rehovot. La non-violence du Juste sera enfin récompensée, et le roi Abimélekh désirera ardemment conclure une alliance avec Isaac. (Caïn se réconciliant avec Abel…) Le festin représente cette pacification. Dans la tradition juive, le repas partagé symbolise les temps messianiques de la réconciliation universelle.

Un autre symbole fort dans ce texte est l'eau. L'eau de la vie des hommes et des troupeaux, mais aussi l'eau spirituelle – la Torah, la Parole de Dieu – qui étanche la soif de l'âme (Isaïe 51, 1 ; Amos 8, 11).

Cette fin heureuse et optimiste enseigne que lorsque les hommes œuvrent ensemble pour le bien commun, la bénédiction divine se répand dans le monde.

11. Jacob, le rêveur de Dieu

Le troisième patriarche se nomme Jacob, fils d'Isaac et de Rebecca. Son nom hébraïque, *Yaâkov* (« Talonneur ») s'explique par le fait qu'en naissant, il tenait le talon de son jumeau Ésaü, sorti de la matrice avant lui.

Ésaü et Jacob : autre couple fraternel, après Caïn et Abel. Dans le premier récit, Abel reçoit l'approbation du Père qui est aux Cieux ; ici, Isaac préfère l'aîné, et Rebecca, le cadet. Chacun des enfants revendique l'aînesse. Pour Ésaü, il s'agit d'un droit, pour Jacob, d'un devoir, celui de perpétuer le message monothéiste d'Abraham. Rebecca tranchera. Déjà dans la Bible, la femme est l'avenir de l'homme !

Pour Rebecca, le berger mérite plus que le chasseur. Elle les aime tous les deux, mais l'un doit devenir le « comité d'éthique » de l'autre. Son stratagème fonctionne : « Qui va à la chasse perd sa place », et : « Ce que femme veut, Dieu le veut. » Ésaü ayant cédé son droit d'aînesse pour un plat de lentilles à son frère Jacob (chapitre 25, 29-34), elle parvient, par la ruse, à ce que ce dernier reçoive effectivement la bénédiction d'aîné de la part d'Isaac (chapitre 27).

Ésaü jure de se venger en tuant Jacob, comme Caïn voulut tuer Abel, mais cette fois le cadet s'enfuira sur les exhortations de sa mère, et même de son père qui confirme, sans ambiguïté cette fois, la bénédiction offerte.

Genèse 28, 10-19

**10 Jacob sortit de Beersheba et se dirigea vers Haran (Syrie). 11 Il
arriva dans un endroit où il établit son gîte, parce que le soleil
était couché. Il prit une des pierres de l'endroit, en fit son chevet
et passa la nuit dans ce lieu. 12 Il eut un songe que voici : Une
échelle était dressée sur la terre, son sommet atteignait le ciel et
des messagers divins montaient et descendaient le long de cette
échelle. 13 Puis, l'Éternel apparaissait au sommet et disait : « Je
suis l'Éternel, le Dieu d'Abraham ton père et d'Isaac ; cette terre
sur laquelle tu reposes, je te la donne à toi et à ta postérité. 14 Elle**

**sera, ta postérité, comme la poussière de la terre ; et tu débor-
deras au couchant et au levant, au nord et au midi ; et toutes les
familles de la terre seront heureuses par toi et par ta postérité.
15 Oui, je suis avec toi ; je veillerai sur chacun de tes pas et je te
ramènerai dans cette contrée, car je ne veux point t'abandonner
avant d'avoir accompli ce que je t'ai promis. »
16 Jacob, s'étant
réveillé, s'écria : « Assurément, l'Éternel est présent en ce lieu et
moi je l'ignorais. »
17 Et, saisi de crainte, il ajouta : « Que ce lieu est
redoutable ! Ceci n'est autre que la maison du Seigneur et c'est ici
la porte du ciel. »
18 Jacob se leva de grand matin ; il prit la pierre
qu'il avait mise sous sa tête, l'érigea en monument et répandit de
l'huile à son faîte.
19 Il appela cet endroit Béthel ; mais Louz était
d'abord le nom de la ville.**

Beersheba, la douceur du foyer ; Haran, l'amertume de l'exil. Et Dieu ? Depuis l'annonce faite à Rebecca que « le puissant servira le plus jeune », Il se tait. Rebecca a tranché entre ses fils, et maintenant Jacob marche seul. « Le soleil se couche » : ne lisons pas la Bible comme un roman, entendons que le soleil de sa quiétude passée se couche dans le cœur du jeune homme, et que commence le temps de la nuit, celui des peurs et des doutes. Une pierre pour sa tête, et le sommeil l'emporte. « Il rêve », première occurrence de ce verbe. Jacob reçoit un songe. Certains songes viennent de la Terre, l'instinct primordial ; d'autres viennent du Ciel, l'inconscient supérieur. Rendons l'hébreu au plus près : « Et voici une échelle… et voici des anges… et voici l'Éternel. » Trois « et voici » qui soulignent un rêve, dans un rêve, dans un rêve : nous pensons au film *Inception*. Un rêve, c'est toujours un message codé. Une échelle, non pas posée *sur* la Terre, mais « vers la Terre », non pas *dans* les Cieux mais « vers les Cieux ». Tensions de Jacob entre ses contorsions dans le monde réel et ses aspirations spirituelles.

L'échelle en tension symbolise Jacob, l'être hébraïque : son royaume est de ce monde – Dieu sur la Terre : Jérusalem d'en bas – et n'est pas de ce monde – Dieu dans les Cieux : Jérusalem d'en haut.

Des anges montent (d'abord) et descendent (ensuite). L'existence angélique ressemble à l'existence humaine, il y a des hauts et des bas. Le physique et le métaphysique interagissent en permanence et le rêve authentique révèle cette loi de la Création. Et au sommet, « l'Éternel se tient sur *lui* » (Jacob ou l'échelle, tous deux au masculin en hébreu). L'Être éternel décline son identité : il est le Dieu révélé par Abraham et le Dieu révélé par Isaac – avant de confirmer la bénédiction donnée au père : la promesse de la terre et une descendance qui sera lumière pour les nations.

Au réveil, Jacob découvre qu'il dormait à la porte du Ciel : la Tradition y voit la colline de Jérusalem, où, ajoutons-nous, un jour, juifs, chrétiens, musulmans et bahaïs prieront en paix sous le regard de l'Éternel au sommet de l'échelle.

12. Jacob, le lutteur de Dieu

Jacob passa vingt ans chez Laban, son oncle et beau-père. Il avait trompé son père, se faisant passer pour son frère Ésaü ; il fut trompé en épousant Léa pour Rachel. « Selon votre mesure, ainsi vous serez mesurés », disent les rabbins. Vingt années de bons et loyaux services malgré les coups bas de tonton Laban. Jacob, le premier exploité de la Bible ! Malgré cela, Dieu le bénit en santé, en intelligence et en richesse. Et voilà que surgit la jalousie du beau-père, répétition du jeu Caïn-Abel ou Philistins-Isaac. Jacob fuit pour rentrer en Canaan avec ses deux épouses, ses deux concubines, ses onze fils et sa fille, ses serviteurs et ses troupeaux. Il sait qu'Ésaü arrive à sa rencontre avec quatre cents hommes. Le pardon fraternel sera-t-il au rendez-vous ? Entre-temps, un épisode important va changer la vie et même l'identité de Jacob…

Genèse 32, 23-33

23 Il se leva, quant à lui, pendant la nuit ; il prit ses deux femmes, ses deux servantes et ses onze enfants et passa le gué de Yabok.
24 Puis il les aida à traverser le torrent et fit passer ce qui lui appartenait. 25 Jacob étant resté seul, un homme lutta avec lui, jusqu'au lever de l'aube. 26 Voyant qu'il ne pouvait le vaincre, il lui pressa la cuisse ; et la cuisse de Jacob se luxa tandis qu'il luttait avec lui. 27 Il dit : « Laisse-moi partir, car l'aube est venue. » Il répondit : « Je ne te laisserai point, que tu ne m'aies béni. » 28 Il lui dit alors : « Quel est ton nom ? » Il répondit : « Jacob. » 29 Il reprit : « Jacob ne sera plus désormais ton nom, mais bien Israël ; car tu as jouté contre des puissances célestes et humaines et tu

es resté fort. » [30] Jacob l'interrogea en disant : « Apprends-moi, je te prie, ton nom. » Il répondit : « Pourquoi t'enquérir de mon nom ? » Et il le bénit alors. [31] Jacob appela ce lieu Penïel [Face de Dieu] « parce que j'ai vu un être divin face à face, et que ma vie est restée sauve. » [32] Le soleil commençait à l'éclairer lorsqu'il eut quitté Penïel ; il boitait alors à cause de sa cuisse. [33] C'est pourquoi les enfants d'Israël ne mangent point aujourd'hui encore le nerf sciatique, qui tient à la cavité de la cuisse ; parce que Jacob fut touché à la cavité de la cuisse, sur le nerf sciatique.

Jacob envoie des présents à Ésaü, il divise son camp en deux, pour permettre la fuite d'un groupe en cas d'attaque, puis il prie. À l'homme d'agir selon la bénédiction divine ; pour l'impossible, qu'il se tourne vers Dieu. Tout son clan a franchi le Yabok, un affluent du Jourdain. Il reste seul, aussi seul que le soir de son départ. Ici point de rêve d'échelle, de vision d'anges ou de présence divine, mais l'agression d'un inconnu. « Un homme. » Un soldat d'Ésaü ? Un envoyé de Dieu ? La conscience de Jacob ? Ne fermons pas un texte qui ne veut pas être enfermé. Les deux personnages s'étreignent. Lutte épuisante de toute la nuit de Jacob. Malgré sa blessure à la cuisse, Jacob immobilise son agresseur au sol, en même temps que le jour se lève. Enfin ! Jacob va quitter sa nuit.

L'inconnu réclame sa grâce et Jacob, sa bénédiction, comme si les deux protagonistes acceptaient de se prendre en *selfie* de confirmation. En hébreu, bénir, c'est définir l'identité et la souhaiter féconde. « Tu ne t'appelleras plus Jacob mais Israël » : le « Talonneur » devient « Lutteur de Dieu ».

Quel sens donner à cet énigmatique récit ? Jacob lutte pour être reconnu dans son être, dans ses intentions. Il ne veut plus être perçu comme un tricheur, un trompeur de père, mais comme vecteur de la bénédiction divine, pour sa famille, pour ses parents, pour Ésaü. C'est son désir depuis le ventre maternel.

La grandeur d'Israël sera son humilité même : lorsque les deux frères arrivent à proximité l'un de l'autre, il avance en se prosternant sept fois visage à terre devant son aîné, jusqu'à ce que sa face touche les pieds de son frère. Il a compris que pour changer la relation à l'autre, il faut commencer par changer sa relation à soi. Il a gardé la trace de son combat avec l'ange dans un dandinement.

Le peuple qui descendra de Jacob-Israël devra sans cesse se rappeler la leçon : en mangeant la chair animale, avoir l'humilité de ne pas tout manger, laissant la part d'Ésaü. Les frères s'étreindront non dans la lutte, mais dans l'étreinte fraternelle. À présent, le soleil brille pour tous les deux.

13. Joseph, la recherche en fraternité

Jacob, deux épouses, deux concubines, une fille et douze fils et, parmi ces fils, Joseph, le préféré et le maître de songes glorieux. Chaque fois que la Bible parle de fratrie, elle sous-entend celle de Caïn et Abel et le premier fratricide. Comment réaliser la fraternité et la paix ? Entre deux hommes, deux communautés, deux peuples ?

Genèse 37, 13-30

13 Israël dit à Joseph : « Tes frères font paître les troupeaux à Sichem. Viens donc, je veux t'envoyer auprès d'eux. » Il lui répondit : « Je suis prêt. »
14 Il reprit : « Va voir, je te prie, comment se portent tes frères, comment se porte le bétail et rapporte m'en des nouvelles. » Il l'envoya ainsi de la vallée d'Hébron et Joseph se rendit à Sichem.
15 Un homme le rencontra errant dans la campagne ; cet homme lui demanda : « Que cherches-tu ? »
16 Il répondit : « Ce sont mes frères que je cherche. Veuille me dire où ils font paître leur bétail. »
17 L'homme dit : « Ils sont partis d'ici, car je les ai entendus dire : "Allons à Dothan." » Joseph s'en alla sur les pas de ses frères et il les trouva à Dothan.
18 Ils l'aperçurent de loin ; et, avant qu'il fût près d'eux, ils complotèrent de le faire mourir.
19 Ils se dirent l'un à l'autre : « Voici venir l'homme aux songes.
20 Or çà, venez, tuons-le, jetons-le dans quelque citerne, puis nous dirons qu'une bête féroce l'a dévoré. Nous verrons alors ce qui adviendra de ses rêves ! »
21 Ruben l'entendit et voulut le sauver de leurs mains ; il se dit : « N'attentons point à sa vie. »
22 Ruben leur dit donc : « Ne versez point le sang ! Jetez-le dans cette citerne qui est dans le désert, mais ne portez point la main sur lui. » C'était pour le sauver de leurs mains et le ramener à son père.
23 En effet, lorsque Joseph fut arrivé près de ses frères ils le dépouillèrent de sa robe, de la tunique à rayures dont il était vêtu ;
24 et ils le saisirent et ils le jetèrent dans la citerne. Cette citerne était vide et sans eau.
25 Comme ils étaient assis pour prendre leur

repas, ils levèrent les yeux et virent une caravane d'Ismaélites,
laquelle venait de Galaad ; leurs chameaux étaient chargés d'aro-
mates, de baume et de lotus qu'ils allaient transporter en Égypte.
26 Juda dit à ses frères : « Quel avantage, si nous tuons notre frère
et si nous scellons sa mort ? 27 Venez, vendons-le aux Ismaélites
et que notre main ne soit pas sur lui, car il est notre frère, notre
chair ! » Et ses frères consentirent. 28 Or, plusieurs marchands
madianites vinrent à passer, qui tirèrent et firent remonter Joseph
de la citerne, puis le vendirent aux Ismaélites pour vingt pièces
d'argent. Ceux-ci emmenèrent Joseph en Égypte. 29 Ruben revint à
la citerne et voyant que Joseph n'y était plus, il déchira ses vête-
ments, 30 retourna vers ses frères et dit : « L'enfant n'y est plus
et moi, où irai-je ? »

Même scénario depuis Caïn et Abel : l'un des enfants reçoit plus que l'autre, de Dieu ou d'un parent. L'égalité reste un projet humaniste, non une donnée première de la Création divine. Les rabbins imaginent que la Lune s'est rebellée d'avoir été réalisée plus petite que le Soleil et que Dieu a accepté le reproche et demandé à Israël, à chaque nouvelle lunaison, d'apporter un holocauste pour ce péché originel.

Juste avant notre texte, Joseph a reçu un surplus d'amour du père : une belle tunique bariolée. L'inconscient, ou le Ciel, lui donne par ailleurs deux rêves qui lui annoncent un grand destin. Ses frères le jalousent. La colère du jaloux signifie toujours : « Aime-moi aussi. » Et Jacob, le lutteur de Dieu, réconcilié avec son frère Ésaü, ne voit pas qu'il lui faut aussi aider la réconciliation de ses fils. La mort de Rachel, son épouse adorée, l'a rendu aveugle. Il voit sans voir. Isaac, sans voir, avait vu davantage. Aveuglé jusqu'au bout, le patriarche envoie son fils Joseph comme une brebis au milieu des loups.

En chemin, un inconnu que la Tradition identifie à l'ange Gabriel, lui demande ce qu'il cherche. « Ce sont mes frères que je cherche ! » Dans la Bible, comme plus tard dans les Évangiles, certaines formules remuent l'âme. Ces quatre mots en hébreu expriment tout le projet de l'homme pour l'homme, la recherche en fraternité. Tout le messianisme d'Israël s'exprime ici. Mais, selon le mode d'écriture biblique, après l'espérance énoncée, survient la réalité de l'Histoire – Histoire « avec une grande Hache », selon le mot de Georges Perec.

Dans cette confrontation, les « Caïn », les frères, veulent lever un bras meurtrier sur « Abel » – Joseph. Mais l'aîné de tous, le « Caïn n° 1 », le sauve *in extremis.* Grandeur de Ruben, premier-né de Léa et Jacob, qui accepte que Joseph, premier-né de Rachel et onzième fils de Jacob, reçoive la première place. Ruben est un Caïn réparé. Si Ruben a pu commencer son retournement, sa conversion vers l'éthique divine, si Juda en prend conscience aussi, alors la réconciliation pointe à l'horizon. Trouver ce point d'humanité qui fera tout basculer vers le bien : un jour, les frères se réconcilieront.

14. Juda, la révolution du pardon

Le récit de Joseph et ses frères occupe treize des cinquante chapitres que compte de la Genèse. Thomas Mann, impressionné, en écrivit une magnifique trilogie. Tout commence mal : préférence du père, rêves de Joseph, sa vente par ses frères, son emprisonnement, puis son élévation sociale en Égypte, les sept années d'abondance suivies de sept années de disette. Tout le scénario mène lentement à une confrontation. Quand ils viennent en Égypte demander du pain pour échapper à cette famine, Tsaphnath-Panéach, *alias* Joseph, accuse ses frères – qui, eux, ne le reconnaissent pas – d'être des espions cananéens. Il va jusqu'à prétendre vouloir asservir Benjamin en l'accusant (injustement) de vol. Juda, le quatrième fils, au caractère bien trempé, va tenter de sauver ce dernier de l'esclavage, et son vieux père d'une mort certaine.

Genèse 44, 18-34 et 45, 1-5
18 Alors Juda s'avança vers lui, en disant : « De grâce, seigneur !
Que ton serviteur fasse entendre une parole aux oreilles de mon
seigneur et que ta colère n'éclate pas contre ton serviteur ! Car tu
es l'égal de Pharaon. 19 Mon seigneur avait interrogé ses serviteurs,
disant : "Vous reste-t-il un père, un frère ?" 20 Nous répondîmes à
mon seigneur : "Nous avons un père âgé et un jeune frère enfant de
sa vieillesse : son frère est mort et lui, resté seul des enfants de sa
mère, son père le chérit." 21 Tu dis alors à tes serviteurs : "Amenez-le
moi, que je l'examine." 22 Et nous répondîmes à mon seigneur : "Le
jeune homme ne saurait quitter son père ; s'il quittait son père, il
en mourrait." 23 Mais tu dis à tes serviteurs : "Si votre jeune frère

ne vous accompagne, ne reparaissez point devant moi." [24] Or, de retour auprès de ton serviteur, notre père, nous lui rapportâmes les paroles de mon seigneur. [25] Notre père nous dit : "Retournez acheter pour nous quelques provisions." [26] Nous répondîmes : "Nous ne saurions partir. Si notre jeune frère nous accompagne, nous irons ; car nous ne pouvons paraître devant ce personnage, notre jeune frère n'étant point avec nous." [27] Ton serviteur, notre père, nous dit : "Vous savez que ma femme m'a donné deux enfants. [28] L'un a disparu d'auprès de moi et j'ai dit : 'Assurément il a été dévoré !' et je ne l'ai point revu jusqu'ici. [29] Que vous m'arrachiez encore celui-ci, qu'il lui arrive malheur et vous aurez précipité cruellement ma vieillesse dans la tombe." [30] Et maintenant, en retournant chez ton serviteur, mon père, nous ne serions point accompagnés du jeune homme et sa vie est attachée à la sienne ! [31] Certes, ne voyant point paraître le jeune homme, il mourra ; et tes serviteurs auront fait descendre les cheveux blancs de ton serviteur, notre père, douloureusement dans la tombe. [32] Car ton serviteur a répondu de cet enfant à son père, en disant : "Si je ne te le ramène, je serai coupable à jamais envers mon père." [33] Donc, de grâce, que ton serviteur, à la place du jeune homme, reste esclave de mon seigneur et que le jeune homme reparte avec ses frères. [34] Car comment retournerais-je près de mon père sans ramener son enfant ? Pourrais-je voir la douleur qui accablerait mon père ? »
45 [1] Joseph ne put se contenir, malgré tous ceux qui l'entouraient. Il s'écria : « Faites sortir tout le monde d'ici ! » Et nul homme ne fut présent lorsque Joseph se fit connaître à ses frères. [2] Il éleva la voix en pleurant. Les Égyptiens l'entendirent, la maison de Pharaon l'entendit, [3] et il dit à ses frères : « Je suis Joseph ; mon père vit-il encore ? » Mais ses frères ne purent lui répondre, car il les avait frappés de stupeur. [4] Joseph dit à ses frères : « Approchez-vous de moi, je vous prie. » Et ils s'approchèrent. Il reprit : « Je suis Joseph, votre frère que vous avez vendu pour l'Égypte. [5] Et maintenant, ne vous affligez point, ne soyez pas irrités contre vous-mêmes de m'avoir vendu pour ce pays ; car c'est pour le salut que le Seigneur m'y a envoyé avant vous. »

Juda devant Joseph nous rappelle Jacob devant Ésaü, à cela près qu'Ésaü était l'aîné dans l'ordre des naissances, alors qu'ici, c'est Juda qui est plus âgé. Le Juste s'humilie, le méchant s'enorgueillit, thème fréquent dans la Bible et les Évangiles.

Tout le plaidoyer tourne autour de l'évocation du père. En vendant Joseph, les frères jaloux en furent oublieux, mais en découvrant sa peine, son refus de toute consolation, ils prirent conscience de ce qu'ils avaient fait. Et cette prise de conscience marque toujours le début du repentir. Peut-être redoublèrent-ils d'attention à son égard.

Juda exprime ici une parole que nous attendions depuis la question de Dieu à Caïn : « Où est Abel ton frère ? » On se souvient de sa réponse interrogative : « Suis-je le gardien de mon frère ? » La question divine reste audible pour chaque génération, car les dons de Dieu, et notamment sa Parole, sont sans retour. Pour les rabbins, Dieu adresse cette demande à chaque humain, le jour du Nouvel An – *Roch Hachana*, à l'automne.

Juda offre une merveilleuse réponse, porteuse d'un amour responsable : « Car ton serviteur [moi] a répondu de cet enfant à son père. » Autrement dit : « Oui, je suis le gardien de mon frère. » Joseph ne peut se contenir davantage, ses larmes trahissent son bonheur devant la fratrie enfin unie. Joie sur la Terre, joie dans le Ciel, pour les frères de bonne volonté.

Soulignons que dans tout le récit joséphien, Dieu n'intervient jamais. Nul miracle, nulle manifestation prophétique. Sans doute parce que les frères possédaient en eux cette grâce divine qu'ils ont su cultiver pour le meilleur et pour le rire...

Le livre de la Genèse avait commencé par un fratricide, il s'achève sur la fraternité. L'histoire du peuple d'Israël peut commencer.

15. L'Exode, des noms et des fonctions

Le deuxième livre de la Torah commence comme le premier, par un « conflit fraternel ». Dans la Genèse, Caïn s'oppose à Abel ; dans l'Exode, l'Égypte (*Mistrayim*) s'oppose à Israël. Or, *Israël* et *Mistrayim* descendent respectivement de Sem et Cham, deux des trois fils de Noé. La Bible enseigne que tout conflit, toute guerre, traduit toujours un fratricide.

Exode 1, 1-17

1 Voici les noms des fils d'Israël, venus en Égypte ; ils y accompagnèrent Jacob, chacun avec sa famille : 2 Ruben, Siméon, Lévi et Juda ; 3 Issachar, Zabulon et Benjamin ; 4 Dan et Nephtali, Gad et Aser. 5 Toutes les personnes composant la lignée de Jacob étaient au

nombre de soixante-dix. Pour Joseph, il était déjà en Égypte. [6] Joseph mourut, ainsi que tous ses frères, ainsi que toute cette génération. [7] Or, les enfants d'Israël avaient augmenté, pullulé, étaient devenus prodigieusement nombreux et ils remplissaient la contrée. [8] Un roi nouveau s'éleva sur l'Égypte, lequel n'avait point connu Joseph. [9] Il dit à son peuple : « Voyez, la population des enfants d'Israël surpasse et domine la nôtre. [10] Eh bien ! Usons d'expédients contre elle ; autrement, elle s'accroîtra encore et alors, survienne une guerre, ils pourraient se joindre à nos ennemis, nous combattre et sortir de la province. » [11] Et l'on imposa à ce peuple des officiers de corvée pour l'accabler de labeurs et il bâtit pour Pharaon des villes d'approvisionnement, Pithom et Ramsès. [12] Mais, plus on l'opprimait, plus sa population grossissait et débordait et ils conçurent de l'aversion pour les enfants d'Israël. [13] Les Égyptiens accablèrent les enfants d'Israël de rudes besognes. [14] Ils leur rendirent la vie amère par des travaux pénibles sur l'argile et la brique, par des corvées rurales, outre les autres labeurs qu'ils leur imposèrent tyranniquement. [15] Le roi d'Égypte s'adressa aux sages-femmes hébreues, qui se nommaient, l'une Chifra, l'autre Poûa [16] et il dit : « Lorsque vous accoucherez les femmes hébreues, vous examinerez les attributs du sexe : si c'est un garçon, faites-le périr ; une fille, qu'elle vive. » [17] Mais les sages-femmes craignaient Dieu : elles ne firent point ce que leur avait dit le roi d'Égypte, elles laissèrent vivre les garçons.

Le deuxième livre de la Torah se nomme en hébreu *Chemot*, « Noms », car il s'inaugure par les noms des douze fils de Jacob-Israël. Le Nom ! Il fait sortir les choses et les êtres de leur anonymat. La première nomination procède de Dieu : « Dieu nomma la lumière “jour” et l'obscurité “nuit” » (Genèse 1, 3). Par la suite Adam nomme les animaux, puis Ève nomme elle-même ses enfants. Plus tard, Noé nomme son fils aîné Sem (*Chem*), « Nom ». Son nom est Nom. Il sera l'ancêtre des Sémites, dont Abraham. La religion sémite se traduit par la reconnaissance des noms, de la dignité des choses et des êtres. Son contraire ? « L'anti-sémisme », l'anti-nom.

Or *Mistrayim*, l'Égypte, se présente comme une société anonyme : le pharaon porte un titre, pas un nom. Une cité sans nom fonctionne à la rentabilité – et à la haine aussi. Les étrangers n'ont plus leur place ; on les chasse ou on les asservit. L'esclavage du peuple hébreu inspirera le peuple noir dans ses *negro-spirituals*. Cet esclavage des Hébreux constitue une première dans la mémoire humaine, et son pendant se nomme liberté, proclamée pour tout homme et pour tout peuple opprimé.

Cet asservissement ira *crescendo* : travail des champs, puis construction de villes qui portent des noms hautement symboliques en hébreu : *Pithom* (« Bouche de l'abîme ») et *Ramsès* (« Affaissement »). Jusqu'où la haine peut-elle aller ? Jusqu'à la suppression de l'autre – l'espérance de toute dictature politique ou religieuse. Pharaon ira jusque-là : tuer les bébés mâles et récupérer les filles dans la matrice égyptienne.

Deux femmes, au nom égyptien, sauveront des rejetons. Les premières femmes justes de l'Histoire, celles qui ont dit *non* à la négation du Nom, auront leur nom inscrit sur le parchemin de Celui qui porte un Nom. « Elles craignaient Dieu », affirme le texte. La crainte de Dieu ? La définition se trouve dans le texte même : toutes celles et ceux qui choisissent (de sauver) la vie, même sans connaître Dieu. Charles Péguy n'avait-il pas dit de Bernard Lazare qu'il était « un athée ruisselant de la Parole de Dieu » ?

16. Moïse, un buisson et Dieu

Pharaon décide l'ethnocide : noyer tous les enfants mâles hébreux dans le Nil. Un sacrifice humain au nom d'une divinité sans âme. Pour le sauver, une mère dissimule son bébé dans un panier d'osier sur le fleuve ; sa sœur Myriam suit la frêle embarcation. Moïse, premier enfant caché. La fille de Pharaon, emplie de pitié pour ce nourrisson qui échoue au bord du palais, décide de l'adopter. Trois femmes disent oui à la vie, à l'avenir, pendant que les hommes assassinent l'espérance. Il sera nommé *Moché* (Moïse) : littéralement « Sauveur » de l'eau. Moïse : un pêcheur d'hommes du fond de leur servitude anonyme, pour leur rendre leur dignité humaine, leur dignité divine.

Fuyant la violence de l'Égypte dans laquelle lui-même tombe – il tue un homme (Exode 2, 11-15) –, Moïse rencontre Dieu dans le désert, au cœur d'un buisson.

Exode 3, 1-15

1 Or, Moïse faisait paître les brebis de Jéthro son beau-père, prêtre de Madian. Il avait conduit le bétail au fond du désert et

était parvenu à la montagne divine, au mont Horeb. 2 Un ange
du Seigneur lui apparut dans un jet de flamme au milieu d'un
buisson. Il remarqua que le buisson était en feu et cependant
ne se consumait point. 3 Moïse se dit : « Je veux m'approcher, je
veux examiner ce grand phénomène : pourquoi le buisson ne se
consume pas. » 4 L'Éternel vit qu'il s'approchait pour regarder ;
alors Dieu l'appela du sein du buisson, disant : « Moïse ! Moïse ! »
Et il répondit : « Me voici. » 5 Il reprit : « N'approche point d'ici !
Ôte ta chaussure, car l'endroit que tu foules est un sol sacré ! »
6 Il ajouta : « Je suis la Divinité de ton père, le Dieu d'Abraham,
d'Isaac et de Jacob... » Moïse se couvrit le visage, craignant de
regarder le Seigneur. 7 L'Éternel poursuivit : « J'ai vu, j'ai vu
l'humiliation de mon peuple qui est en Égypte ; j'ai accueilli sa
plainte contre ses oppresseurs, car je connais ses souffrances.
8 Je suis donc intervenu pour le délivrer de la puissance égyp-
tienne et pour le faire passer de cette contrée-là dans une contrée
fertile et spacieuse, dans une terre ruisselante de lait et de miel,
où habitent le Cananéen, le Héthéen, l'Amorréen, le Phérézéen,
le Hévéen et le Jébuséen. 9 Oui, la plainte des enfants d'Israël
est venue jusqu'à moi ; oui, j'ai vu la tyrannie dont les Égyptiens
les accablent. 10 Et maintenant va, je te délègue vers Pharaon ; et
fais que mon peuple, les enfants d'Israël, sortent de l'Égypte. »
11 Moïse dit au Seigneur : « Qui suis-je, pour aborder Pharaon et
pour faire sortir les enfants d'Israël de l'Égypte ? » 12 Il répon-
dit : « C'est que je serai avec toi et ceci te servira à prouver que
c'est moi qui t'envoie : quand tu auras fait sortir ce peuple de
l'Égypte, vous adorerez le Seigneur sur cette montagne même. »
13 Moïse dit à Dieu : « Or, je vais trouver les enfants d'Israël et je
leur dirai : Le Dieu de vos pères m'envoie vers vous... S'ils me
disent : "Quel est son nom ?", que leur dirai-je ? » 14 Dieu répon-
dit à Moïse : « Je suis l'Être invariable ! » Et il ajouta : « Ainsi
parleras-tu aux enfants d'Israël : C'est l'Être invariable qui m'a
délégué auprès de vous. » 15 Dieu dit encore à Moïse : « Parle
ainsi aux enfants d'Israël : "L'Éternel, le Dieu de vos pères, le
Dieu d'Abraham, d'Isaac et de Jacob, m'envoie vers vous." Tel est
mon nom à jamais, tel sera mon attribut dans tous les âges. »

Moïse, le prince d'Égypte, a tout abandonné, tel son ancêtre Abraham, pour devenir berger d'un prêtre idolâtre à la générosité débordante. Les actes restent supérieurs aux conceptions religieuses. Qui choisira-t-on dans le Ciel : un animiste au cœur charitable ou un monothéiste fanatique ?

Bon berger, Moïse s'enfonce dans le désert, « pour que les bêtes n'aillent pas brouter dans un domaine privé », suggèrent les rabbins. On sert Dieu en amour et en justice. Ils proposent une parabole (*mashal*) : une brebis s'enfuit, Moïse laisse son troupeau pour chercher l'égarée. Il la trouve en train d'étancher sa soif près d'un cours d'eau. Il la prend sur ses épaules pour le retour. Et Dieu de déclarer : « Tu as eu pitié de cette brebis, tu porteras mon troupeau (Israël). »

Le buisson ardent : une théophanie en plein désert. Insolation, hallucination ? Le texte parle bien d'une manifestation du Ciel. Dieu ne se révèle jamais d'un coup. Le phénomène prophétique s'exprime lentement. On parle à un enfant comme à un enfant, à un adulte comme à un adulte. Progression : un buisson, une flamme, un ange, l'Éternel. Toujours du voir vers l'écoute. Souvenons-nous de l'échelle de Jacob. Relisons le chapitre 6 d'Isaïe. S'agit-il d'un phénomène physique ou psychique ? Peu importe, le message reste signifiant : Moïse découvre, pour la première fois, une puissance qui retient sa puissance, c'est-à-dire qui ne consume pas son support. Toute son expérience passée chavire, lui qui ne connaît que la puissance de Pharaon sur les Hébreux, du garde-chiourme sur les esclaves, du plus fort sur le plus faible. La puissance de Dieu se révèle dans sa retenue, non dans sa capacité à bousculer la nature. « Là où tu trouves la grandeur du saint, béni soit-il, là tu trouves son humilité. » Le Dieu humble depuis le shabbat de l'origine a offert à l'homme la surpuissance de sa liberté, entre bien et mal, entre solidarité et oppression. La leçon : toute oppression finira par se noyer dans ses propres excès à l'instar de la civilisation du Déluge ou des cavaliers de Pharaon.

Quand le souffle de Dieu inspire les peuples, la liberté fraternelle jaillit du désespoir, et une voix crie dans le désert : « Laisse partir mon peuple. »

17. La première Pâque

Devant le refus de Pharaon de laisser partir les Hébreux du pays d'Égypte, Dieu envoie dix plaies. Leur but ? Enseigner au souverain que la nature n'est pas naturelle, mais qu'elle procède d'un Créateur transcendant. Hormis la dernière frappe, la vie humaine ne sera pas supprimée. En revanche, l'économie, autant que les symboles religieux (le Nil, le Soleil), sera touchée. Tout se passe comme si Dieu attendait un sursaut moral du roi qui accepterait de libérer ses esclaves. C'est là l'un des grands thèmes bibliques : Dieu patiente jusqu'au bout de l'égarement de l'homme ; mais ce dernier peut se condamner par son orgueil et sa violence. La dernière plaie, celle de la mort des premier-nés, sera décisive. Avant de sortir d'Égypte, avant la dernière plaie, les enfants d'Israël doivent demeurer dans leur gîte et célébrer la première Pâque. Ce repas de la libération deviendra dans la tradition juive le *seder de Pessah*, et pour le christianisme la préfiguration du dernier repas de Jésus. Convergence, incontestablement.

Exode 12, 1-14

1 L'Éternel parla à Moïse et à Aaron, dans le pays d'Égypte, en ces
termes : 2 « Ce mois-ci est pour vous le commencement des mois ;
il sera pour vous le premier des mois de l'année. 3 Parlez à toute la
communauté d'Israël en ces termes : Au dixième jour de ce mois,
que chacun se procure un agneau pour sa famille paternelle, un
agneau par maison. 4 Celui dont le ménage sera trop peu nombreux
pour manger un agneau, s'associera avec son voisin, le plus proche
de sa maison, selon le nombre des personnes ; chacun, selon sa
consommation, réglera la répartition de l'agneau. 5 L'animal doit
être sans défaut, mâle, dans sa première année ; vous le choisi-
rez parmi les brebis ou les chèvres. 6 Vous le tiendrez en réserve
jusqu'au quatorzième jour de ce mois ; alors toute la communauté
d'Israël l'immolera vers le soir. 7 On prendra de son sang et on en
teindra les deux poteaux et le linteau des maisons dans lesquelles
on le mangera. 8 Et l'on en mangera la chair cette même nuit ;
on la mangera rôtie au feu et accompagnée d'azymes et d'herbes
amères. 9 N'en mangez rien qui soit à demi cuit, ni bouilli dans l'eau
mais seulement rôti au feu, la tête avec les jarrets et les entrailles.
10 Vous n'en laisserez rien pour le matin ; ce qui en serait resté
jusqu'au matin, consumez-le par le feu. 11 Et voici comme vous le
mangerez : la ceinture aux reins, la chaussure aux pieds, le bâton
a la main ; et vous le mangerez à la hâte, c'est la pâque en l'hon-
neur de l'Éternel. 12 Je parcourrai le pays d'Égypte, cette même
nuit ; je frapperai tout premier-né dans le pays d'Égypte, depuis

l'homme jusqu'à la bête et je ferai justice de toutes les divinités de l'Égypte, moi l'Éternel ! [13] Le sang, dont seront teintes les maisons où vous habitez, vous servira de signe : je reconnaîtrai ce sang et je vous épargnerai et le fléau n'aura pas prise sur vous lorsque je sévirai sur le pays d'Égypte. [14] Ce jour sera pour vous une époque mémorable et vous le solenniserez comme une fête de l'Éternel ; d'âge en âge, à jamais, vous le fêterez. »

Moïse et Aaron, les authentiques frères de la fraternité – car, contrairement à Caïn, Aaron l'aîné ne jalousa pas la distinction faite à Moïse –, reçoivent et transmettent la première loi pour Israël : célébrer la Pâque. Avant cette célébration, Dieu transmet le principe du calendrier israélite fondé sur la néoménie : chaque nouvelle lune, soit le moment où l'astre redevient visible, marque le nouveau mois. Est ainsi ancré dans la conscience d'Israël que la disparition de l'astre blanc précède sa réapparition, que toute mort porte en elle sa résurrection, que la vie triomphera de la mort. « Béni es-tu, Éternel, qui fait revivre les morts », proclame la liturgie quotidienne.

Avant de servir Dieu en priant, on le sert en mangeant. Non pour satisfaire un instinct naturel, mais pour faire du repas un autel devant Dieu. Le Juste mange non pas un fruit, mais la bénédiction contenue dans le fruit.

Ce repas pascal ressemble à un fast-food (pain, viande, salade). Dans notre cas : agneau grillé, pain azyme (sans levain) et herbes amères. Mais ici, il s'agit moins de manger de la nourriture que du sens. Ce n'est pas ce qui entre dans la bouche qui importe, mais ce qui en sort. La bouche avale et la bouche raconte. Jeu de mots rabbinique : *Pessah* (Pâque) se déconstruit en *Pe-ssah* « bouche qui converse », puisque ce repas permet d'exposer aux enfants la mémoire des ancêtres. Ainsi, au présent, ne vivent ensemble que trois, voire quatre générations, puis l'Histoire recommence.

L'*agneau pour Dieu* : pour rappeler, depuis Abraham, que le sacrifice animal signifie le refus du sacrifice humain. Le *pain azyme* : pour manger de la misère du monde, par solidarité humaine, pour rester humble sans le levain de l'orgueil. Les *herbes amères* : pour garder la mémoire de l'amertume de l'esclavage. Et tout cela pour rendre grâce au Dieu qui libère de nos « enfermements », traduction de *Mistrayim* (Égypte).

Et par cette libération des hommes, Dieu libère un peu plus de sa gloire au milieu des hommes. Voilà pourquoi au *seder*, les rabbins ajoutèrent la coupe de vin, le « sang de la vigne » (Deutéronome 32, 14), pour réjouir les cœurs libérés.

Douleur de l'Égypte ! Cette nuit, la mort a frappé ses premier-nés. Frappe ciblée du Créateur qui donne et qui reprend la vie. On meurt toujours top tôt. La mort fait passer ailleurs, la douleur reste pour les endeuillés. Interdiction est faite aux Hébreux de voir les oppresseurs tomber. L'épouse de Loth, oublieuse de la leçon, devint une statue de sel (Genèse 19, 26). « Quand ton ennemi tombe, ne te réjouis pas » (Proverbes 24, 17). Respecter l'ennemi. Jésus exigera même de l'aimer. Éradiquer la haine et la rancune, le « c'est bien fait pour toi », de son cœur : la loi de Moïse y reviendra souvent.

La tradition juive a intégré cette leçon en faisant obligation d'inviter un malheureux à sa table le soir de *Pessah* ; à défaut, de placer un siège vide pour le prophète Élie, annonciateur de la réconciliation universelle des peuples. Mais aujourd'hui, qui peut dire : je ne peux aider mon prochain ?

18. Les Dix Paroles

Le peuple d'Israël naît en sortant du pays des pyramides. « Souvenir de la sortie d'Égypte » : expression *leitmotiv* de la liturgie synagogale, car elle ouvre à une reconnaissance infinie. La servitude vis-à-vis de Pharaon va se transformer en service de Dieu. Surtout, ne pas reproduire le modèle antérieur. La Loi de liberté devient nécessité. Rousseau offre cette belle formule dans son *Contrat social* : « L'impulsion du seul appétit est esclavage, et l'obéissance à la loi qu'on s'est prescrite est liberté. » Seulement, ici, la Loi procède du Ciel, et on s'encourage : « Fais que sa volonté devienne ta volonté. » Cinquante jours plus tard, rendez-vous au Sinaï avec l'Être suprême et ses Dix Paroles.

Exode 20, 1-13

1 Alors Dieu prononça toutes ces paroles, savoir : 2 (1) « Je suis l'Éternel, ton Dieu, qui t'ai fait sortir du pays d'Égypte, d'une maison d'esclavage. (2) Tu n'auras point d'autre dieu que moi. 3 Tu ne te feras point d'idole, ni une image quelconque de ce qui est en haut dans le ciel, ou en bas sur la terre, ou dans les eaux au-dessous

de la terre. 4 Tu ne te prosterneras point devant elles, tu ne les
adoreras point ; car moi, l'Éternel, ton Dieu, je suis un Dieu jaloux,
qui poursuis le crime des pères sur les enfants jusqu'à la troisième
et à la quatrième générations, pour ceux qui m'offensent ; 5 et qui
étends ma bienveillance à la millième, pour ceux qui m'aiment
et gardent mes commandements. 6 (3) Tu n'invoqueras point le
nom de l'Éternel ton Dieu à l'appui du mensonge ; car l'Éternel ne
laisse pas impuni celui qui invoque son nom pour le mensonge.
7 (4) Pense au jour du Sabbat pour le sanctifier. 8 Durant six jours tu
travailleras et t'occuperas de toutes tes affaires, 9 mais le septième
jour est la trêve de l'Éternel ton Dieu : tu n'y feras aucun travail,
toi, ton fils ni ta fille, ton esclave mâle ou femelle, ton bétail, ni
l'étranger qui est dans tes murs. 10 Car en six jours l'Éternel a
fait le ciel, la terre, la mer et tout ce qu'ils renferment et il s'est
reposé le septième jour ; c'est pourquoi l'Éternel a béni le jour
du Sabbat et l'a sanctifié. 11 (5) Honore ton père et ta mère, afin
que tes jours se prolongent sur la terre que l'Éternel ton Dieu
t'accordera. 12 (6) Ne commets point d'homicide. (7) Ne commets
point d'adultère. (8) Ne commets point de larcin. (9) Ne rends point
contre ton prochain un faux témoignage. 13 (10) Ne convoite pas la
maison de ton prochain ; Ne convoite pas la femme de ton prochain,
son esclave ni sa servante, son bœuf ni son âne, ni rien de ce qui
est à ton prochain. »

On parle souvent des « Dix Commandements », notamment en référence au film de Cecil B. DeMille, mais l'hébreu utilise l'expression « Dix Paroles » (Décalogue). L'essentiel de la Loi mosaïque s'y trouve, fondement de la cité de Dieu. L'Éternel parle à Israël, mais l'humanité entière pourrait s'y retrouver. Dix paroles en deux parties. Du verset 2 au verset 11, il s'agit de la relation de l'homme à Dieu (l'amour de Dieu) ; aux versets 12 et 13, de la relation de l'homme à homme (l'amour du prochain). Verticalité religieuse et horizontalité morale sont inséparables.

Le Décalogue commence par Dieu (« Je suis l'Éternel ») et se termine par l'homme (« ton prochain ») : faire descendre la Parole divine au milieu des hommes, sans imposition, par l'évidence de l'amour.

Dans la Genèse, Dieu se présente en Créateur ; ici, en Libérateur. La première Parole annonce le projet : Dieu veut nous libérer de nos esclavages ; neuf d'entre eux sont mentionnés. En bref, il veut nous sortir de nos imaginaires despotiques, de nos économies serviles, de notre culte de la jeunesse, de nos pulsions de mort, de nos dominations de l'autre, de nos possessions excessives, de nos haines et de nos convoitises. Impossible programme ? Soit ! « Tu n'as pas à terminer le travail, disent les rabbins, mais tu n'es pas quitte de t'en abstenir un jour. » Il nous suffit de placer ces Dix Paroles en horizon de vie.

19. La consécration d'Aaron

Les tables de pierre gravées du Décalogue attendent un lieu : le tabernacle construit par la générosité des fils et filles d'Israël. Après la faute du Veau d'or et le pardon divin, la ferveur du peuple s'oriente vers ce modeste édifice, démontable et transportable. Désormais les Hébreux se déplacent avec un « mini-Sinaï », jusqu'au jour où Salomon, fils de David, élèvera le Temple de Jérusalem. Un responsable du culte ? Ce sera Aaron, frère de Myriam et de Moïse.

Exode 40, 1-16

**1 L'Éternel parla à Moïse en ces termes : 2 « À l'époque du premier
mois, le premier jour du mois, tu érigeras le tabernacle de la Tente
d'assignation [ou tente du rendez-vous : la tente d'où émanait la
Parole divine]. 3 Tu y déposeras l'arche du Statut et tu abriteras
cette arche au moyen du voile. 4 Tu introduiras la table et tu en dis-
poseras l'appareil ; tu introduiras le candélabre et tu en allumeras
les lampes. 5 Tu installeras l'autel d'or, destiné à l'encensement,
devant l'arche du Statut, puis tu mettras le rideau d'entrée devant
le tabernacle. 6 Tu installeras l'autel de l'holocauste devant l'entrée
du tabernacle de la Tente d'assignation. 7 Tu mettras la cuve entre
la Tente d'assignation et l'autel et tu l'empliras d'eau. 8 Tu dresse-
ras le parvis tout autour et tu poseras le rideau portière du parvis.
9 Puis tu prendras l'huile d'onction, pour oindre le tabernacle et
tout son contenu, tu le consacreras ainsi que toutes ses pièces et
il deviendra chose sacrée. 10 Tu en oindras l'autel de l'holocauste
et tous ses ustensiles, tu consacreras ainsi cet autel et il deviendra
éminemment saint. 11 Tu en oindras la cuve et son support et tu les
consacreras. 12 Alors tu feras avancer Aaron et ses fils à l'entrée
de la Tente d'assignation et tu les feras baigner. 13 Tu revêtiras**

Aaron du saint costume, tu l'oindras et le consacreras à mon ministère. [14] Puis tu feras approcher ses fils et tu les vêtiras de leurs tuniques. [15] Tu les oindras, ainsi que tu auras oint leur père et ils deviendront mes ministres ; et ainsi leur sera conféré le privilège d'un sacerdoce perpétuel, pour toutes leurs générations. » [16] Moïse obéit : tout ce que l'Éternel lui avait prescrit, il s'y conforma.

Un an après la sortie d'Égypte, le peuple contemple son ouvrage : la maison en l'honneur de l'Éternel. Une palissade circonscrit l'espace consacré au culte. Sur ce parvis, un bassin pour le lavage des mains et des pieds des prêtres (les lévites), et l'autel des sacrifices d'animaux. Face à l'entrée, une tente, fermée aux regards du peuple, séparée en deux par un rideau-portière. Dans la première salle : le chandelier à sept branches, la table aux douze pains représentant les douze tribus, et un autel à encens. De l'autre côté du rideau, le Saint des Saints, abritant l'arche d'alliance contenant le Décalogue, avec, sur son couvercle, deux chérubins d'or qui se tendent leurs ailes.

Progression signifiante du sacrifice animal (culte extérieur) vers la combustion végétale, jusqu'au point ultime où seul le cœur de l'homme s'embrase pour Dieu (culte intérieur).

L'inauguration se concrétise par l'onction des ustensiles et d'Aaron. L'idée d'onction deviendra universelle grâce au christianisme, puisque le grec *christos* traduit l'hébreu *machia'h*, « oint ». Le christianisme, littéralement, est la religion de l'oint.

L'huile, qui surnage sur l'eau, symbolise l'élévation. Les objets du Temple, puis Aaron et ses fils, sont oints, *messianisés* en français, *christianisés* selon le grec. Toute élévation devant Dieu signifie mise au service des autres, et non supériorité de droit (Lévitique 16, 9). Bien entendu, la tentation du pouvoir séduira toujours les âmes faibles.

Aaron, premier oint, premier messie d'Israël. Pourquoi lui, et non Moïse ? Car Moïse incarne la rigueur de la Loi, mais Aaron, la douceur du Pardon. Hillel enseignait : « Soyez les disciples d'Aaron : aimez la paix et poursuivez la paix. » Si la Loi s'impose comme voie de libération de nos faiblesses, alors le Pardon devient nécessaire, du fait de nos manquements. En faisant descendre la Loi par Moïse, Dieu fait descendre le Pardon par Aaron. Dès lors, l'homme fait ce qu'il peut, Dieu fait ce qu'il veut.

20. Un jour pour le Pardon

Le jour de Kippour est connu hors des frontières de la communauté juive. En France, l'écolier et le salarié peuvent s'absenter pour cette journée particulière. Ce jour-là, les synagogues, toujours trop petites, voient affluer un public nombreux. Les sociologues nomment ces participants inhabituels les « juifs de Kippour ». Pourquoi cette ferveur ? D'où vient ce jour de Kippour ?

Lévitique 16, 3-10, 21-22, 29-30

[3] « Voici comment Aaron entrera dans le sanctuaire : avec un jeune taureau comme expiatoire, et un bélier comme holocauste. [4] Il sera vêtu d'une tunique de lin consacrée, un caleçon de lin couvrira sa chair ; une écharpe de lin le ceindra, et une tiare de lin sera sa coiffure. C'est un costume sacré, il doit se baigner dans l'eau avant de s'en vêtir. [5] De la part de la communauté des enfants d'Israël, il prendra deux boucs pour l'expiation et un bélier comme holocauste. [6] Et Aaron amènera le taureau expiatoire qui lui est destiné, afin d'obtenir grâce pour lui-même et pour sa maison. [7] Et il prendra les deux boucs et les présentera devant le Seigneur, à l'entrée de la Tente d'assignation. [8] Aaron tirera au sort pour les deux boucs : un lot sera pour l'Éternel, un lot pour Azazel. [9] Aaron devra offrir le bouc que le sort aura désigné pour l'Éternel, et le traiter comme expiatoire ; [10] et le bouc que le sort aura désigné pour Azazel devra être placé, vivant, devant le Seigneur, pour servir à la propitiation, pour être envoyé à Azazel dans le désert. [...] [21] Aaron appuiera ses deux mains sur la tête du bouc vivant ; confessera, dans cette posture, toutes les iniquités des enfants d'Israël, toutes leurs offenses et tous leurs péchés, et, les ayant ainsi fait passer sur la tête du bouc, l'enverra, sous la conduite d'un exprès, dans le désert. [22] Et le bouc emportera sur lui toutes leurs iniquités dans une contrée solitaire, et on lâchera le bouc dans ce désert. [...] [29] Et ceci sera pour vous une loi perpétuelle : au septième mois, le dixième jour du mois, vous mortifierez vos personnes et ne ferez aucun ouvrage, soit l'indigène, soit l'étranger séjournant parmi vous. [30] Car en ce jour, on fera propitiation sur vous afin de vous purifier ; vous serez purs de tous vos péchés devant l'Éternel. »

Le lecteur isolé se décourage en débutant le Lévitique ; il ferme le livre très vite ou s'endort... Normal : la première partie, jusqu'à notre chapitre 16 inclus, a été composée par des prêtres et pour des prêtres.

Les sacrifices d'animaux traduisent la relation avec la transcendance dans tous les cultes antiques. Offrir pour reconnaître un bien reçu, offrir pour reconnaître un mal commis.

Israël fut très tôt travaillé par la question de la transgression. L'homme peut-il accomplir la Loi divine ? Et en cas de transgression, comment réparer ? Précisons que les Hébreux ne se préoccupent ni du paradis ni de l'enfer, qu'ils ne connaissent pas : ils parlent de Shéol, le séjour des morts – la notion de vie éternelle n'apparaît qu'au IIe siècle avant J.-C. Mais le fidèle, faillible, désire bien faire devant l'Éternel. Il le sert par amour, mais transgresse par pulsion.

Le jour de Kippour propose un dénouement aux égarements. Sur 365 jours, Dieu offre un jour pour effacer et « recouvrir » (sens du mot *kippour*) les fautes, les ratés. Conséquemment, l'âme se trouve totalement régénérée et purifiée par le pardon divin : « Car, en ce jour, [...] vous serez purifiés de tous vos péchés devant l'Éternel » (Lévitique 25, 30).

Comment se représenter ce pardon ? Le rituel central de ce jour consistait, à l'époque du Temple, à choisir au hasard (les hasards de la vie) un bouc expiatoire qui porterait sur lui tous les péchés du peuple. Tout se jouait à travers la gestuelle extrêmement codifiée du grand prêtre – ici Aaron – qui, appuyant ses mains sur l'animal, transférait sur lui, au nom du peuple, tous les manquements de ce dernier. Puis il chassait la bête dans un lieu désertique nommé Azazel (« Force de Dieu »).

René Girard a montré le rôle psychologique de cette victime expiatoire pour décharger un groupe de son trop-plein d'angoisses, de haines, de désirs non assouvis. Car l'humain reste un être de désir, puisqu'il est plein d'un désir de Dieu, mais qu'il ne sait pas toujours canaliser dans le sens du bien et de la vie.

Les Hébreux croyaient sans doute au pouvoir magique et thérapeutique de ce rituel. Plus tard, les prophètes luttèrent contre cet esprit magique. Sans remettre en cause le rite, ils mirent au centre l'éthique du repentir, de la conversion à Dieu (*techouva*, « retour ») et la responsabilité envers autrui.

Puisque les sacrifices sont interdits hors du sanctuaire (Deutéronome 12, 11) depuis la destruction du second Temple, une liturgie de prière a remplacé le culte antique. Des psaumes, des poèmes portés par des musiques émouvantes, rythment cette journée de jeûne, avec ce verset répété en boucle : « Car en ce jour, il sera fait expiation sur vous afin de vous purifier ; vous serez purifiés de tous vos péchés devant l'Éternel. »

Par fidélité au passé, lors de l'office de l'après-midi, le descriptif de la gestuelle du grand prêtre est repris par l'officiant et les fidèles. Les paroles prophétiques sont toujours d'actualité : les fautes religieuses sont pardonnées par la grâce divine, mais les fautes morales exigent d'abord la réconciliation des cœurs.

21. Le Code de sainteté

Le livre du Lévitique se présente schématiquement en deux parties : du chapitre 1 au chapitre 16, le code sacrificiel en vue du pardon divin ; du chapitre 17 au chapitre 27, le Code de sainteté. La première partie concerne le rapport de Dieu à l'homme (anthropocentrisme), la seconde, le rapport de l'homme à Dieu (théocentrisme). Le chapitre 19, le centre de la Torah, présente le Code de sainteté pour l'ensemble du peuple d'Israël.

Lévitique 19, 1-18

**[1] L'Éternel parla à Moïse en ces termes : [2] « Parle à toute la com-
munauté des enfants d'Israël et dis-leur : Soyez saints ! Car Je
suis saint, Moi l'Éternel, votre Dieu. [3] Révérez, chacun, votre mère
et votre père, et observez mes sabbats : je suis l'Éternel votre
Dieu. [4] Ne vous adressez point aux idoles, et ne vous fabriquez
point des dieux de métal : je suis l'Éternel votre Dieu. [5] Et quand
vous sacrifierez une victime rémunératoire à l'Éternel, sacrifiez-la
de manière à être agréés. [6] Le jour même de votre sacrifice elle
doit être mangée, et encore le lendemain ; ce qui en serait resté
jusqu'au troisième jour sera consumé par le feu. [7] Que si l'on vou-
lait en manger au troisième jour, ce serait une chose réprouvée :
le sacrifice ne serait point agréé. [8] Celui qui en mangera portera
la peine de son méfait, parce qu'il a profané un objet consacré
au Seigneur ; et cette personne sera retranchée de son peuple.
[9] Quand vous moissonnerez la récolte de votre pays, tu laisseras
la moisson inachevée au bout de ton champ, et tu ne ramasseras**

point la glanure de ta moisson. [10] Tu ne grappilleras point dans ta vigne, et tu ne recueilleras point les grains épars de ta vigne. Abandonne-les au pauvre et à l'étranger : je suis l'Éternel votre Dieu. [11] Vous ne commettrez point de vol, point de dénégation ni de fraude au préjudice de votre prochain. [12] Vous ne jurerez point par mon nom à l'appui du mensonge, ce serait profaner le nom de ton Dieu : je suis l'Éternel. [13] Ne commets point d'extorsion sur ton prochain, point de rapine ; que le salaire du journalier ne reste point par-devers toi jusqu'au lendemain. [14] N'insulte pas un sourd, et ne place pas d'obstacle sur le chemin d'un aveugle : redoute ton Dieu ! Je suis l'Éternel. [15] Ne prévariquez point dans l'exercice de la justice ; ne montre ni ménagement au faible, ni faveur au puissant : juge ton semblable avec impartialité. [16] Ne va point colportant le mal parmi les tiens, ne sois pas indifférent au danger de ton prochain : je suis l'Éternel. [17] Ne hais point ton frère en ton cœur : reprends ton prochain, et tu n'assumeras pas de péché à cause de lui. [18] Ne te venge ni ne garde rancune aux enfants de ton peuple, mais aime ton prochain comme toi-même : je suis l'Éternel. »

La sainteté (*kéddoucha*), terme du vocabulaire religieux, désigne un mouvement de séparation et d'élévation morale et spirituelle par rapport à la conduite naturelle. Les animaux vivent dans le monde de la nature, l'immanence, et ne peuvent s'en détacher. L'homme, par la grâce de l'image divine en lui, peut transcender sa nature première : il peut jeûner, se maîtriser, pardonner, etc. Tout le Code de sainteté proposé dans ce chapitre relève d'un dépassement de soi, en même temps que d'une imitation de Dieu (*imitatio dei*) : l'homme est invité à se sanctifier d'une sainteté humaine, à l'image de Dieu qui est saint de sa sainteté divine. Comprenons que seul Dieu *est* saint, mais que l'humain se sanctifie sans cesse.

Surtout, la sainteté ne s'entend pas en rupture avec le monde, mais en confrontation avec lui. Tout commence par la révération des parents et le respect du shabbat, c'est-à-dire par la reconnaissance de ce qui était avant nous : la mère, le père et le Créateur. Sans cela, l'humain se replie sur lui-même et bascule dans l'idolâtrie de son ego.

Si le texte évoque l'empressement à accomplir les vœux sacrificiels afin de lutter contre la paresse naturelle, la relation au prochain constitue le cœur de ce Code, aussi bien envers le concitoyen (verset 18) qu'envers l'étranger (verset 34). Quelles sont les vertus de sainteté ? La justice sociale (le coin du champ, les épis tombés) ; l'honnêteté (interdiction du vol, du faux serment, de l'exploitation du plus pauvre) ; la bonté (surtout envers les plus faibles) ; l'équité (un seul droit pour tous) ; enfin, l'amour dans toutes ses expressions (l'interdiction de la haine, du colportage, de la vengeance, de la rancune), jusqu'à l'attitude positive de l'amour du prochain et de l'étranger (le lointain), « comme soi-même ».

Constatons que ce Code de sainteté constitue toute une éthique de vie depuis l'éveil de la conscience morale jusqu'à son extinction. L'homme ne peut jamais être sûr d'être saint, mais il peut être sûr d'y tendre en méditant ce chapitre, et en essayant de l'appliquer jour après jour.

22. La faute de Moïse

Moïse fut le berger fidèle de Dieu et l'instructeur de tout un peuple. Il obtint finalement la libération d'Israël de l'emprise de Pharaon. Il alla chercher les tables de la Loi et enseigna la Torah à chacun. Il bouscula Dieu pour obtenir son pardon après la faute du Veau d'or. Il porta et supporta le peuple d'Israël, comme un père le fait pour ses enfants – souvent récalcitrants et ingrats. Il parla avec l'Éternel « face à face, comme un homme parle à son ami » (Exode 33, 11). Malgré cela, Dieu lui a refusé l'entrée en Terre promise. Pourquoi ?

Nombres 20, 1-12

1 Les enfants d'Israël, toute la communauté, arrivèrent au désert de Cîn, dans le premier mois, et le peuple s'arrêta à Kadesh. Miriam mourut en ce lieu et y fut ensevelie. 2 Or, la communauté manqua d'eau, et ils s'ameutèrent contre Moïse et Aaron ; 3 et le peuple chercha querelle à Moïse, et ils parlèrent ainsi : « Ah ! Que ne sommes-nous morts quand sont morts nos frères devant l'Éternel ! 4 Et pourquoi avez-vous conduit le peuple de Dieu dans ce désert, pour y périr, nous et notre bétail ? 5 Et pourquoi nous avez-vous fait quitter l'Égypte pour nous amener en ce méchant pays, qui n'est pas un pays de culture, où il n'y a ni figuiers, ni vignes, ni grenadiers, ni eau à boire ! » 6 Moïse et Aaron, assaillis par la multitude, se dirigèrent vers l'entrée de la Tente d'assignation et se jetèrent sur leur face ; et la majesté divine leur apparut. 7 Et l'Éternel parla

ainsi à Moïse : [8] « Prends la verge et assemble la communauté, toi ainsi qu'Aaron ton frère, et dites au rocher, en leur présence, de donner ses eaux : tu feras couler, pour eux, de l'eau de ce rocher, et tu désaltéreras la communauté et son bétail. » [9] Moïse prit la verge de devant l'Éternel, comme il le lui avait ordonné. [10] Puis Moïse et Aaron convoquèrent l'assemblée devant le rocher, et il leur dit : « Or, écoutez, ô rebelles ! Est-ce que de ce rocher nous pouvons faire sortir de l'eau pour vous ? » [11] Et Moïse leva la main, et il frappa le rocher de sa verge par deux fois ; il en sortit de l'eau en abondance, et la communauté et ses bêtes en burent. [12] Mais l'Éternel dit à Moïse et à Aaron : « Puisque vous n'avez pas assez cru en moi pour me sanctifier aux yeux des enfants d'Israël, aussi ne conduirez-vous point ce peuple dans le pays que je leur ai donné. »

L'épisode de Mériba (« Querelle ») suit la mort de Myriam, la sœur aînée de Moïse qui l'a suivi sur le fleuve juste après sa naissance. Les rabbins posent que, par le mérite de celle-ci, qui a risqué sa vie dans les eaux troubles du Nil, le peuple mérita un puits miraculeux pour étancher sa soif. Myriam disparut, et le puits avec elle.

Le peuple se plaint, il veut arriver en Terre promise, la terre du figuier, de la vigne, du grenadier, et des sources d'eau (Nombres 20, 5). La réponse de Dieu paraît ambiguë : prendre le bâton, mais parler au rocher. Moïse va frapper deux fois. Un *midrach* enseigne que du sang a jailli avant l'eau. La violence de Moïse sera débordée par la miséricorde divine. Tout semble aller pour le mieux ! Pourtant les deux frères entendent le terrible verdict : interdiction d'entrer en Canaan.

Ce texte énigmatique a reçu plusieurs interprétations : la colère de Moïse, la frappe au lieu de la Parole… La raison la plus probable nous est offerte par la parabole du capitaine du bateau. N'ayant pas réussi à amener la génération sortie d'Égypte en Terre promise, le capitaine coule avec le navire. Moïse fut le prophète de la libération et de la Torah, Josué sera le chef d'une nouvelle génération prête à bâtir son avenir.

23. Aimer le Dieu Un

Le texte suivant appartient à la liturgie quotidienne d'Israël. Il constitue son acte de foi : la proclamation de l'unité de Dieu. Le monothéisme a constitué une révolution cultuelle et culturelle.

Dans le monde antique où régnait le polythéisme, les prophètes hébreux, dans un premier temps, puis le peuple juif, à partir de l'exil à Babylone, ont proclamé un seul Créateur des Cieux, de la Terre, et de tous les hommes. Ce que les peuples nommaient divinités, ils l'ont affirmé les premiers, ce ne sont que des éléments de la nature. Par exemple les astres sont appelés des « lampadaires » (Genèse 1, 16), pour bien montrer que ce ne sont pas des dieux ! Ce saut de la pensée permettra, entre autres, le saut scientifique. Le monde n'étant pas Dieu, la porte s'ouvre pour en étudier et en comprendre le fonctionnement et le gérer selon l'éthique monothéiste.

DEUTÉRONOME 6, 4-9

4 « Écoute, Israël : l'Éternel est notre Dieu, l'Éternel est un ! 5 Tu aimeras l'Éternel, ton Dieu, de tout ton cœur, de toute ton âme et de tout ton pouvoir. 6 Ces devoirs que je te prescris aujourd'hui seront gravés dans ton cœur. 7 Tu les inculqueras à tes enfants et tu t'en entretiendras, soit dans ta maison, soit en voyage, en te couchant et en te levant. 8 Tu les attacheras, comme symbole, sur ton bras, et les porteras en fronteau entre tes yeux. 9 Tu les inscriras sur les poteaux de ta maison et sur tes portes [des villes]. »

Moïse s'adresse à Israël, ce peuple qui porte le nom du troisième patriarche : *Jacob* devenu *Israël* après son combat avec l'ange (Genèse 32, 29 – texte n° 11). L'auditoire est composé de la génération née dans le désert et qui n'a pas connu l'esclavage en Égypte. Ici encore, l'écoute surpasse le voir. Le judaïsme a toujours privilégié l'oreille et l'entendement à l'image. L'écoute exige le temps de la réception, de la méditation, alors que l'image s'impose dans son immédiateté. « Notre Dieu, dit Moïse, est l'Éternel, le Tétragramme (YHWH) », nom qui fut révélé au prophète, quand celui-ci demanda à la divinité de décliner son nom, lors de l'épisode du buisson ardent (Exode 3, 13-14). Attention, il ne s'agit pas d'un « notre » possessif, mais relationnel. On ne possède pas Dieu, on établit une relation avec lui.

Moïse exprime un acte de foi et une espérance : ce Dieu que nous, peuple d'Israël, proclamons « notre Dieu », est Un, Un, sans nul associé, ni concurrent ; et Un en lui-même. Et un jour, ce Dieu Un, ce Dieu du droit, de la justice et de l'amour deviendra Un pour l'humanité entière.

Mais Moïse ne se contente pas d'une proclamation : il invite, par tutoiement, toutes les générations à aimer Dieu, non à en avoir peur, mais à l'aimer comme un père, comme une mère, comme un époux – langage métaphorique repris par les prophètes ultérieurs. Et non satisfait d'inviter à l'amour, Moïse ajoute trois expressions de cet amour : « de tout ton cœur », car pour la Bible, l'intelligence réside dans le cœur, « de toute ton âme », qui englobe l'être biologique, psychologique, moral, spirituel, et « de tout ton [littéralement] beaucoup », qui implique les richesses matérielles, la force physique et toutes les formes de pouvoir.

Mais comment aimer ce Dieu de manière si débordante ? La suite propose un chemin, une pédagogie de l'amour : l'étude de la Parole, sa transmission aux enfants, sa méditation en tout lieu et en tout temps, jusqu'à faire en sorte qu'elle s'incarne dans notre corps (les bras, la tête) et qu'elle vive jusqu'aux portes de nos demeures.

24. Ne pas oublier Dieu

Moïse revient sans cesse sur le lien entre Dieu et Israël, paradigme de la relation entre Dieu et l'homme. La faute la plus grave, qui entraînerait toutes les autres, serait l'oubli de Dieu, source de vie et de bénédiction. Dans son langage intraitable, le prophète met en garde contre l'orgueil et l'ingratitude, les deux fruits obscurs de l'idolâtrie.

Deutéronome 9, 11-20

**11 Garde-toi d'oublier l'Éternel, ton Dieu, de négliger ses préceptes,
ses institutions et ses lois, que je t'impose en ce jour. 12 Peut-être,
jouissant d'une nourriture abondante, bâtissant de belles maisons
où tu vivras tranquille, 13 voyant prospérer ton gros et ton menu
bétail, croître ton argent et ton or, se multiplier tous tes biens ;
14 peut-être ton cœur s'enorgueillira-t-il, et tu oublieras l'Éternel,
ton Dieu, qui t'a tiré du pays d'Égypte, de la maison de servitude.
15 Lui qui t'a conduit à travers ce vaste et redoutable désert, plein
de serpents venimeux et de scorpions, sol aride et sans eau. Lui
qui a fait, pour toi, jaillir des eaux de la pierre des rochers ; 16 qui**

t'a nourri, dans ce désert, d'une manne inconnue à tes aïeux, car
il voulait t'éprouver par les tribulations pour te rendre heureux à
la fin. 17 Et tu diras en ton cœur : « C'est ma propre force, c'est le
pouvoir de mon bras, qui m'a valu cette richesse. » 18 Non ! C'est
de l'Éternel, ton Dieu, que tu dois te souvenir, car c'est lui qui
t'aura donné le moyen d'arriver à cette prospérité, voulant accom-
plir l'alliance jurée à tes pères, comme il le fera à cette époque.
19 Or, si tu oublies l'Éternel, ton Dieu, si tu t'attaches à des dieux
étrangers, que tu les serves et que tu leur rendes hommage, je
vous le déclare en ce jour, vous périrez ! 20 Comme ces peuples que
l'Éternel fait disparaître devant vous, ainsi vous disparaîtrez vous-
mêmes, pour n'avoir pas obéi à la voix de l'Éternel, votre Dieu !

Le lecteur moderne de la Bible, juif et chrétien, doit se mesurer à ces textes qui parlent de perdition, de disparition, qui évoquent les conflits entre monothéisme et polythéisme. Se mesurer, aussi, à la critique athée, pour assumer le dialogue interhumain et épurer la foi de ses débordements et de ses incohérences. Paul Valéry faisait dire aux civilisations : « Nous savons maintenant que nous sommes mortelles » ; prolongeons pour toutes les religions : « Nous savons que nous sommes cruelles. »

Dans nos textes, nos doctrines, il existe des « versets douloureux[1] », des exclusivismes, des condamnations. Même les plus sublimes chapitres d'amour ont eu du mal à se concrétiser, notamment en côtoyant le politique ou par péché d'orgueil.

Moïse demande au peuple, à l'homme, de ne pas oublier d'où lui viennent sa force, sa santé, son intelligence, son pouvoir, sa richesse. Acte d'humilité extrême que d'affirmer : « Je reçois la vie d'ailleurs, en pure grâce. » Ne jamais basculer dans un « Je suis le premier et je suis le dernier », que seul Dieu peut dire (Isaïe 44, 6 et 48, 12), car nous serons toujours second et avant-dernier. Une histoire nous précède, un avenir nous dépasse.

« Vous périrez !... Comme les peuples, avant vous, ont péri. » Malédiction du Dieu vengeur ? Ou bien sagesse du Dieu d'amour, qui, dans son humilité, ne peut pas faire mieux que nous mettre en garde contre les overdoses de nous-mêmes ?

---

1. Selon le livre éponyme de David Meyer, Yves Simoens et Soheib Bencheikh, paru aux Éditions Lessius en 2008.

25. La mort de Moïse

Moïse, *Moché*, reste le plus grand prophète d'Israël. La Torah l'honore en lui dédiant son dernier chapitre. Le bilan de sa vie s'offre à nous. Finalement, Moïse a vécu une grande solitude, devant Dieu et devant les hommes. Premier *enfant caché* de l'histoire juive, partagé entre ses origines hébraïques et sa culture égyptienne, entre deux mères, il se distingue par son sens aigu, jusqu'à la violence, de la justice. Marié à Sephora l'Éthiopienne, père de deux fils qui resteront sans descendance, il ne construit pas sa famille, trop sollicité par les exigences d'Israël et de Dieu.

Alfred de Vigny nous en a donné l'image la plus pathétique et sans doute la plus vraie :

Je vivrai donc toujours puissant et solitaire ?
Laissez-moi m'endormir du sommeil de la terre.
Que vous ai-je donc fait pour être votre élu ?
J'ai conduit votre peuple où vous avez voulu.

Dans ce dernier chapitre, âgé de cent vingt ans, il regarde pour une dernière fois la Terre promise.

Deutéronome 34, 1-12

1 Moïse se dirigea des plaines de Moab vers le mont Nébo, et monta
au sommet du Pisga qui est en face de Jéricho. Et l'Éternel lui fit
contempler tout le pays : le Galaad jusqu'à Dan, 2 tout Nephtali, le
territoire d'Éphraïm et de Manassé, et le territoire entier de Juda
jusqu'à la mer ultérieure ; 3 puis le midi, le bassin du Jourdain, la
vallée de Jéricho, ville des palmiers, jusqu'à Tsoar. 4 Et l'Éternel
lui dit : « C'est là le pays que j'ai promis par serment à Abraham,
à Isaac et à Jacob, en disant : je le donnerai à votre postérité. Je
te l'ai fait voir de tes yeux, mais tu n'y entreras point. » 5 C'est
donc là que mourut Moïse, le serviteur de l'Éternel, dans le pays
de Moab, sur l'ordre du Seigneur. 6 Il fut enseveli dans la vallée
du pays de Moab qui fait face à Beth-Péor ; mais nul n'a connu sa
sépulture jusqu'à ce jour.
7 Moïse était âgé de cent vingt ans lorsqu'il mourut ; son regard ne
s'était point terni, et sa vigueur n'était point épuisée. 8 Les enfants
d'Israël pleurèrent Moïse, dans les plaines de Moab, trente jours,
épuisant complètement le temps des pleurs, le deuil de Moïse.
9 Or, Josué, fils de Noun, était plein de l'esprit de sagesse, parce

que Moïse lui avait imposé les mains ; et les enfants d'Israël lui obéirent et agirent comme l'Éternel l'avait prescrit à Moïse. [10] Mais il n'a plus paru, en Israël, un prophète tel que Moïse, avec qui le Seigneur avait communiqué face à face, [11] eu égard à tant de signes et de prodiges que le Seigneur lui donna mission d'opérer en Égypte, sur Pharaon, ses serviteurs et son pays entier ; [12] ainsi qu'à cette main puissante, et à toutes ces imposantes merveilles, que Moïse accomplit aux yeux de tout Israël.

Depuis le mont Nébo, en Transjordanie, Moïse foule des yeux, non du pied, la terre promise aux patriarches. Dieu ne lui accordera pas plus. La flamme de *Moché* s'éteint à cent vingt ans. Les rabbins découpent sa vie en trois périodes égales : quarante ans, prince d'Égypte ; quarante ans, berger de Jéthro son beau-père ; quarante ans, guide et éducateur d'Israël. Aujourd'hui encore, on souhaite à une personne, lors de son anniversaire, de vivre jusqu'à cent vingt ans.

Qui enterrera Moïse ? Dieu en personne ; mais nul ne connaîtra sa sépulture. Ainsi, Moïse ne pourra être ni vénéré, ni idolâtré, et son lieu ne deviendra pas une place pour marchands du Temple. Lui qui avait combattu jusqu'au bout pour le Dieu unique, lui qui s'en fit le héraut transparent, n'en attendait pas moins. Il quittera ce monde avec toute sa vigueur, la jeunesse que donne la sagesse de la Torah (Psaume 92, 15-16).

Le Deutéronome se termine par le passage de la flamme et de l'esprit : Moïse à Josué. La tradition de la transmission se trouve ainsi fondée, de maître à disciple, de parent à enfant. Moïse fut un grand homme, parce qu'en tant qu'homme, il tenta sans cesse d'être grand aux yeux de Dieu et des hommes.

Les Prophètes / *Néviim*

Le livre des Prophètes (*Néviim*) continue chronologiquement celui du Pentateuque (*Torah*), puisqu'il s'inaugure par le livre de Josué, disciple et successeur de Moïse. Après la conquête de Canaan, le livre des Juges présente les conflits entre les tribus d'Israël et les peuplades environnantes ; un juge – en fait un héros guerrier – intervient pour sauver la situation, en offrant après sa victoire un temps d'accalmie. Avec Samuel, le dernier juge, nous passons au temps de la monarchie, celle de Saül, mais surtout celle de David, issu de la tribu de Juda, et qui restera l'image royale par excellence. Dans les deux livres des Rois, nous assistons à l'apogée du royaume d'Israël, avec le roi Salomon, fils de David, bâtisseur du Temple de Jérusalem, mais nous lisons aussi sa décadence, avec le schisme entre Nord et Sud, à la mort du souverain. Le royaume du Nord sera détruit par les Assyriens en – 722 ; celui du Sud, ou royaume de Juda, connaîtra la destruction du Temple par Nabuchodonosor, et la déportation des Judéens à Babylone.

Durant toute cette longue période (– 1400 à – 586), des hommes inspirés, et parfois des femmes (Déborah, Houlda), sont les prophètes qui interviennent au nom de Dieu, pour rappeler l'alliance du Sinaï, conseiller les dirigeants et surtout mettre en garde, souvent en termes très vifs, contre les dérives idolâtres et immorales de la société : injustice, indifférence envers les plus démunis, non-respect des grands principes éthiques, etc. L'ensemble de ces oracles, donnés par trois grands prophètes et douze « petits », sont ainsi rassemblés, depuis le prophète Isaïe jusqu'au dernier canonisé : Malachie.

26. Josué et la prise de Jéricho

Le livre de Josué dérange l'humaniste et le défenseur des droits de l'homme. Les crimes, causés au nom de Dieu, nous horrifient. La « guerre sainte » nous répugne, ce qui est signe d'une bonne santé morale ! Le juif croyant et moderne se trouve bien embarrassé devant cet impératif génocidaire. En leur temps, Henri Bergson et la philosophe Simone Weil quittèrent mentalement le judaïsme pour s'attacher au discours de Jésus, qui refusait de jeter la première pierre au pécheur : fidélité à « la voix du doux silence » entendue par Élie (1 Rois 19). Nous les comprenons.

Cela dit, tous les monothéismes possèdent leurs « versets douloureux » ou leur histoire obscure. La solution réside sans doute moins dans la désertion, ou la conversion, que dans la discussion avec le texte d'origine, non pour le justifier, mais pour le contextualiser. Ce n'est pas parce que la femme doit accoucher dans la douleur ou l'homme transpirer au travail que la péridurale ou la moissonneuse-batteuse devraient être proscrites. Acceptons la Bible, pour la critiquer et non pour y adhérer aveuglément, dans un dialogue salutaire avec Dieu, et retournons au plus célèbre épisode du livre de Josué : la prise de Jéricho.

Josué 6, 1-17

**1 Or, Jéricho avait fermé ses portes et restait close à cause des
enfants d'Israël : personne ne pouvait entrer ni sortir. 2 Mais l'Éternel
dit à Josué : « Vois, je te livre Jéricho et son roi, et ses vaillants
guerriers. 3 Tu feras marcher tous tes gens de guerre autour de la
ville, ils en feront le tour une fois, et tu procéderas ainsi pendant
six jours, 4 tandis que sept prêtres, précédant l'arche, porteront
sept cors retentissants. Le septième jour, vous ferez sept fois
le tour de la ville, et les prêtres sonneront du cor. 5 Lorsque la
corne retentissante émettra un son prolongé, tout le peuple en
entendant ce son de cor, poussera un grand cri de guerre, et la
muraille de la ville croulera sur place, et chacun y entrera droit
devant lui. » 6 Josué, fils de Noun, manda les prêtres et leur dit :
« Portez l'arche d'alliance, et que sept prêtres, munis de sept cors
retentissants, précèdent l'arche du Seigneur. » 7 Et au peuple il
dit : « Allez, faites le tour de la ville, et que l'avant-garde passe
devant l'arche du Seigneur. » 8 Dès que Josué eut parlé au peuple,**

les sept prêtres, munis de sept cors retentissants, s'avancèrent devant l'Éternel en sonnant du cor : l'arche d'alliance du Seigneur marchait derrière eux. [9] L'avant-garde marchait devant les prêtres qui sonnaient du cor, l'arrière-garde suivait l'arche, et l'on s'avança ainsi au son du cor. [10] Josué avait fait cette recommandation au peuple : « Ne poussez point le cri de guerre, ne faites pas même entendre votre voix, et que pas un mot ne sorte de votre bouche, jusqu'au jour où je vous dirai : Poussez des cris ! Alors vous ferez éclater vos cris. » [11] L'arche du Seigneur ayant fait une fois le tour de la ville, ils rentrèrent au camp et y passèrent la nuit. [12] Josué recommença le lendemain de grand matin : les prêtres prirent l'arche du Seigneur ; [13] les sept prêtres ayant en main les sept cors retentissants s'avancèrent devant l'arche, toujours sonnant de leurs cors ; l'avant-garde devant eux, l'arrière-garde suivant l'arche, tandis qu'éclatait le son des cors. [14] Ce second jour, ils firent le tour de la ville, de nouveau une fois, puis retournèrent au camp. On procéda de la sorte pendant six jours. [15] Le septième jour, s'étant levés dès l'aurore, ils firent dans le même ordre, le tour de la ville, sept fois : c'est ce jour-là seulement qu'on fit sept fois le tour de la ville. [16] Au septième tour, quand les prêtres embouchèrent leurs cors Josué dit au peuple : « Poussez le cri de guerre, car l'Éternel vous a livré cette ville ! [17] Elle sera anathème au nom du Seigneur, avec tout ce qu'elle renferme : seule, Rahab la courtisane aura la vie sauve, ainsi que toutes les personnes qui sont chez elle, parce qu'elle a mis à l'abri les émissaires que nous avions envoyés. »

Les miracles de la sortie d'Égypte se prolongent lors de la conquête de Canaan. Dieu, « maître de guerre » (Exode 15, 3) qui ouvre les eaux de la mer, fait ici tomber les murailles de Jéricho, sans la ruse d'un Ulysse et son cheval de Troie. De même qu'il fallait le bâton de Moïse pour diriger les vents (Exode 14, 16), il faut ici l'arche d'alliance et les cors du bélier pour faire trembler les murailles. La Bible enseigne que Dieu et l'homme collaborent, ensemble, aux miracles.

La fin nous choque : l'anathème de la ville signifie la suppression de tout habitant, hormis Rahab qui cacha les espions et qui selon la Tradition épousa Josué – et sera mentionnée dans la généalogie de Jésus au premier chapitre de Matthieu. L'archéologie nous soulage : ces faits n'ont jamais eu lieu. Ni

Jéricho, ni Aï (chapitre 8, 28), ni Hatsor (chapitre 11, 18), les trois villes prétendument brûlées et détruites, n'existaient plus à l'époque des faits. Les rédacteurs du livre de Josué savaient que ces trois villes cananéennes étaient détruites, et ont élaboré tout le récit de la conquête. Pourquoi ? Pour au moins deux raisons : montrer la puissance de l'Éternel par rapport aux divinités cananéennes, et mettre en garde Israël contre ses infidélités à Dieu, car alors il subirait le même sort. À défaut d'être historique, le livre de Josué se veut pédagogique. Si l'homme ne supprime pas l'idole, l'idéologie, alors l'idole, l'idéologie supprimeront l'homme. À ce niveau de lecture, le texte demeure éloquent.

27. Déborah, le miel et le dard

Déborah signifie « Abeille ». La seule femme juge, c'est-à-dire chef militaire suscité par Dieu pour délivrer les tribus israélites asservies (cf. texte suivant), également prophétesse, porte bien son nom. Elle donne du miel, mais elle sait piquer. Le texte la présente en femme avisée, rendant la justice sous son palmier : aurait-elle inspiré saint Louis sous son chêne ? Plus tard, elle prend la tête des troupes, secondée par le général Barak, pour combattre le roi Jabin, son général Sisara, et leurs neuf cents chars. Elle triomphe et rétablit la paix pour quarante ans. Elle deviendra la « Jeanne d'Arc » d'Israël !

Juges 5, 1-13, 24-31

**1 Ce même jour, Déborah et Barak, fils d'Abinoam, chantèrent
ce cantique : « 2 Quand l'anarchie régnait en Israël, une poignée
d'hommes s'est dévouée : rendez-en grâce à l'Éternel ! 3 Écoutez,
rois ; princes, prêtez l'oreille : je veux, je veux chanter le Seigneur,
célébrer l'Éternel, Dieu d'Israël. 4 Éternel ! Quand tu sortis de Séir,
quand tu t'avanças de la région d'Édom, la terre frissonna, les
cieux se fondirent, les nuages se fondirent en eau ; 5 les monts
ruisselèrent à la vue du Seigneur, le Sinaï tressaillit à l'aspect du
Dieu d'Israël. 6 Au temps de Samgar, fils d'Anat, aux jours de Jaël,
les routes étaient devenues solitaires, les voyageurs suivaient des
sentiers détournés. 7 Plus de ville ouverte en Israël, plus aucune,
quand enfin je me suis levée, moi Déborah, levée comme une mère
au milieu d'Israël. 8 Il avait adopté des dieux nouveaux, dès lors
la guerre est à ses portes ; et l'on voyait à peine un bouclier, une**

lance, entre quarante milliers d'Israël. [9] Mon cœur est à vous, maîtres d'Israël, qui vous êtes dévoués au milieu du peuple, rendez grâce à l'Éternel ! [10] Vous qui montez de blanches ânesses, qui vous asseyez sur des tapis, et vous, humbles piétons du chemin, contez cette merveille ! [11] Ceux que le tumulte faisait blottir parmi les auges, maintenant célèbrent les bienfaits du Seigneur, ses bienfaits qui émancipent Israël ; maintenant rentre dans ses portes le peuple du Seigneur. [12] Debout, debout, Déborah ! Éveille-toi, éveille-toi, chante l'hymne ! Alerte, ô Barak ! Fils d'Abinoam, emmène ta capture ! [13] Un faible reste triomphe d'une puissante multitude ; l'Éternel m'a fait dompter les forts [...] [24] Bénie soit, entre les femmes, Jaël, l'épouse du Kénéen Héber ; entre les femmes, sous la tente, soit-elle bénie ! [25] Il demandait de l'eau, elle lui offre du lait ; dans un vase précieux elle apporte de la crème. [26] De sa main elle saisit une cheville, de sa droite le marteau du manœuvre ; puis elle frappe Sisara, lui fracasse la tête, lui fend, lui transperce la tempe. [27] À ses pieds il se tord, il s'affaisse, il succombe ; à ses pieds il se tord, il rampe, se débat encore et gît sur place, inanimé...

[28] Elle a regardé par la fenêtre, la mère de Sisara ; à travers le grillage elle a jeté sa plainte : "Pourquoi son char tarde-t-il à paraître ? Qui retient donc la course de ses chariots ?" [29] Ses sages compagnes la rassurent ; elle-même trouve réponse à ses plaintes : [30] "Sans doute ils enlèvent, ils partagent le butin ; une jeune fille, deux jeunes filles par guerrier ; pour Sisara, les étoffes richement teintes, la dépouille des broderies éclatantes, des broderies doubles qui brillent au cou des captives..." [31] Ainsi périront tous tes ennemis, Seigneur, et tes amis rayonneront comme le soleil dans sa gloire. »

Le pays eut, depuis lors, quarante années de repos.

Pour les historiens, ce poème est l'un des plus anciens de la Bible. Il veut montrer la puissance de Dieu qui se révèle à travers cette femme, juge et guerrière, en mettant en exergue le thème du petit nombre qui triomphe du grand par la grâce divine.

Comme pour les récits de l'Exode et le livre de Josué, il paraît important aux yeux des rédacteurs de montrer un Dieu plus fort que les divinités locales. Ce n'est qu'à partir d'Élie (1 Rois 19) que commence le tournant théologique vers un Dieu unique et non-violent qui usera de son esprit, non de sa force.

Dans ce cantique – dans lequel les personnages et les lieux ne sont pas tous identifiables –, trois femmes se succèdent : Déborah, l'héroïne, Jaël (*Yael*) qui exécute le roi Sisara comme plus tard Judith exécute le général Holopherne, et la mère de Sisara.

Le poème met en valeur le courage des deux premières, qui expriment leur foi en Dieu en défendant leur tribu ; bien entendu, là encore, il faut nous replonger dans le contexte. Le texte dessine aussi le portrait de la mère du roi, inquiète du retard de son fils qui ne reviendra effectivement jamais.

L'un des enseignements majeurs du livre des Juges peut s'exprimer ainsi : quand les hommes basculent dans la violence, alors les femmes finissent par y entrer aussi, soit activement, en retirant la vie, soit en la subissant. Comme toujours, considérant l'humain tel qu'il est, la Bible nous enseigne autant ce qu'il faut faire que ce qu'il ne faut pas faire.

28. Gédéon et le vrai roi d'Israël

Le livre des Juges présente la période intermédiaire entre l'installation des Hébreux en Canaan et l'instauration de la royauté, avec le prophète Samuel qui oindra les deux premiers souverains (Saül et David). Ce livre présente un scénario répétitif : l'idolâtrie d'Israël entraîne l'éloignement de Dieu qui livre Israël (en fait, quelques tribus) à la tutelle d'une peuplade locale. Quand Israël revient vers Dieu, Celui-ci suscite un chef militaire, le « juge », qui délivre la tribu asservie ; celle-ci vivra alors en paix et en fidélité jusqu'à la mort de ce sauveur. Ce livre présente douze juges, chiffre hautement symbolique dans la Bible (douze fils de Jacob, douze tribus d'Israël, douze « petits » prophètes, etc.), dont les plus célèbres seront Gédéon, Déborah, Jephté et Samson.

Juges 6, 12-16

12 L'ange du Seigneur lui apparut et lui dit : « L'Éternel est avec toi, vaillant homme ! » 13 Et Gédéon lui répondit : « Hélas ! Seigneur, si l'Éternel est avec nous, d'où vient tout ce qui nous arrive ? Que sont devenus tous ses prodiges que nous ont contés nos pères, disant : N'est-ce pas l'Éternel qui nous a fait sortir de l'Égypte ? Maintenant l'Éternel nous délaisse et nous livre aux mains de

Madian ! » [14] Alors l'Éternel s'adressa à lui, disant : « Va avec cette force qui t'anime, et tu sauveras Israël de la main de Madian : c'est Moi qui t'envoie. » [15] Il lui dit : « Ô mon Maître, comment sauverai-je Israël ? Voici mon clan est le plus pauvre en Manassé et je suis le plus jeune de la maison de mon père ? » [16] C'est que je serai avec toi, répondit l'Éternel, et tu battras les Madianites comme un seul homme.

Juges 8, 22-23
[22] Les Israélites dirent à Gédéon : « Gouverne-nous, toi, puis ton fils, puis ton petit-fils, puisque tu nous as sauvés de la puissance de Madian. » [23] Gédéon leur répondit : « Ni moi ni mon fils ne vous gouvernerons : l'Éternel régnera sur vous. »

Israël, à travers la tribu de Manassé, l'un des fils de Joseph, se trouve dominé par le peuple de Madian, issu de l'un des descendants d'Abraham et de Ketourah, une concubine (Genèse 25, 2). Le peuple étant revenu vers Dieu par ses suppliques, ce dernier appelle un jeune paysan, Gédéon, pour le délivrer. Pourquoi lui ? Rien ne justifie l'appel divin. *A priori*, il s'agit d'une grâce divine. La suite révélera cependant la stature morale du héros. En général, Dieu ne se trompe pas quant aux sauveurs qu'il choisit.

L'ange le qualifie d'« homme vaillant » ; on trouvera le pendant avec la « femme vaillante » dans le livre des Proverbes (chapitre 31). Cette vaillance désigne la force de caractère, le sens de la stratégie, mais aussi la hauteur morale.

La foi de Gédéon s'exprime dans une réplique musclée envers l'ange : si « Dieu est avec nous » (« Emmanuel »), où se trouve sa présence ? Nous pensons à Abraham et Moïse qui ont tenu tête à l'Éternel. Non seulement Dieu ne s'offusque pas, mais il prend personnellement la parole, sans intermédiaire. L'amour de Gédéon pour son peuple le fait passer du monde des anges au monde de Dieu lui-même. Grand principe du prophétisme : on s'approche de Dieu en s'approchant de son prochain, et non l'inverse. Cette force qui l'anime, cette conviction, cette audace traduisent son amour. Et Dieu aime l'homme qui aime son prochain.

Après sa victoire, le peuple lui demande de devenir son chef, son gouverneur. Réponse sans ambiguïté : Dieu est roi en Israël, pas de besoin de roi humain. La monarchie sera un pis-aller… Ce sera une autre histoire.

29. Samson, la faiblesse du fort

Le plus célèbre des juges reste sans contexte Samson, le « Hercule » de la Bible. Il a inspiré de nombreux péplums dont celui de Cecil B. DeMille. Sa force surhumaine le distingue des héros bibliques connus pour leurs vertus morales et spirituelles. Comme Isaac, Samson naquit d'une femme stérile après la visite d'un ange (pour Sarah, ils furent trois). Il reçut, avant même sa conception, sa mission : il commencerait à sauver Israël de la main des Philistins, le peuple conquérant installé sur l'actuelle bande de Gaza. Samson devait se soumettre à deux règles précises : ne jamais se couper les cheveux, et ne jamais boire de vin, car il était consacré à Dieu selon la loi du *nazirat* (Nombres 6).

En effet, durant sa courte vie, Samson n'eut de cesse de combattre les Philistins, à mains nues ou avec une mâchoire d'âne, et toujours habité par l'Esprit de Dieu, jusqu'à sa victoire finale. Et pourtant, ce consacré à Dieu connut toute sa vie une faiblesse : son attirance pour les belles Philistines.

Juges, 14, 1-19

1 Samson, étant allé un jour à Timna, y remarqua une femme entre
les filles des Philistins. 2 À son retour, il le raconta à son père et à
sa mère, en disant : « J'ai vu une femme à Timna, parmi les filles
des Philistins, et je désire que vous me la procuriez pour épouse. »
3 Son père et sa mère lui dirent : « Est-ce qu'il n'y a pas de femme
dans ta parenté ou dans le reste de notre peuple, que tu ailles en
chercher une parmi ces Philistins incirconcis ? » Samson répondit à
son père : « Procure-moi celle-là, puisque celle-là me plaît. » 4 Or,
ses parents ne savaient pas que cela venait de Dieu, et qu'il cherchait une occasion de nuire aux Philistins, qui dominaient alors sur
Israël. 5 Samson se rendit donc, avec son père et sa mère, à Timna.
Comme ils atteignaient les vignes de Timna, voici qu'un jeune lion
vint à lui en rugissant. 6 Saisi soudain de l'esprit divin, Samson le
mit en pièces comme on ferait d'un chevreau, et il n'avait aucune
arme. Mais il ne dit pas à ses parents ce qu'il avait fait. 7 Il alla
ensuite faire sa déclaration à la femme, qui continua à lui plaire.
8 Quelque temps après, étant revenu pour l'épouser, il s'écarta

afin de voir le cadavre du lion, et il trouva dans le corps un essaim
d'abeilles et du miel. 9 Il le recueillit dans ses mains, en mangea
chemin faisant, et, ayant rejoint ses parents, leur en donna à man-
ger, sans leur apprendre qu'il avait tiré ce miel du corps du lion.
10 Son père descendit chez l'épousée, où Samson donna un festin,
selon l'usage des jeunes gens. 11 Lors de sa réception, l'on désigna
trente compagnons pour lui tenir société. 12 Samson leur dit : « Je
veux vous proposer une énigme. Si vous pouvez la résoudre et me
l'expliquer dans les sept jours du festin, je vous donnerai trente
chemises et trente habillements de rechange ; 13 mais si vous ne
pouvez me l'expliquer, c'est vous qui me donnerez trente chemises
et trente habillements. » Ils lui répondirent : « Propose-nous ton
énigme, pour que nous l'entendions. » 14 Et il leur dit : « Du man-
geur est sorti un aliment, et du fort est sortie la douceur. » Mais
ils ne purent deviner l'énigme, trois jours durant. 15 Le septième
jour, ils dirent à la femme de Samson : « Persuade à ton mari de
te communiquer la solution et nous la rapporte, ou nous te brû-
lerons avec ta famille. Est-ce pour nous dépouiller que vous nous
avez invités, vraiment ? » 16 La femme de Samson l'obséda de ses
pleurs, disant : « Tu n'as que de la haine pour moi, point d'amour !
Tu as proposé une énigme à mes compatriotes, et tu ne m'en as
pas dit le mot ! » « Vois ! répondit-il, je ne l'ai pas dit à mon père
ni à ma mère, et à toi je le révélerais ? » 17 Elle l'obséda ainsi de
ses pleurs pendant les sept jours qu'on célébra le festin, si bien
que le septième jour, vaincu par ses instances, il lui révéla le mot,
qu'elle apprit à son tour à ses compatriotes. 18 Le septième jour,
avant que le soleil fût couché, les gens de la ville dirent à Samson :
« Qu'y a-t-il de plus doux que le miel, et de plus fort que le lion ? »
À quoi il répondit : « Si vous n'aviez pas labouré avec ma génisse,
vous n'auriez pas deviné mon énigme. » 19 Et saisi de l'esprit divin,
il descendit à Ascalon, y tua trente hommes, s'empara de leurs
dépouilles et donna aux devineurs les vêtements promis ; puis,
plein de fureur, se retira chez son père.

Un humoriste présenterait le père et surtout la mère de Samson comme des parents juifs voulant marier leur fils avec un bon parti de la communauté. Or, le désir de Samson provient de Dieu qui, ici, ne condamne pas la séduction.

L'histoire du lion paraît tout aussi incroyable pour qui a vu cette montagne de muscles, « de près », dans un zoo. Là encore, l'esprit de Dieu lui offre cette force qui réduit le félin à un simple chevreau démembré. Ajoutons que la présence du miel n'est pas plus fortuite, puisqu'elle est au cœur de l'énigme posée lors du banquet. Une énigme comme une « provoc' » de la part de Samson. Et voilà que tout bascule : le puissant Samson vainqueur du lion, et plus tard de trente Philistins, sera incapable de résister aux pleurs de sa fiancée. Ce passage nous prépare à la trahison de Dalila (Juges 16), qui lui coupera les cheveux, ce qui entraînera la mort de notre héros.

Bien sûr, tout ce récit est hautement symbolique et tourne autour de l'énigme : « Du mangeur est sorti le mangé et du fort est sorti le doux. » Le lecteur possède la clé, mais cette devinette dit plus que son sens évident, elle dit sans doute l'essence du prophétisme : comment transformer la puissance en sacerdoce, la violence en pacification ?

Dieu donne à chaque créature un peu de son pouvoir, qui peu, qui prou. La question biblique reste toujours : « Que fais-tu de tes dons du Ciel ? »

30. La prière de Hanna

Le livre de Samuel commence par un récit émouvant. Hanna (Anne), épouse stérile d'Elkana, constate la fécondité de la seconde épouse, Pénina. Pleine d'amertume, elle se rend au sanctuaire de Silo (le Temple de Jérusalem n'est pas encore bâti par Salomon) en priant l'Éternel. Le texte précise qu'elle prie à voix basse, demandant un fils qu'elle consacrera au Temple (*nazir*). Le grand prêtre Héli la pense ivre. Le malentendu levé, elle s'en retourne chez elle. Un an plus tard, son vœu se réalise. Elle met au monde Samuel, le dernier des juges d'Israël. La mère reconnaissante offre une prière pleine de foi.

1 Samuel 2, 1-10

1 Et Hanna se mit en prière, et elle dit : « Mon cœur se délecte
en l'Éternel, mon front s'est relevé grâce au Seigneur ; je puis
ouvrir la bouche en face de mes ennemis, car j'ai à me réjouir,
Seigneur, de Ton assistance. 2 Nul n'est saint comme l'Éternel,
nul ne l'est que toi seul ! Aucune Puissance n'égale notre Dieu.
3 Cessez, cessez vos paroles arrogantes, les bravades qui

s'exhalent de votre bouche ; car Il dispose de toute science,
l'Éternel, et toute œuvre Lui est facile. 4 Par Lui, l'arc des forts
est brisé, et ceux qui faiblissent sont armés de vigueur ; 5 ceux
qui vivaient dans l'abondance se font mercenaires, et qui souffrait
de la faim en est délivré ; tandis que la femme stérile enfante
sept fois, la mère féconde est humiliée. 6 L'Éternel fait mourir
et fait vivre ; il précipite au tombeau, et en retire. 7 L'Éternel
appauvrit et enrichit, abaisse et relève à son gré. 8 Il redresse
l'humble couché dans la poussière, fait remonter le pauvre du
sein de l'abjection, pour les placer à côté des grands et les
installer sur un siège d'honneur ; car les colonnes de la terre
sont à l'Éternel, c'est lui qui en a fait les supports du monde.
9 Il veille sur les pas de ses adorateurs, tandis que les impies
périssent dans les ténèbres, car ce n'est pas la force qui fait le
vainqueur. 10 L'Éternel, ses agresseurs sont foudroyés, quand
sur eux, du haut du ciel, Il tonne ; l'Éternel juge les sommités
de la terre ! Et Il donnera la puissance à son roi, et Il exaltera
la gloire de son élu. »

Ce poème, qui a sans aucun doute inspiré le *Magnificat* de Marie (Luc 1, 46-55), porte les accents du psautier. Hanna détaille les facettes de la grandeur de Dieu à travers sa propre expérience d'épouse stérile devenue féconde. En fait, seul Dieu, et nul autre, fait et défait les événements. À lui la science, à lui la puissance, entre ses mains la vie, la mort et la résurrection. Rien d'impossible à son pouvoir. Mais l'orgueilleux, qui ne vaut pas mieux qu'un idolâtre, ne connaît pas (ou plus) cette leçon.

Le monde des arrogants n'est qu'illusion, et un jour Dieu remettra l'ordre dans le désordre. Les forts deviendront faibles et les faibles, forts ; les humbles seront élevés et les fiers tomberont de leur hauteur ; les serviteurs de Dieu trouvent leur bonheur en lui, alors que les méchants disparaîtront dans l'obscurité qu'ils auront engendrée.

Cette prière, introduite dans la liturgie synagogale du matin, se termine par l'évocation du roi, de l'élu : le messie de Dieu qui révélera la justice divine au monde.

31. Samuel, l'incorruptible

Samuel ressemble à Samson : tous deux sont des miraculés, nés d'une mère stérile ; tous deux sont consacrés à Dieu avant leur naissance ; tous deux sont des juges reconnus et célèbres ; et tous deux commencent à libérer Israël du joug des Philistins, l'ennemi juré. Mais là s'achève la comparaison car la force morale de Samuel – la seule force qui vaille – dépasse de loin la force physique de Samson. À la fin de sa vie, le grand juge demande aux représentants du peuple d'être jugé sur sa mission.

1 Samuel 12, 1-14

1 Alors Samuel dit à tout Israël : « Or donc, j'ai condescendu à tout ce que vous m'avez dit, j'ai établi sur vous un roi. 2 Désormais, c'est ce roi qui marche à votre tête ; pour moi, je suis vieux et caduc, et mes fils sont confondus parmi vous ; mais je vous ai gouvernés, moi, depuis ma jeunesse jusqu'à ce jour. 3 Eh bien ! Accusez-moi à la face de l'Éternel et à la face de son élu, s'il est quelqu'un dont j'aie pris le bœuf ou l'âne, quelqu'un que j'aie lésé ou pressuré, quelqu'un qui m'ait déterminé, par un présent, à fermer les yeux sur sa faute... Je suis prêt à vous le rendre. » 4 Ils répondirent : « Tu ne nous as point lésés, point pressurés, tu n'as rien accepté de personne. » 5 Et il leur dit : « Dieu soit témoin contre vous en ce jour, et témoin son élu, que vous n'avez rien trouvé à ma charge ! » Et l'on répondit : « Témoins ! »

6 Et Samuel dit au peuple : « Dieu qui suscita Moïse et Aaron, et qui tira vos aïeux du pays d'Égypte !.... 7 Et maintenant tenez-vous là, je veux vous prendre à partie devant l'Éternel, vous rappeler tous les bienfaits qu'il a dispensés à vous et à vos pères, 8 alors que Jacob était venu en Égypte, et que vos pères implorèrent l'Éternel, et qu'il donna mission à Moïse et à Aaron de faire sortir vos pères de l'Égypte et de les installer dans ce pays-ci. 9 Mais eux, ils oublièrent l'Éternel, leur Dieu ; et il les livra à Sisara, chef de l'armée de Hatsor, et aux Philistins et au roi de Moab qui leur firent la guerre. 10 Alors ils implorèrent l'Éternel en disant : "Nous sommes coupables ! Car nous avons abandonné le Seigneur pour servir les Baâl et les Astarée ; mais à présent délivre-nous de la main de nos ennemis, nous voulons te servir !" 11 Et le Seigneur a suscité Jérubbaal et Bedân, Jephté et Samuel ; il vous a soustraits

au pouvoir de vos ennemis d'alentour, et vous avez recouvré la sécurité.
[12] Or, voyant que Nahach, roi des Ammonites, marchait contre vous, vous m'avez dit : "Non, c'est un roi qu'il nous faut", quand vous aviez pour roi l'Éternel, votre Dieu ! [13] Eh bien, voici ce roi que vous avez voulu, que vous avez sollicité ; le voici, Dieu vous l'a donné, [14] à condition que vous révériez l'Éternel ; que vous Lui rendiez hommage et obéissance, que vous ne soyez point rebelles à Sa parole, et que vous demeuriez, vous comme le roi qui vous gouverne, fidèles à l'Éternel, votre Dieu. »

Samuel représente le modèle idéal du dirigeant d'Israël. La monarchie, comme le révèle la fin de notre extrait, constitue un pis-aller. Déjà la législation mosaïque, deutéronomiste (chapitre 17, 14-20), émettait des doutes certains sur la capacité d'un homme à régner sur ses frères sans abuser de son pouvoir. D'où la mise en garde contre le *trop* : trop de richesses, trop de chevaux, trop d'épouses ; et l'obligation de méditer sans cesse la Torah de l'Éternel, au moins le Deutéronome, en présence de lévites.

Idéalement, la société biblique propose une théocratie parlementaire, avec séparation des pouvoirs : Dieu est reconnu comme roi, et la Loi vient d'une révélation transcendante, non de la conscience humaine, mais l'application de la Loi, en fonction des époques et des problèmes, dépend des Anciens issus des tribus. Pour maintenir l'unité de cette fédération tribale, les fêtes de pèlerinage (Pessa'h, Chavouot, Souccot) réunissent trois fois par an les douze tribus à Jérusalem, comme elles étaient réunies lors de la sortie d'Égypte. Mais le peuple refuse ce modèle et préfère un roi humain pour être « comme les nations alentour ». Samuel obtempère à contrecœur à ce qu'il considère être une infidélité à Dieu (1 Samuel, 8) ; Dieu donnant, malgré tout, son aval à cette requête collective.

Quoi qu'il en soit, Samuel, le Juste, rappelle l'importance de la fidélité aux préceptes de la Torah, en acte et en esprit ; car si l'une des dimensions venait à manquer, ce culte perdrait toute sa valeur. Samuel reste l'une des plus belles figures de la Bible, trop souvent occultée.

32. David et Goliath

Parmi les épisodes les plus célèbres de la Bible se trouve celui de David et Goliath. Il est souvent évoqué, en particulier dans le sport, quand le plus faible (apparemment) bat le plus fort. Il a également inspiré de nombreux péplums.

David, fils de Jessé, un jeune berger, se trouve régulièrement auprès du roi dépressif Saül, afin de le calmer au son de sa lyre. Or depuis quelque temps, le camp hébreu fait face au camp philistin. Chaque matin, un géant nommé Goliath cherche à défier, dans un combat singulier, un soldat d'Israël. Personne n'ose affronter cette montagne de muscles, recouverte d'une cuirasse étincelante et munie d'une épée terrifiante. Jusqu'au jour où David entend ses propos agressifs.

1 Samuel 17, 21-26, 31-37, 40-50

21 Israélites et Philistins s'alignèrent, ligne contre ligne. 22 David remit les objets qu'il portait aux mains du gardien des bagages, courut vers les rangs et alla s'informer de la santé de ses frères. 23 Tandis qu'il s'entretenait avec eux, voici venir le géant, Goliath le Philistin, de Gath, sortant des rangs des Philistins et tenant le même discours ; David l'entendit. 24 Tous les Israélites, en voyant cet homme, lâchèrent pied devant lui, fort effrayés. 25 Et les hommes d'Israël se disaient : « Avez-vous vu cet homme qui s'avance ? C'est pour défier Israël qu'il se met en avant. Celui qui le vaincra, le roi le comblera de richesses, lui donnera sa fille, et exemptera la famille de son père de toute charge en Israël. » 26 David, s'adressant à ceux qui étaient près de lui, demanda : « Que fera-t-on à l'homme qui aura vaincu ce Philistin et délivré Israël de l'ignominie ? Qu'est donc ce Philistin, cet incirconcis, pour insulter les légions du Dieu vivant ! » [...] 31 Les propos de David ayant été propagés, on les répéta devant Saül, qui le fit venir. 32 David dit à Saül : « Que personne ne perde courage à cause de lui ! Ton serviteur ira et se battra contre ce Philistin. » 33 Mais Saül dit à David : « Tu ne peux aller te battre avec ce Philistin, car tu n'es qu'un enfant, et lui est un homme de guerre depuis sa jeunesse. » 34 David répondit à Saül : « Ton serviteur faisait paître les brebis de son père ; quand survenait le lion ou l'ours et qu'il emportait une bête du troupeau, 35 je le poursuivais, je le terrassais, et la lui arrachais de la gueule ; alors il se jetait sur moi, mais je le

saisissais par la mâchoire et le frappais à mort. 36 Puisque ton
serviteur a eu raison et du lion et de l'ours, cet impur Philistin
aura le même sort, lui qui a défié les légions du Dieu vivant. » 37 Et
David ajouta : « L'Éternel, qui m'a protégé contre le lion et l'ours,
me protégera aussi contre ce Philistin... » Et Saül dit à David : « Va,
et que l'Éternel soit avec toi ! » [...] 40 Il prit son bâton à la main,
choisit dans le torrent cinq cailloux lisses, qu'il mit dans sa pane-
tière de berger, et, muni de sa fronde, s'avança vers le Philistin.
41 Celui-ci s'approcha lentement de David, précédé de l'homme qui
portait son bouclier. 42 Le Philistin, considérant David, le regarda
avec dédain, parce qu'il était jeune, vermeil et de bonne mine.
43 Et il dit à David : « Suis-je un chien, que tu t'avances contre moi
avec des bâtons ? » Et il maudissait David en invoquant son dieu.
44 Et le Philistin dit à David : « Viens ici que je donne ta chair aux
oiseaux du ciel et aux animaux des champs ! » 45 David répondit au
Philistin : « Tu viens à moi avec l'épée, la lance et le javelot ; et moi
je viens au nom de l'Éternel Tsébaot, du Dieu des légions d'Israël
que tu insultes. 46 En ce jour, l'Éternel te mettra en mon pouvoir,
je t'abattrai et je te couperai la tête et je livrerai les cadavres de
l'armée des Philistins, aujourd'hui même, aux oiseaux du ciel et
aux animaux des champs, afin que toute la terre sache qu'il y a un
Dieu pour Israël ! 47 Et toute cette multitude saura que l'Éternel n'a
pas besoin d'épée ni de lance pour donner la victoire, car l'Éternel
est le maître de la guerre, et il vous livrera en notre pouvoir ! »
48 Voyant alors le Philistin se mettre en mouvement et s'avancer
à sa rencontre, David s'élança, traversa rapidement le champ de
bataille dans la direction du Philistin, 49 mit la main dans sa pane-
tière, en tira une pierre, qu'il lança avec la fronde, et atteignit le
Philistin au front ; la pierre s'y enfonça et il tomba la face contre
terre. 50 Ainsi David vainquit le Philistin avec une fronde et une
pierre, et le frappa à mort, sans avoir une épée à la main.

Ce récit, sans doute légendaire, transmet plusieurs idées majeures pour la société judéenne. Tout d'abord, il justifie l'élection royale de David. En recevant la bénédiction de Saül, il devint son héritier et donc son successeur, d'autant plus qu'il épousa ensuite Mikhal, la fille du roi.

À cela s'ajoute cette victoire sur Goliath. Depuis le livre de Josué, tous les récits de victoires, fictifs ou réels, veulent montrer la supériorité du Dieu d'Israël, « le » Dieu, sur les divinités cananéennes, philistines et autres. Le fait que chaque protagoniste invoque son dieu souligne cette idée.

La tête coupée de Goliath symbolise la décapitation de l'idolâtrie ; mais aussi, sur le plan religieux, elle souligne que la victoire dépend de la foi en l'Éternel et non de la force ou des armes, ce qui est un thème récurrent dans les Psaumes et les derniers prophètes.

Comme toujours, il nous faut remettre ces textes dans leur contexte historique où l'épée était l'arme du justicier. Le dernier duel en France eut lieu en 1967 !

33. David et Bethsabée

David a triomphé de ses ennemis, il ne reste que quelques poches de résistance aux frontières. Il règne dans le beau palais qu'il s'est fait construire à Jérusalem, sa nouvelle capitale. Déjà les récits de la Torah mettaient en garde contre le relâchement moral et spirituel. Les rabbins remarquent : chaque fois que le verbe « s'asseoir, s'installer » apparaît, une catastrophe s'ensuit. « Jacob s'installa dans le pays du séjour de son père » (Genèse 37, 1) : survient l'affaire de Joseph. « Israël s'assit pour manger et boire » (Exode 32, 6) : il commet la faute du Veau d'or. À propos de David, nous lisons : « Il s'installa à Jérusalem » (2 Samuel 11, 1). Conséquence ? Il succombe au charme de Bethsabée, l'épouse d'Urie le Hittite, commettant la triple faute de convoitise, d'adultère et de meurtre.

2 Samuel 11, 1-17

**1 Au renouvellement de l'année, époque où les rois entrent en
campagne, David envoya Joab avec ses officiers et tout Israël,
avec ordre de porter le ravage chez les Ammonites et d'assiéger
Rabba, tandis que lui-même restait à Jérusalem. 2 Vers le soir,
David se leva de sa couche et se promena sur la terrasse de la
demeure royale, d'où il aperçut une femme qui se baignait : cette
femme était fort belle. 3 David prit des informations sur cette
femme. On lui répondit : « Mais c'est Bethsabée, la fille d'Éli,
l'épouse d'Urie le Héthéen ! » 4 David envoya des émissaires pour
la chercher ; elle se rendit auprès de lui, et il cohabita avec elle
(elle venait de se purifier de son impureté), puis elle retourna
dans sa maison. 5 Cette femme devint enceinte et elle envoya dire**

à David : « Je suis enceinte. » 6 David fit parvenir ce message à
Joab : « Envoie-moi Urie le Héthéen » ; et Joab envoya Urie à
David. 7 Urie étant arrivé chez lui, David s'informa du bien-être
de Joab, du bien-être du peuple et du succès de la campagne.
8 Puis David dit à Urie : « Rentre chez toi et lave-toi les pieds. »
Urie sortit de la maison du roi, et on le fit suivre d'un présent
du roi. 9 Mais Urie se coucha à l'entrée de la maison royale, avec
les autres serviteurs de son maître, et ne rentra point dans sa
demeure. 10 On apprit à David qu'Urie n'était pas rentré chez lui ;
et David dit à Urie : « Eh quoi ! Tu reviens de voyage, pourquoi
donc n'es-tu pas descendu dans ta demeure ? » 11 Urie répondit à
David : « L'Arche, Israël et Juda logent sous la tente, mon maître
Joab et les officiers de mon prince campent en plein champ, et
moi j'entrerais dans ma maison pour manger et boire, et pour
reposer avec ma femme ! Par ta vie, par la vie de ton âme, je
ne ferai point pareille chose. » 12 David répliqua à Urie « Reste
ici aujourd'hui encore et demain je te laisserai partir. Urie resta
à Jérusalem ce jour-là et le lendemain. 13 David le manda, le
fit manger et boire devant lui, et l'enivra. Urie le quitta le soir,
coucha dans le même gîte avec les serviteurs de son maître, mais
ne descendit pas dans sa demeure. 14 Le lendemain matin, David
écrivit une lettre à Joab et chargea Urie de la remettre. 15 Il avait
écrit dans cette lettre « Placez Urie à l'endroit où la lutte est la
plus violente, puis éloignez-vous de lui, pour qu'il soit battu et
qu'il succombe. » 16 Or, comme Joab observait la ville, il plaça
Urie à l'endroit où il savait que se trouvaient les plus braves.
17 Les gens de la ville firent une sortie et attaquèrent Joab ; un
certain nombre tomba parmi le peuple, parmi les serviteurs de
David ; Urie le Héthéen périt avec eux.

Le texte mentionne qu'Urie (en hébreu *Ouria*, « lumière de Dieu ») est issu de la peuplade cananéenne des Hittites, ce qui nous apprend que la conquête de Josué ne fut pas un génocide, mais que des Cananéens intégrèrent les troupes israélites. La première mention des Hittites se trouve dans l'épisode de l'achat de la caverne de Makhpéla à Hébron pour l'inhumation de Sarah (Genèse 23) ; le protagoniste du patriarche s'y nomme Efron, et il fera en sorte de tirer un bon prix de la vente. En revanche, dans ce texte-ci, l'*alter ego* de David semble d'une droiture à toute épreuve. Par solidarité avec ses compagnons de combat, même en état d'ébriété, il refuse de partager sa couche avec son épouse.

Ce texte nous met en garde contre des lectures rapides : les bons d'un côté, les méchants de l'autre. L'homme sera toujours jugé sur ses actes, ici et maintenant. Dans ce récit, la vertu se trouve du côté du Cananéen, le vice, du côté de David. Il faudra l'électrochoc de la parabole du prophète Nathan, quelques versets plus loin, pour qu'enfin David ouvre les yeux.

Finalement, David restera ce personnage à plusieurs facettes : poète, « merveilleux chantre d'Israël » (2 Samuel 23, 1), repentant sincère (image pieuse du judaïsme et du christianisme), mais aussi guerrier qui fit couler le sang. Selon le premier livre des Chroniques (chapitre 22, 8-9), ce sang versé empêcha David de construire le Temple. Pour cette œuvre, il fallait un homme de paix : son fils, Salomon.

34. Salomon, le roi sage

Chlomo (Salomon), fils de David et Bethsabée, succède à son père sur le trône d'Israël. Parmi les nombreux prétendants, puisque David avait connu beaucoup de femmes, Salomon obtient la faveur de Dieu, par la bouche de Nathan (1 Rois, 1). Son nom, *Chlomo*, signifie « Paix en lui ». Si son père maniait aussi bien la lyre que la fronde et l'épée, Salomon fut le roi sage. Sa sagesse fut si grande qu'elle devint légendaire, et le texte raconte que de nombreuses personnalités admirèrent son esprit vif, notamment la reine de Saba (1 Rois, 10). À la renommée liée à cette brillante sagesse s'ajoute celle d'avoir édifié le premier Temple : une œuvre grandiose qu'il réalisa avec son ami Hiram, roi de Tyr.

1 Rois 3, 1-15

1 Salomon s'allia avec Pharaon, roi d'Égypte : il épousa la fille de Pharaon et l'installa dans la Cité de David, jusqu'à ce qu'il eût achevé de bâtir sa propre maison, le temple du Seigneur et le mur d'enceinte de Jérusalem. 2 Cependant, le peuple sacrifiait sur les hauts-lieux, parce qu'aucune maison n'avait encore été, jusque-là, édifiée en l'honneur de l'Éternel. 3 Salomon aima le Seigneur, se conformant aux instructions de son père David ; seulement, il offrait des sacrifices et brûlait de l'encens sur les hauts-lieux.

4 Le roi alla à Gabaon pour y sacrifier, car là était le principal haut
lieu ; et sur cet autel, Salomon offrit mille holocaustes.
5 Étant à Gabaon, Salomon vit, dans un songe nocturne, apparaître
le Seigneur, qui lui dit : « Demande ; que dois-je te donner ? »
6 Salomon répondit : « Tu as témoigné à ton serviteur, à mon père
David, une grande faveur, parce qu'il a marché devant toi avec
sincérité, justice et droiture de cœur ; et tu lui as continué cette
faveur insigne en lui donnant un fils, son successeur sur le trône,
comme il l'est aujourd'hui. 7 Maintenant donc, Éternel, mon Dieu,
tu m'as fait régner, moi ton serviteur, à la place de David, mon
père, et je suis un tout jeune homme, inhabile à me conduire. 8 Et
ton serviteur est entouré d'un peuple qui est le tien, que tu as élu,
peuple nombreux dont la multitude est incalculable. 9 Donne donc
à ton serviteur un cœur intelligent, capable de juger ton peuple,
sachant distinguer le bien du mal ; autrement, qui pourrait gou-
verner un peuple aussi considérable que celui-ci ? »
10 Ce discours plut au Seigneur, satisfait de la demande exprimée
par Salomon. 11 Et Dieu lui dit : « Parce que tu as fait une telle
demande, parce que tu n'as demandé ni de longs jours, ni des
richesses, ni la vie de tes ennemis, que tu as seulement demandé
l'intelligence afin de savoir rendre la justice, 12 j'acquiesce à ton
désir : je te donne un tel esprit de sagesse et d'intelligence, que
ton pareil n'a pas existé avant toi ni ne se verra après toi. 13 Mais
je te donne, de plus, ce que tu n'as pas demandé : la richesse et la
gloire, en quoi ne t'égalera aucun des rois, pendant toute la durée
de ta vie. 14 Et si tu marches dans mes voies, fidèle à mes lois et
à mes préceptes, comme a fait David, ton père, je prolongerai tes
jours. » 15 Salomon s'éveilla et vit que c'était un songe. De retour
à Jérusalem, il se présenta devant l'arche d'alliance du Seigneur,
offrit des holocaustes et des sacrifices rémunératoires, et donna
un festin à tous ses serviteurs.

Pour les nominations de Saül et de David, l'onction qui les consacrait n'avait appelé aucun examen divin. Dieu avait simplement sondé « leurs reins et leur cœur » (Jérémie 11, 20) et ils avaient trouvé grâce devant le Ciel. Mais Salomon subira un examen.

Chaque homme passe par des épreuves. On se souvient de celle d'Adam et Ève, de Caïn, d'Abraham et d'Isaac, celle de Joseph, celle de Samson ou celle de David avec Bethsabée. Les épreuves font toujours grandir ; même dans l'échec, le rebond du nouveau départ reste possible – optimisme de la Torah.

L'épreuve de Salomon correspondait à sa jeunesse : un fils de roi, chouchouté (le prophète Nathan le surnomma *Yédidia*, « Chéri de Dieu »), ayant grandi dans la richesse, la gloire et le pouvoir, n'en voudra-t-il pas toujours autant, si ce n'est plus ? Imagine-t-on Dieu demander à des humains : « Dis-moi ce que tu veux, et j'accomplirai ton vœu », tel le génie de la lampe ?

Salomon, ce jeune homme riche, renonça à la richesse et lui préféra la sagesse du cœur. La foi en Dieu, le service des hommes, plutôt que le lucre royal. Dieu lui accorda en plus la richesse et la gloire, car qui se met au service de Dieu mettra aussi l'argent au service de Dieu. Bien entendu, l'Éternel rappela, une fois de plus, que le respect des commandements, en acte et en esprit, restait la condition de cette grâce. La sagesse divine se posa sur le jeune roi qui, juste après, rendra son célèbre jugement (chapitre 3, 16-28).

35. Une maison pour Dieu

Le sage roi Salomon décida de construire le Temple pour Dieu à Jérusalem, ce que n'avait pu réaliser son père David. Les chapitres 6 et 7 du premier livre des Rois décrivent la magnificence de l'ouvrage réalisé avec Hiram, roi de Tyr. Le jour de l'inauguration, l'arche d'alliance contenant les deux tables de la Loi fut placée dans le Saint des Saints ; puis Salomon exprima une émouvante prière, dont voici un extrait.

1 Rois 8, 27-43

27 « Mais est-ce qu'en vérité Dieu résiderait sur la terre ? Alors que le ciel et tous les cieux ne sauraient te contenir, combien moins cette maison que je viens d'édifier ! 28 Tu accueilleras cependant, Éternel, mon Dieu, la prière et les supplications de ton serviteur, tu exauceras la prière fervente qu'il t'adresse en ce jour : 29 que tes yeux soient ouverts nuit et jour sur cette maison, sur ce lieu dont tu as dit : "Mon nom y régnera", et que tu entendes les prières que ton serviteur t'y adressera. 30 Oui, tu entendras les supplications de ton serviteur et de ton peuple Israël, proférées en ce lieu ; du haut du ciel où tu résides, tu les écouteras et tu pardonneras.
31 Si un homme pèche envers son prochain, et qu'on lui défère le

serment, et qu'il vienne le prononcer ici, devant ton autel, 32 toi, tu l'entendras dans le ciel, tu agiras, tu feras justice à tes serviteurs, punissant le coupable et faisant retomber son méfait sur sa tête, favorisant l'innocent en raison de sa droiture. 33 Si ton peuple Israël est battu par un ennemi pour t'avoir offensé, mais qu'ensuite ils reviennent à toi, rendent hommage à ton nom, te prient et t'implorent dans cette maison, 34 toi, tu les entendras dans le ciel, tu pardonneras l'offense de ton peuple Israël, et tu le ramèneras dans le pays que tu as donné à ses pères. 35 Si le ciel se ferme et refuse la pluie, parce qu'ils auront péché devant toi, mais qu'ils prient dans ce lieu, rendent hommage à ton nom et reviennent de leur péché parce que tu les auras châtiés. 36 Toi, tu les entendras dans le ciel, tu pardonneras le péché de tes serviteurs, de ton peuple Israël, en leur montrant le bon chemin où ils doivent marcher, et tu enverras la pluie à ce pays que tu as donné en possession à ton peuple. 37 Si une famine survient dans le pays, s'il y sévit une épidémie, une maladie des blés, une invasion de sauterelles, le siège de ses villes par l'ennemi, une calamité ou un fléau quelconques ; 38 si quelque membre de ton peuple Israël te supplie et t'implore, chacun connaissant la plaie de son cœur et étendant les mains vers cette maison, 39 toi, tu l'entendras du ciel, ton auguste résidence, et tu agiras avec clémence, traitant chacun selon sa conduite, selon que tu connais son cœur ; car seul tu connais le cœur de tous les humains. 40 De la sorte, ils te révéreront tout le temps qu'ils vivront sur cette terre que tu as donnée à nos aïeux. 41 Je t'implore aussi pour l'étranger qui ne fait pas partie de ton peuple Israël et qui viendrait de loin pour honorer ton nom. 42 Car ils entendront parler de ton grand nom, de ta main puissante et de ton bras étendu, et ils viendront prier dans cette maison ; 43 toi, tu l'entendras du ciel, ton auguste résidence, et tu exauceras les vœux que t'adressera l'étranger, afin que tous les peuples du monde connaissent ton nom, qu'ils te révèrent comme ton peuple Israël, et qu'ils sachent qu'elle est sous l'invocation de ton nom, cette maison que j'ai bâtie. »

Dans cette supplique, Salomon prend conscience de l'insignifiance de la bâtisse qu'est le Temple, malgré sa magnificence, puisque l'univers ne peut contenir la divinité, thème souvent repris par les prophètes. La question peut-elle alors se poser pour une synagogue, une église, un temple ou une mosquée ? Salomon offre une réponse : la maison de Dieu est d'abord un lieu de rencontre entre l'homme et son Dieu, un point de jonction entre le fini et l'infini. Tout lieu de culte peut devenir, par la sincérité et la paix de ses fidèles, une porte du Ciel.

Dans cette oraison, aucune mention du culte sacrificiel ; le Temple sera le lieu de la prière et de l'invocation, le lieu du repentir, le lieu de la conversion à Dieu et à sa Loi. Dès le début, la prière l'emporte sur les holocaustes. « Retour », « pardon », « écoute », « miséricorde », se succèdent dans la bouche du roi.

Ce Temple ne vaut pas que pour Israël : l'étranger ayant entendu parler de Dieu, même sans se convertir au pur monothéisme, y trouvera une oreille ouverte, une hospitalité abrahamique. Salomon dit l'essentiel d'une maison de Dieu, à Jérusalem ou ailleurs.

36. Deux royaumes pour un peuple

La fidélité de la jeunesse, la prudente sagesse de Salomon laisseront place aux excès du pouvoir et notamment à la multiplication des épouses et des concubines. Le harem du roi lui coûtera sa couronne et les bénédictions divines.

1 Rois 11, 1-13

**1 Or, le roi Salomon aima, indépendamment de la fille de
Pharaon, un grand nombre de femmes étrangères, Moabites,
Ammonites, Iduméennes, Sidoniennes, Héthéennes, 2 d'entre ces
peuples dont l'Éternel avait dit aux enfants d'Israël : « Ne vous
mêlez point à eux et ne les laissez point se mêler à vous, car
certes ils attireraient votre cœur à leurs divinités » ; c'est là que
Salomon porta ses amours. 3 Il eut sept cents épouses attitrées
et trois cents concubines, et ces femmes égarèrent son cœur.
4 C'est au temps de sa vieillesse que les femmes de Salomon
entraînèrent son cœur vers des dieux étrangers, de sorte que
son cœur n'appartint point sans réserve à l'Éternel, son Dieu,
comme le cœur de David, son père. 5 Il servit Astarté, la divinité
des Sidoniens, et Milkom, l'impure idole des Ammonites. 6 Bref,
Salomon fit ce qui déplaît au Seigneur, loin de lui rester fidèle
comme avait fait David, son père. 7 En ce temps, Salomon bâtit un**

haut-lieu pour Khamos, idole de Moab, sur la montagne qui fait
face à Jérusalem, et un autre à Moloch, idole des Ammonites. 8 Et
ainsi fit-il pour toutes ses femmes étrangères, qui purent brûler
de l'encens à leurs dieux et leur offrir des sacrifices. 9 L'Éternel
se courrouça contre Salomon, parce que son cœur était devenu
infidèle au Seigneur, Dieu d'Israël, qui lui était apparu par deux
fois, 10 et lui avait donné ses ordres sur ce point pour l'empê-
cher de suivre les dieux étrangers ; mais il n'avait pas obéi aux
ordres de l'Éternel.
11 Et l'Éternel dit à Salomon : « Puisque tu as agi de la sorte, que tu
n'as pas respecté mon pacte et les défenses que je t'avais faites, je
t'arracherai la royauté et je la donnerai à ton serviteur. 12 Toutefois,
pour l'amour de ton père David, je n'accomplirai pas cette menace
de ton vivant : c'est de la main de ton fils que je l'arracherai. 13 Je
ne lui arracherai cependant pas le royaume entier, je lui laisserai
une tribu, en faveur de mon serviteur David et de Jérusalem, ma
ville d'élection. »

Avec David et Salomon, le royaume d'Israël atteignit son apogée : des tribus unifiées et un Temple pour les rassembler trois fois par an à Jérusalem, la capitale. De plus, le message d'Israël avait touché de nombreuses contrées lointaines. Salomon portait les traits d'un messie pacificateur.

Malheureusement, grisé par son pouvoir, il oublia que les bénédictions du Ciel restaient liées au respect de l'alliance et de ses préceptes. En épousant autant de femmes étrangères, il épousa leur culte, leurs dieux et leurs déesses. Le temps du déclin suivit celui de l'apogée. Inquiétées le long de ses frontières, les armées israélites essuyèrent échec sur échec.

À la mort de Salomon, Jéroboam, un intendant du palais, se fit proclamer roi par dix tribus, celles du Nord, qui firent un retour au culte du Veau d'or et au paganisme cananéen. Ce fut le schisme entre le royaume d'Israël et celui du Sud, le royaume de Juda, qui regroupa les deux tribus de Juda et de Benjamin, ainsi que les lévites attachés au culte du Temple à Jérusalem. Pour sa survie, Israël n'eut désormais plus besoin de rois, mais de prophètes qui exercèrent leur influence dans les deux royaumes.

37. Élie, violence et non-violence

Le divorce est consommé entre royaume d'Israël et royaume de Juda. Le roi israélite Achab, qui régna de – 874 à – 853, a épousé Jézabel, princesse phénicienne et prêtresse du dieu Baâl. Pour assurer son pouvoir politique et religieux, elle supprime ses opposants, notamment les prophètes du Dieu d'Israël. L'un d'eux s'opposera frontalement à elle : Élie (*Éliahou*).

Élie, plus que Moïse, fut l'homme des miracles. Le texte lui attribue l'arrêt de la pluie et de la rosée pendant trois ans, la multiplication de la nourriture pour une veuve et son fils, la résurrection de ce dernier, la descente d'un feu du Ciel, l'ouverture des eaux du Jourdain avec son manteau, un départ vers le Ciel dans un char de feu. Mais il fut surtout le défenseur farouche du monothéisme dans un royaume qui l'avait évacué. Un personnage entre réalité et légende, donc. L'un des épisodes de sa vie se déroule au mont Horeb (Sinaï) lors d'une théophanie signifiante.

1 Rois 19, 7-16

[7] Une seconde fois, l'envoyé du Seigneur vint le toucher en disant : « Lève-toi, mange, car tu as une longue traite à faire. » [8] Il se leva, mangea et but, puis, réconforté par ce repas, il marcha quarante jours et quarante nuits jusqu'au Horeb, la montagne de Dieu. [9] Là, il entra dans une caverne, où il passa la nuit. Et voici que la voix divine s'adressa à lui, disant : « Que fais-tu là, Élie ? » [10] Il répondit : « J'ai fait éclater mon zèle pour toi, Seigneur, Dieu Tsébaot, parce que les enfants d'Israël ont répudié ton alliance, renversé tes autels, fait périr tes prophètes par le glaive ; moi seul, je suis resté, et ils cherchent aussi à m'enlever la vie. » [11] La voix reprit : « Sors, et tiens-toi sur la montagne pour attendre le Seigneur ! » Et de fait, le Seigneur se manifesta. Devant lui un vent intense et violent, entrouvrant les monts et brisant les rochers, mais dans ce vent n'était point le Seigneur. Après le vent, une forte secousse ; le Seigneur n'y était pas encore. [12] Après la secousse, un feu ; le Seigneur n'était point dans le feu. Puis, après le feu, un doux et subtil murmure. [13] Aussitôt qu'Élie le perçut, il se couvrit le visage de son manteau et alla se placer à l'entrée de la caverne, et une voix lui arriva qui disait : « Que fais-tu là, Élie ? » [14] Il répondit : « J'ai fait éclater mon zèle pour toi, Seigneur, Dieu Tsébaot,

parce que les enfants d'Israël ont répudié ton alliance, renversé tes autels et fait périr tes prophètes par le glaive ; moi seul je suis resté, et ils cherchent aussi à m'enlever la vie. » 15 Le Seigneur lui dit : « Va, reprends ta route vers le désert de Damas. Arrivé là, tu sacreras Hazaël comme roi de Syrie ; 16 puis, Jéhu, fils de Nimchi, tu le sacreras roi d'Israël, et Élisée, fils de Chafat, d'Abel-Mehôla, tu l'oindras comme prophète pour te succéder. »

Élie vient de remporter l'ordalie du mont Carmel. Défiant les prêtres de Baâl, le feu du Ciel a consumé son sacrifice. Le peuple proclame : « L'Éternel (YHWH) est Dieu », et non Baâl. Profitant de cette ferveur religieuse de la foule, Élie fait emmener les quatre cents prêtres idolâtres et les exécute près du fleuve Kishon. En apprenant ce massacre, Jézabel menace de mort le prophète qui s'enfuit vers le mont Horeb, lieu de la première rencontre entre Moïse et Dieu. Le désert, les quarante jours de jeûne, la caverne, le feu, le bouleversement de la nature, tout cela évoque, délibérément, Moïse et la révélation du Sinaï.

Dieu pose deux fois la question « Que fais-tu là, Élie ? », avant et après ses manifestations, mais la réponse du prophète reste identique. Certains critiques ont pensé à une erreur de « copié-collé ». L'intention des scribes devait être plus subtile : malgré les phénomènes prodigieux, Élie n'abandonne pas son zèle religieux ni la violence qui lui est attachée.

Or, ici, Dieu n'est ni dans le vent violent, ni dans le séisme, ni dans le feu, mais dans « la voix d'un doux silence » (meilleure traduction que « doux et subtil murmure »). Ce verset marque la rupture avec la violence antérieure (Moïse, Josué, Élie). L'Éternel se désolidarise de ce zèle extrémiste. Dorénavant, il se trouve dans la voix d'un doux silence. Comme souvent, la Bible critique la Bible. Élie ne comprend pas la leçon, sauf à revenir à la fin des temps, transfiguré en héros de la paix (cf. Malachie). Et cette voix douce prépare Zacharie (chapitre 4, 6) : « Ni par la puissance, ni par la force, mais par Mon souffle, a dit l'Éternel Tsébaot. »

38. Isaïe, le visionnaire de la paix

Isaïe ou Ésaïe (*Yichayahou*, « Dieu sauve ») restera le grand prophète du monothéisme universel. Vivant dans le royaume de Juda au VIIIe siècle avant J.-C., il repense toute la foi d'Israël à partir de l'échec de la royauté, annonçant la destruction de Jérusalem autant que sa consolation future. Les critiques ont décelé trois rédacteurs (trois « Isaïe »), l'œuvre finale de cette école isaïenne étant composée après le décret de Cyrus – surnommé « Mon Messie » (chapitre 45, 1) –, qui autorisa le retour des Judéens à Jérusalem au ve siècle avant J.-C.

Isaïe développe différents thèmes : la moralisation du politique et du religieux, une vision eschatologique avec un roi idéal, le serviteur de Dieu qui souffre de la haine des peuples mais qui est réhabilité à la fin des temps, la réprimande et la consolation d'Israël. Du fait de ces thèmes eschatologiques et messianiques, on comprend que les premières communautés chrétiennes aient lu ces chapitres en lien avec le Jésus des Évangiles. Si la lecture chrétienne peut justifier son exégèse, tout à fait cohérente, elle n'épuise pas toute la lecture, et d'autres voix restent ouvertes du point de vue religieux et historique.

Isaïe 11, 1-13

**[1] Or, un rameau sortira de la souche de Jessé, un rejeton poussera
de ses racines. [2] Et sur lui reposera l'esprit du Seigneur : esprit
de sagesse et d'intelligence, esprit de conseil et de force, esprit
de science et de crainte de Dieu. [3] Animé ainsi de la crainte de
Dieu, il ne jugera point selon ce que ses yeux croiront voir, il ne
décidera pas selon ce que ses oreilles auront entendu. [4] Mais il
jugera les faibles avec justice, il rendra des arrêts équitables en
faveur des humbles du pays ; du sceptre de sa parole il frappera les
violents et du souffle de ses lèvres il fera mourir le méchant. [5] La
justice sera la ceinture de ses reins, et la loyauté l'écharpe de ses
flancs. [6] Alors le loup habitera avec la brebis, et le tigre reposera
avec le chevreau ; veau, lionceau et bélier vivront ensemble, et un
jeune enfant les conduira. [7] Génisse et ourse paîtront côte à côte,
ensemble s'ébattront leurs petits ; et le lion, comme le bœuf, se
nourrira de paille. [8] Le nourrisson jouera près du nid de la vipère,
et le nouveau sevré avancera la main dans le repaire de l'aspic.
[9] Plus de méfaits, plus de violences sur toute ma sainte montagne ;
car la terre sera pleine de la connaissance de Dieu, comme l'eau
abonde dans le lit des mers.**

**[10] En ce jour-là, il y aura un rejeton de Jessé, qui se dressera
comme la bannière des peuples. Les nations se tourneront vers
lui, et sa résidence sera entourée de gloire. [11] Et en ce jour-là, le**

Seigneur étendra une seconde fois la main pour reprendre possession du reste de son peuple, qui aura échappé à l'Assyrie, à l'Égypte, à Patros, à Kouch, à Élam, à Sennaar ; à Hamat et aux îles de la mer. [12] Il lèvera l'étendard vers les nations pour recueillir les exilés d'Israël et rassembler les débris épars de Juda des quatre coins de la terre. [13] Alors cessera la rivalité d'Éphraïm et les haineux dans Juda disparaîtront : Éphraïm ne jalousera plus Juda, et Juda ne sera plus hostile à Éphraïm.

Jessé est le père de David. Isaïe, ayant en mémoire les échecs de la royauté – la destruction du royaume du Nord en – 722, la corruption dans le royaume du Sud –, dessine ici les traits d'un roi idéal pour la tribu de Juda. Tout d'abord, ce roi ne pourra accomplir son rôle de gouvernant qu'à la condition d'être sept fois inspiré par Dieu, chaque « souffle/esprit » correspondant à une vertu particulière ; parmi elles, la « crainte de Dieu » qui, dans la Bible, signifie toujours le choix de la vie et du bien.

La première mission de ce roi idéal est de pratiquer une justice totale (qui « ceint ses reins ») rendant le droit à chacun, notamment aux plus faibles économiquement, qui ne peuvent se défendre. Ce roi juste répondra à la violence des violents par leur propre violence, supprimant les corrompus par le souffle de sa bouche, c'est-à-dire la vérité de son discours.

Pour Isaïe, le monde idéal ne peut se maintenir sans justice et sans crainte de Dieu, qui doivent s'exprimer même vis-à-vis de la nature. Les questions écologiques de notre temps donnent à ce chapitre une dimension éthique plutôt que magique. La nature sera pacifiée si l'homme pacifie sa relation avec elle, et d'abord avec lui-même ; c'est l'allégorie du loup et de la brebis.

L'autre mission de ce rejeton sera de révéler la sagesse de Dieu au milieu des nations et de ramener les exilés d'Israël des quatre coins de la Terre vers Jérusalem, capitale du monothéisme et d'un peuple d'Israël unifié, au cœur d'une humanité pacifiée.

39. Isaïe, le serviteur souffrant

Les chapitres 52 et 53 d'Isaïe présentent un personnage mystérieux appelé « Mon serviteur », que la tradition chrétienne nommera « le serviteur souffrant » et identifiera à Jésus. S'il existe d'autres textes présentant un personnage en souffrance, surtout dans les Psaumes, notre passage fut au cœur des débats et des disputes entre juifs et chrétiens au cours du Moyen Âge. En prenant la sérénité de la hauteur, surtout en ce temps de dialogue entre l'Église et la Synagogue, il est possible de maintenir les deux lectures, en introduisant quelques remarques exégétiques.

Isaïe 52, 13-15 et 53, 1-12

13 Voyez, mon serviteur prospère ; il s'élève, grandit, est placé très
haut. 14 Autant la multitude fut stupéfaite à son sujet, (car il était
défiguré au point de n'avoir plus rien d'humain ; son apparence
n'était plus celle des fils d'Adam !) 15 autant il fera accourir des
peuples nombreux, les rois se tiendront bouche close devant lui,
car ce qui ne leur a pas été conté, ils le verront, ils observeront
ce qu'ils n'avaient pas ouï dire.
1 Qui a ajouté foi à l'annonce qui nous a été faite ? Et à qui s'est
révélé le bras de Dieu ? 2 Il poussait devant lui, pareil à un faible
rejeton, à une racine plantée dans un sol brûlé. Il n'avait ni beauté,
ni éclat pour attirer nos regards, ni grâce pour nous le rendre
aimable. 3 Méprisé, repoussé des hommes, homme de douleurs,
expert en maladies, il était comme un objet dont on détourne le
visage, une chose vile dont nous ne tenions nul compte. 4 Et pour-
tant ce sont nos maladies dont il était chargé, nos souffrances
qu'il portait, alors que nous, nous le prenions pour un malheureux
atteint, frappé par Dieu, humilié. 5 Et c'est pour nos péchés qu'il
a été meurtri, par nos iniquités qu'il a été écrasé ; le châtiment,
gage de notre salut, pesait sur lui, et c'est sa blessure qui nous a
valu la guérison. 6 Nous étions tous comme des brebis errantes,
chacun se dirigeant de son côté, et Dieu a fait retomber sur lui
notre crime à tous. 7 Maltraité, injurié, il n'ouvrait pas la bouche ;
pareil à l'agneau qu'on mène à la boucherie, à la brebis silencieuse
devant ceux qui la tondent, il n'ouvrait pas la bouche. 8 Faute de
protection et de justice, il a été enlevé. Qui pourrait décrire sa
destinée ? Car il s'est vu retrancher du pays des vivants, les coups
qui le frappaient avaient pour cause les péchés des peuples. 9 On
a mis sa sépulture avec celle des impies, son tombeau avec celui
des [mauvais] riches, quoiqu'il n'eût fait aucun mal et qu'il n'y
eût jamais de fraude dans sa bouche. 10 Mais Dieu a résolu de le
briser, de l'accabler de maladies, voulant que, s'il s'offrait lui-
même comme sacrifice expiatoire, il vît une postérité destinée à
vivre de longs jours, et que l'œuvre de l'Éternel prospérât dans

sa main. [11] Délivré de l'affliction de son âme, il jouira à satiété du bonheur ; par sa sagesse le juste, mon serviteur, fera aimer la justice à un grand nombre et prendra la charge de leurs iniquités. [12] C'est pourquoi je lui donnerai son lot parmi les grands ; avec les puissants il partagera le butin, parce qu'il s'est livré lui-même à la mort et s'est laissé confondre avec les malfaiteurs, lui, qui n'a fait que porter le péché d'un grand nombre et qui a intercédé en faveur des coupables.

Ce texte est très difficile à traduire et à comprendre, aussi bien dans sa syntaxe que quand son sens profond. Nous proposons la traduction de la Bible du Rabbinat, mais la traduction grecque, la Septante, offre d'autres perspectives.

Ce double chapitre présente quatre personnages : Dieu, qui parle par la voix d'Isaïe, le Serviteur et les nations. Dans la logique du discours isaïen, le Serviteur désigne d'abord Jacob-Israël, le nom du troisième patriarche désignant l'ensemble de la nation judéenne. Ces deux chapitres s'inscrivent dans ceux dits de « consolation » qui annoncent le retour de l'exil de Babylone. Les supplices, les moqueries, les rejets subis par les Juifs restent gravés dans la mémoire de l'auteur, qui décrit des situations concrètes – comme le fait celui du Psaume 22. Les « nations », ici, seraient celles du Proche-Orient qui découvriront, étonnées, la restauration de la Judée après sa destruction.

Mais, à l'époque du second Temple, l'exégèse juive (et chrétienne à sa suite) appliqua ces versets au roi-messie. Dans la lecture juive, l'événement se déroule à la fin de l'Histoire (ce qui ressort du sens littéral), les nations désignant l'ensemble de l'humanité, sans distinction de peuples. Quant au Serviteur, il s'agirait du peuple d'Israël désigné symboliquement comme un seul homme et souffrant des haines de l'antijudaïsme puis de l'antisémitisme.

Reste le grand thème de la souffrance rédemptrice des péchés, thème que refuse globalement la foi d'Israël. Sans entrer dans un long développement, remarquons que ce sont les nations – et non Dieu ou le prophète – qui affirment que ce serviteur porte les maladies et les péchés afin de libérer leur conscience. Il s'agit là de la théorie du bouc émissaire qui fonctionne toujours au sein de tout groupe humain. Pour autant, le prophète veut donner un sens religieux à cette violence subie, dans la cohérence du monothéiste : celui qui souffre, quelle qu'en soit la cause, ne doit pas perdre foi en l'Éternel (cf. Job). Le juste souffrant est un pilier du monde, car il reste juste dans sa souffrance. Ce fut le thème du *Dernier des justes* d'André Schwartz-Bart ; et bien entendu, en fidélité au témoignage de l'Évangile, cette leçon peut s'appliquer à Jésus lui-même.

40. Jérémie, prier pour ses ennemis

Jérémie vécut la destruction de Jérusalem et de son Temple en – 586. Dans les *Lamentations*, que la Tradition lui attribue, il pleure le funeste destin de ses coreligionnaires auxquels il avait demandé d'accepter le joug de Babylone, mais en vain. Nabuchodonosor déporta la population judéenne dans sa capitale, mais Jérémie resta dans Jérusalem en ruine pour consoler les survivants. Il se soucia tout autant de ses frères et sœurs déportés et leur envoya une missive de recommandations et de bénédiction.

Jérémie 29, 1-7

1 Voici les termes de la lettre que le prophète Jérémie adressa de Jérusalem aux survivants parmi les Anciens de la captivité, aux prêtres, aux prophètes et à toute la population que Nabuchodonosor avait déportés de Jérusalem à Babylone, 2 après que le roi Jeconia, avec la reine mère et les chambellans, les princes de Juda et de Jérusalem ainsi que les forgerons et serruriers étaient sortis de Jérusalem. 3 Par l'intermédiaire d'Elassa, fils de Chafan, et de Ghemaria, fils de Hilkia, que Sédécias, roi de Juda, avait envoyés à Babylone, auprès de Nabuchodonosor, roi de Babylone, il leur mandait : 4 « Ainsi parle l'Éternel Tsébaot, Dieu d'Israël, à tous les exilés que j'ai déportés de Jérusalem à Babylone : 5 Bâtissez des maisons et habitez-les, plantez des jardins et mangez-en les fruits. 6 Épousez des femmes et mettez au monde fils et filles ; donnez des femmes à vos fils, des maris à vos filles, afin qu'elles aient des enfants. Multipliez-vous là-bas et ne diminuez pas en nombre. 7 Travaillez enfin à la prospérité de la ville où je vous ai relégués et implorez Dieu en sa faveur ; car sa prospérité est le gage de votre prospérité. »

Que dit Jérémie à ses compatriotes exilés ? Ce que Dieu avait dit à Adam et à Noé au Commencement : « Construisez l'Histoire. » Avant toute préoccupation spirituelle, l'homme doit s'occuper de sa vie matérielle, de sa subsistance pour lui, sa famille. Si la Torah met souvent en garde contre la richesse ou les plaisirs, ce n'est pas pour les supprimer, mais pour éviter leurs excès, les addictions qui aveuglent et enferment dans l'égoïsme. Une maison, un jardin potager ne sont pas condamnables pour eux-mêmes, tant que la crainte de Dieu reste présente au cœur, et que les actions s'accomplissent dans l'amour de Dieu et du prochain. Sur ce point, les rabbins usent de cette formule : « Pas de farine, pas de Torah ; pas de Torah, pas de farine. »

Se marier, construire une famille, élever des enfants pour assurer l'avenir, voilà des recommandations évidentes. Pourquoi Jérémie précise-t-il ces lapalissades ? Pour lutter contre le désespoir et contre la rancœur, voire la haine, si mauvaise conseillère.

Imaginons ces Judéens qui ont tout perdu, qui ont subi ou vu les pires horreurs – la barbarie humaine n'a pas changé – dont s'inspirera l'auteur du *Serviteur souffrant* (Isaïe 52 et 53). Ils se disent : « Pourquoi bâtir l'avenir ? Pourquoi rester "juif" ? » Jérémie n'exprime pas des évidences, il réveille l'âme comme tout bon prophète : « Aimez la vie, continuez la vie, gardez confiance et, un jour, Dieu vous ramènera sur la terre ancestrale. »

Faut-il au moins cultiver la rancœur, la haine de l'ennemi – ce que condamne le Code de sainteté en Lévitique 19 –, du destructeur de la Maison de Dieu ? Réponse sans ambages du prophète (Jérémie 5, 4-7), que l'on peut ainsi résumer : « Priez pour la paix de Babylone, priez pour vos ennemis d'hier, confiez à Dieu l'avenir : l'ennemi d'hier deviendra peut-être l'ami de demain, sinon Dieu retournera l'Histoire pour le triomphe du bien. »

41. Ézéchiel, un char et quatre visages

Contemporain de Jérémie, Ézéchiel appartient lui aussi à la lignée sacerdotale. Déporté à Babylone vingt ans avant la destruction de Jérusalem, il devint le prophète de l'exil. Il réorganisa la communauté juive en même temps qu'il donna ses grandes leçons religieuses en concluant par sa vision du nouveau Temple qui put effectivement être reconstruit au retour des exilés.

Son livre s'ouvre sur la vision merveilleuse du char divin (*merkava*) sur lequel trône l'Être suprême.

Ézéchiel 1, 2-20

2 Le cinq du mois, c'était la cinquième année après l'exil du roi
Joachin, 3 la Parole de l'Éternel fut adressée à Ézéchiel, fils de
Bouzi, le prêtre, au pays des Chaldéens, près du fleuve de Kébar ;
là, la main du Seigneur se posa sur lui. 4 Or, je vis soudain un vent
de tempête venant du Nord, un grand nuage et un feu tourbillon-
nant avec un rayonnement tout autour, et au centre, au centre du
feu, quelque chose comme le hachmal. 5 Et au milieu l'image de
quatre Haïot ; et voici leur aspect, elles avaient figure humaine.
6 Chacune avait quatre visages et chacune quatre ailes. 7 Leurs
pieds étaient des pieds droits ; la plante de leurs pieds était comme
celle d'un veau et ils étincelaient comme de l'airain poli. 8 Et des
mains d'hommes apparaissaient sous leurs ailes des quatre côtés ;
et les quatre avaient leurs visages et leurs ailes. 9 Joignant leurs
ailes l'une à l'autre, elles ne se retournaient pas dans leur marche,
chacune allait droit devant elle. 10 Quant à la forme de leurs visages,
elles avaient toutes quatre une face d'homme et à droite une face
de lion, toutes quatre une face de taureau à gauche et toutes quatre
une face d'aigle. 11 Et leurs faces et leurs ailes étaient éployées
vers le haut ; elles en avaient deux jointes ensemble, et deux recou-
vraient leur corps. 12 Chacune allait droit devant elle ; du côté où
l'esprit dirigeait leur marche, elles allaient, sans se détourner dans
leur vol. 13 Quant à l'aspect des Haïot, elles apparaissaient comme
des charbons en feu, incandescents, comme des flambeaux ; un feu
circulait entre les Haïot, et ce feu avait un rayonnement et du feu
sortaient des éclairs. 14 Et les Haïot allaient et venaient, tel l'éclair.
15 Et je regardai les Haïot, et voici qu'il y avait une roue à terre, près
des Haïot, vers leurs quatre faces. 16 L'aspect des roues et leur
structure ressemblaient au Tarchich ; toutes quatre avaient même
forme ; et pour leur aspect et leur structure, c'était comme si une
des roues était encastrée dans l'autre. 17 Elles allaient de leurs
quatre côtés, quand elles se mouvaient, sans se retourner dans
leur marche. 18 Leurs jantes étaient d'une hauteur redoutable et
toutes quatre avaient leurs jantes pleines d'yeux tout autour. 19 Et

quand les Haïot marchaient, les roues avançaient aussi avec elles, et quand les Haïot s'élevaient de terre, les roues s'élevaient aussi.
[20] Où l'esprit voulait aller, elles allaient, et les roues s'élevaient dans le même sens qu'elles, car l'esprit de la Haïa [sing. de Haïot] était dans les roues.

Ce texte incompréhensible nous fait penser à une expérience psychédélique. Il présente une rupture avec le contenu hautement rationnel des autres prophéties et autres expériences mystiques ; même la vision du buisson ardent de Moïse (Exode 3) reste audible.

Beaucoup de termes sont obscurs – *Haïot, Hachmal* ou *Tarchich* – et compliquent la compréhension. Les rabbins qui ont canonisé ce texte entre 130 et 135 y ont vu les secrets de la Providence divine : cette *merkava* symbolise l'action divine dans le monde à travers les forces métaphysiques (les différentes catégories d'anges) et physiques (le taureau, le lion, l'aigle et l'homme) de l'univers.

Cette *merkava* a inspiré les penseurs rationalistes (tel Maïmonide), les mystiques (comme les kabbalistes et l'auteur de l'Apocalypse), et la tradition chrétienne a vu, dans les quatre créatures, les quatre évangélistes.

42. Ézéchiel, chacun responsable devant Dieu

Ce chapitre d'Ézéchiel constitue un long développement sur la responsabilité individuelle. Personne n'hérite des fautes ou des mérites des parents, et personne ne transmet à sa postérité ses fautes ou ses mérites. Chaque femme, chaque homme, dès l'instant où la conscience morale commence à l'agiter, se trouve devant l'alternative de choisir entre le bien et le mal, la vie et la mort.

Ézéchiel 18, 1-11, 13-14, 17-24, 27-32
[1] La Parole de l'Éternel me fut adressée en ces termes : [2] « Qu'avez-vous à colporter le dicton suivant, sur la terre d'Israël : "Les pères ont mangé du verjus et les dents des enfants en sont agacées" ?
[3] Par ma vie, dit le Seigneur Dieu, vous ne devrez plus citer ce dicton en Israël ! [4] Oui, toutes les âmes sont à Moi ; l'âme du père comme l'âme du fils, elles sont à Moi : l'âme pécheresse seule mourra.

5 Un homme qui se montre vertueux, qui pratique la justice et la
vertu ; 6 qui ne mange pas sur les montagnes [lieu des cultes aux
idoles], et ne lève pas les yeux vers les idoles de la maison d'Israël ;
qui ne déshonore pas la femme de son prochain et ne s'approche
pas d'une femme indisposée ; 7 qui ne fraude personne, qui restitue
le gage de la dette, qui ne commet pas de vol ; qui donne son pain
à l'affamé et qui couvre d'un vêtement celui qui est nu ; 8 qui ne
prête pas à usure et n'accepte pas de surcroît ; qui écarte sa main
de l'iniquité et exerce une justice loyale entre les hommes, 9 qui
marche selon mes statuts et qui observe mes commandements
pour agir avec loyauté : celui-là est un juste, il vivra à coup sûr,
dit le Seigneur Dieu.
10 Que s'il engendre un fils violent, sanguinaire, et qui fasse à son
frère une de ces choses, 11 tandis que lui (son père) n'a rien fait
de tout cela ; [...] 13 il vivrait ? Il ne vivra pas, il a commis toutes
ces infamies, il mourra, son sang (sa responsabilité) sera sur lui.
14 Mais s'il a engendré un fils, lequel a vu tous les péchés que son
père a commis ; il les a vus et n'agit pas de même. [...] 17 Lui, il ne
mourra pas pour la faute de son père, mais il vivra. 18 Quant à son
père, qui a exercé des actes d'oppression, qui a volé son frère, et n'a
pas bien agi au milieu de son peuple, voici qu'il meurt pour sa faute.
19 Et vous dites : Pourquoi le fils n'a-t-il pas supporté la faute du
père ? C'est que le fils a pratiqué la justice et la vertu, il a observé
toutes Mes lois et les a pratiquées : il vivra. 20 C'est la personne
qui pèche qui mourra : le fils ne portera pas la faute du père, ni
le père la faute du fils ; la justice du juste est imputable au juste,
la méchanceté du méchant au méchant.
21 Mais si le méchant revient de toutes les fautes qu'il a commises, qu'il observe toutes Mes lois, qu'il pratique le droit et la
vertu, il vivra et ne mourra pas. 22 Aucun des péchés qu'il a commis
ne lui sera compté ; grâce à la justice qu'il a pratiquée, il vivra.
23 Est-ce que je souhaite la mort du méchant, dit le Seigneur Dieu,
ne préféré-je pas qu'il revienne de sa conduite et qu'il vive ? 24 Et
si le juste renonce à sa vertu et commet l'iniquité, et s'il fait des
abominations pareilles à celles qu'a faites le méchant, vivra-t-il ?
On ne lui tiendra compte d'aucune des vertus qu'il a pratiquées ;
pour l'infidélité qu'il a commise et les péchés qu'il a faits, il mourra.
[...] 27 Et si le méchant revient de sa méchanceté et qu'il pratique le
droit et la vertu, il sauvera sa vie. 28 Qu'il voie et revienne de tous
les péchés qu'il a commis : il vivra et ne mourra pas.

29 La maison d'Israël dit : "La voie de l'Éternel n'est pas régulière !"
Sont-ce mes voies qui ne sont pas régulières, maison d'Israël, ne
sont-ce pas les vôtres ? 30 C'est pourquoi je vous jugerai chacun
selon ses œuvres, maison d'Israël, dit le Seigneur Dieu ; revenez,
détachez-vous de tous vos péchés, pour qu'il n'y ait plus pour vous
d'occasion de faute. 31 Rejetez loin de vous tous les péchés que vous
avez commis, faites-vous un cœur nouveau et une âme nouvelle,
et pourquoi mourriez-vous, maison d'Israël ?
32 Car je ne désire pas la mort de qui meurt, dit le Seigneur Dieu,
revenez et vivez ! »

Deux idées reviennent sans cesse dans ce chapitre : la vie et la mort. Non pas la vie et la mort biologiques – celles-ci n'intéressent pas le prophétisme –, mais la vie morale et spirituelle. Les rabbins usent souvent de ce dicton : « Les Justes sont appelés vivants, même dans leur mort ; les méchants sont appelés morts, même dans leur vie. » Tout commence par un dicton vinicole – en français nous avons : « Les parents boivent, les enfants trinquent. »

Ézéchiel, qui se trouve avec les déportés de Babylone, veut répondre aux interrogations du peuple : nos parents ont commis des fautes d'infidélité envers Dieu, et nous nous retrouvons en exil. Les fautes seraient-elles *génétiquement* transmissibles ? Le prophète va balayer cette théorie par une démonstration en bonne et due forme : cas n° 1, cas n° 2, etc.

Postulat : les parents ne transmettent que les éléments corporels et physiologiques à leurs enfants ; quant à Dieu, il offre, en pure grâce, dans chaque nouveau corps, une âme nouvelle : « l'âme du père », distincte de « l'âme du fils ». S'ensuit la description du comportement du Juste au sens biblique : refus de l'idolâtrie, de l'adultère, du vol, de l'injustice ; au contraire, il nourrit l'affamé, habille le dénudé, il reste honnête en toutes circonstances, en suivant la voie de Dieu. Ce Juste vivra ; il participe déjà de la vie de Dieu. Mais voilà que son fils choisit un comportement diamétralement opposé : il devient méchant au sens biblique. Biologiquement, il est déclaré vivant, mais, spirituellement, il est mort. Il ne peut bénéficier de l'actif du père.

Mais voilà (encore !) que le fils de ce méchant décide d'agir comme le grand-père : il est proclamé Juste, aucun passif parental ne viendra souiller son âme.

Ézéchiel envisage, à la fin, deux cas de conversion : le Juste qui se convertit au mal, et le méchant qui se convertit au bien. Dans le premier cas, tout l'actif spirituel s'évapore, alors que dans le second cas, le (gros) passif disparaît par la grâce divine. Telle est, pour la Bible, la puissance du repentir sincère qui, comme le dira plus tard Jésus, « provoque la joie dans le Ciel ».

Pour conclure sur une note d'espérance, Ézéchiel fait résonner cette grande idée religieuse : Dieu ne veut jamais punir le méchant, il lui demande de revenir vers lui, pour qu'il vive. Amour de Dieu et responsabilité de l'homme cheminent toujours ensemble.

43. Osée, entre prostitution et fidélité

Avec Osée commence le prophétisme doctrinal qui fait écho aux derniers discours de Moïse. Il n'est plus question de conseillers de cour, comme Nathan pour David, ni de prophètes miraculeux, comme Élie et Élisée, mais d'orateurs égrenant les principes de l'éthique monothéiste. Osée vécut dans le royaume du Nord (ou royaume d'Israël) à l'époque où le culte du dieu Baâl s'amplifiait dans tout le pays. Du point de vue du monothéisme, cette idolâtrie traduisait une infidélité à Dieu comparable à l'infidélité d'une femme par rapport à son époux. Osée ne se contenta pas de dénoncer cette infidélité, il en fit l'expérience dans son propre couple.

Osée 1, 2-9

2 Lorsque l'Éternel commença à s'adresser à Osée, il lui dit : « Va, unis-toi à une femme prostituée, et [qu'elle te donne] des enfants de prostituée, car ce pays se prostitue vraiment en délaissant l'Éternel. » 3 Et il alla prendre Gomer, fille de Divlaïm : elle conçut et lui enfanta un fils. 4 Et le Seigneur lui dit : « Donne-lui le nom d'Izréel, ["Dieu ensemencera"] car encore un peu de temps et je ferai rendre compte à la maison de Jéhu du sang d'Izréel et je ferai cesser la royauté de la maison d'Israël. 5 En ce jour-là, je briserai l'arc d'Israël dans la vallée d'Izréel. » 6 Elle conçut encore et enfanta une fille. Et il lui dit : « Donne-lui le nom de Pas-Chérie –, car je ne continuerai pas à chérir la maison d'Israël, et je ne les supporterai plus ; 7 mais je chérirai la maison de Juda et je les sauverai comme Seigneur leur Dieu ; je ne les sauverai ni par l'arc

ni par l'épée ni par la guerre, ni par les chevaux ni par les cavaliers. » [8] Elle sevra Pas-Chérie, puis elle conçut et enfanta un fils. [9] Et il dit : « Donne-lui le nom de Pas-mon-peuple, car vous n'êtes pas mon peuple et moi "je ne suis pas" pour vous. »

Le mariage entre Osée, le prophète de Dieu, et Gomer, la vestale de Baâl, surprend. En fait, ce mariage symbolise la désunion entre Dieu et Israël. Depuis la Torah, on connaît le Dieu Créateur, puis Libérateur, celui qui pardonne la faute et qui se conduit tel un Père ; avec Osée, nous découvrons le Dieu époux, terriblement attaché à sa bien-aimée. Le Dieu époux est un Dieu jaloux, car passionnément amoureux. La douleur que ressent le tendre prophète en voyant Gomer retourner vers ses amants qui la payent en nourriture et en vêtements donne à voir métaphoriquement la douleur de Dieu devant l'infidélité de son peuple.

Dès lors, ce mariage bancal devient source de leçons pour Israël. Les noms des enfants du prophète rappellent à l'auditoire la rupture que cause l'idolâtrie. Imagine-t-on une mère appelant ses enfants au jardin : « *Non-aimée* et *Non-Mon-peuple*, on rentre à la maison ! » Mais la colère divine ne dure qu'un temps, alors que sa miséricorde se prolonge pour l'éternité. Aussi viendra le jour où *Non-aimée* deviendra *Bien-aimée*, et où *Non-Mon-peuple* deviendra *Mon-peuple*.

Osée appelle sans cesse au retour vers Dieu, à la conversion des cœurs (chapitre 14, 2) : « Reviens, Israël, vers l'Éternel ton Dieu, car Tu as trébuché dans ton iniquité » – texte lu le samedi qui précède Kippour. Au culte hypocrite des Israélites qui pensaient s'attirer les bonnes grâces du Ciel par quelques bêtes grasses, il oppose catégoriquement cette parole inspirée (chapitre 6, 6) : « Car Je désire la bonté et non les sacrifices, la connaissance de Dieu plus que les holocaustes », que Samuel et le psalmiste avaient déjà exprimée en leur temps. La leçon demeure actuelle.

44. Jonas, le prophète malgré lui

Le livre de Jonas se présente comme un conte à suspense. Le ton est ironique et le scénario, très visuel. Les faits se mêlent au surnaturel et nous nous trouvons sans cesse entre la réalité et le rêve. L'importance de ce livre réside dans son universalisme : Dieu veut sauver Ninive, capitale de l'Assyrie, ennemie jurée d'Israël, de sa destruction. Pour cela, il envoie son prophète Jonas pour les appeler au repentir. Malgré les réticences du prophète, sa mission est un succès.

JONAS 4, 1-11

**1 Jonas en conçut un grand déplaisir et se mit en colère. 2 Et il
adressa à l'Éternel cette prière : « Hélas ! Seigneur, n'est-ce pas
là ce que je disais étant encore dans mon pays ? Aussi m'étais-je
empressé de fuir à Tharsis. Car je savais que tu es un Dieu clé-
ment et miséricordieux, plein de longanimité et de bienveillance,
prompt à revenir sur les menaces. 3 Et maintenant, ô Éternel, de
grâce, ôte-moi la vie ; car la mort pour moi est préférable à la
vie. » 4 L'Éternel répondit : « Est-ce à bon droit que tu t'affliges ? »
5 Jonas, étant sorti de Ninive, s'était établi à l'orient de la ville ; là
il s'était dressé une cabane sous laquelle il s'était assis à l'ombre,
dans l'attente de ce qui se passerait dans la ville. 6 Or, le Seigneur
Dieu fit pousser un ricin qui s'éleva au-dessus de Jonas pour
ombrager sa tête et le consoler de sa douleur. Jonas ressentit
une grande joie au sujet du ricin. 7 Mais dès l'aube du lendemain,
ce même Dieu suscita un ver qui rongea le ricin, de sorte qu'il se
dessécha. 8 Puis, quand le soleil fut levé, Dieu fit souffler un vent
d'Est étouffant, et le soleil darda ses feux sur la tête de Jonas,
qui en fut accablé. Alors il se souhaita la mort à lui-même, et
il dit : « La mort vaudrait mieux pour moi que la vie. » 9 Et Dieu
dit à Jonas : « Est-ce à bon droit que tu te chagrines à cause de
ce ricin ? » Il répondit : « Je m'en chagrine à bon droit, au point
de désirer la mort. » 10 L'Éternel répliqua : « Quoi ! Tu as souci
de ce ricin qui ne t'a coûté aucune peine, que tu n'as point fait
pousser, qu'une nuit a vu naître, qu'une nuit a vu périr : 11 et moi
je n'épargnerais pas Ninive, cette grande ville, qui renferme plus
de douze myriades d'êtres humains, incapables de distinguer leur
main droite de leur main gauche, et un bétail considérable ! »**

Ce dernier chapitre révèle la cause de la fuite de Jonas devant l'Éternel, non expliquée précédemment. Cette fuite elle-même souligne le fait que Dieu n'écrase pas l'homme de sa sainte présence. Dieu est le maître de l'Histoire, mais sa créature n'est pas une marionnette. Dans ce récit, il domine la nature : les eaux, le vent, le « gros poisson » que l'imagerie populaire a transformé en baleine, le ricin... Mais il ne contrôle pas les cœurs. Nous pensons à l'une des dernières paroles de Moïse, au nom de Dieu (Deutéronome 30, 19) : « Je place devant toi la vie et la mort, et tu choisiras la vie. »

Jonas ne veut pas aller à Ninive car il incarne, comme Élie, le rigorisme du monothéisme : il espère que Dieu exercera ses jugements contre les pécheurs. Mais ici, Dieu se situe totalement du côté de la miséricorde. Ironie du récit, Jonas convertit les païens à l'Éternel : les marins deviennent des monothéismes fervents et à Ninive, le peuple, le roi, ses ministres, et même les animaux reviennent à l'éthique du Dieu Un. Qui reste-t-il à convertir ? Jonas ! qui, grâce à la parabole du ricin, doit passer de l'intolérance à l'altruisme.

Dieu justifie les égarements des Ninivites, sorte de « délinquants » : « Ils ne savent pas distinguer leur main droite de leur main gauche. » Jésus dira plus simplement : « Ils ne savent pas ce qu'ils font. » Éduquer au bien en étant compatissant et patient, tout en luttant contre les injustices, voilà le défi du croyant.

Le récit de Jonas se présente comme un contre-récit de celui de Noé. Jonas se retrouvera, un temps, sous l'eau, alors que l'humanité et les animaux seront sauvés. On peut dire que le livre de Jonas constitue une « Bonne Nouvelle » au cœur de la Bible hébraïque.

45. Michée, trois vertus pour faire un homme

Contemporain d'Isaïe, Michée (« Qui est comme Dieu ») annonce en termes très durs la destruction de Jérusalem du fait de la corruption du peuple. Au début du chapitre 2, il dénonce la préméditation des fautes et des crimes : « Malheur à ceux qui méditent l'iniquité et préparent le mal sur leurs couches, pour l'accomplir dès la pointe du jour autant que cela est en leur pouvoir ! Ils convoitent des champs et les volent, des maisons et s'en emparent. Ils usent de violence envers les hommes et leurs demeures, envers les propriétaires et leurs domaines. »

Mais après les paroles de malheur, Michée mentionne le temps du pardon, de la restauration du pays, et l'avenir glorieux du « reste de Jacob », dans une paix universelle.

Michée 6, 1-8
1 Écoutez donc ce que dit le Seigneur : « Lève-toi, plaide [ma
cause] devant les montagnes, que les collines entendent ta
voix ! » 2 Montagnes, écoutez le litige du Seigneur, et vous géants,
fondements de la terre ! Car l'Éternel est en procès avec son
peuple, il est en discussion avec Israël : 3 « Ô mon peuple !
Que t'ai-je fait ? Comment te suis-je devenu à charge ? Expose
[tes griefs] contre Moi. 4 Est-ce parce que je t'ai tiré du pays
d'Égypte et délivré de la maison d'esclavage ? Parce que je t'ai
donné pour guides Moïse, Aaron et Miriam ? 5 Ô mon peuple !
Rappelle-toi seulement ce que méditait Balak, roi de Moab, et ce
que lui répondit Balaam, fils de Béor ; de Chittîm à Gilgal, tu as
pu connaître les bontés de l'Éternel ! » 6 « Mais quel hommage
offrirai-je au Seigneur ? Comment montrerai-je ma soumission
au Dieu suprême ? Me présenterai-je devant lui avec des holo-
caustes, avec des veaux âgés d'un an ? 7 Le Seigneur prendra-t-il
plaisir à des hécatombes de béliers, à des torrents d'huile par
myriades ? Donnerai-je mon premier-né pour ma faute, le fruit de
mes entrailles comme rançon expiatoire de ma vie ? » 8 Homme,
on t'a dit ce qui est bien, ce que le Seigneur demande de toi :
rien que de pratiquer la justice, d'aimer la bonté et de marcher
humblement avec ton Dieu !

Dieu, par la bouche de Michée, prend à témoin le Ciel et la Terre, tels Moïse (Deutéronome 32, 1) et Isaïe (chapitre 1, 2). La Tradition justifie ce choix par le fait de leur permanence, ils peuvent donc être convoqués en tout temps. L'accusation divine ne porte nulle colère, mais la supplication. Dieu s'adresse bien à « [s]on peuple » et lui demande les raisons de son éloignement. Tout se passe comme si Dieu disait : « Aime-moi », et pour justifier cet amour, le voici évoquant tous ses bienfaits depuis la sortie d'Égypte jusqu'à l'entrée en Terre promise (Exode et Nombres).

Certes, le peuple pratique le culte du Temple, il est « religieux » dirait-on aujourd'hui puisque le mot n'existe pas dans la Bible. Le prophète utilise avec ironie l'image parabolique des « hécatombes de béliers » et des « torrents d'huile ». Mais le prophétisme, comme nous l'avons dit en introduction, consiste en une critique du religieux et de l'institution religieuse au nom d'une morale supérieure.

La fin de notre extrait caractérise cet homme moral, ce serviteur exemplaire devant Dieu, par trois vertus : la pratique de la justice, l'amour de la bonté et l'humilité. Telles sont les qualités éthiques, religieuses et citoyennes exigées non seulement pour chaque membre d'Israël, mais pour tout « homme ».

46. Habacuc, la foi du juste

Le livre d'Habacuc rappelle les questions posées par Moïse et Job. Car le prophète ne s'adresse pas seulement au peuple, mais aussi à Dieu ; appel poignant du Juste souffrant devant l'iniquité, souffrance du prophète lui-même. Le préambule à ces trois chapitres donne le ton : « Jusques à quand, ô Seigneur, T'implorerai-je sans que Tu entendes mon appel ? Crierai-je vers Toi : violence ! Sans que Tu prêtes secours ? Pourquoi me laisses-Tu voir l'iniquité et restes-Tu témoin de l'injustice ? » Le chapitre 2 donne la réponse divine.

Habacuc 2, 1-14

1 Je veux me tenir à mon poste d'observation, je veux me placer
sur le fort [du guetteur] pour regarder [au loin] et voir ce que Dieu
me dira et ce que je pourrai répliquer au sujet de ma récrimina-
tion. 2 Le Seigneur me répondit et dit : « Mets par écrit la vision,
grave-la distinctement sur les tablettes, afin qu'on puisse la lire
couramment. 3 Car encore que cette vision ne doive s'accomplir
qu'au temps fixé, elle se hâte vers son terme, et elle ne mentira
pas ; si elle diffère, attends-la avec confiance, car certes elle se
réalisera sans trop tarder. 4 Vois ! Elle est enflée d'orgueil, son
âme ; elle n'a aucune droiture, mais le juste vivra par sa ferme
loyauté ! 5 En vérité, comme le vin est perfide, ainsi l'homme
arrogant qui ne demeure point en repos ; qui ouvre une bouche
large comme le Cheol et, comme la mort, n'est jamais rassasié.
Autour de lui, il agglomère tous les peuples, il rassemble toutes
les nations. 6 Eh bien ! Ceux-ci, tous ensemble, ne feront-ils pas
des satires contre lui, des épigrammes et des énigmes piquantes
à son adresse ? On dira : Malheur à qui accapare le bien d'autrui !
(Jusques à quand ?) Malheur à qui accumule sur sa tête le poids
de gages usuraires ! 7 Ah ! Ne se lèveront-ils pas soudain, tes
créanciers ! Ne se réveilleront-ils pas, tes bourreaux ? À ton tour,
tu seras leur proie ! 8 Car de même que tu as dépouillé, toi, des

peuples nombreux, toutes les autres nations te dépouilleront à cause du sang humain [que tu as versé], des cruautés qu'ont subies les pays, les cités et ceux qui les habitent. [9] Malheur à qui amasse pour sa maison un bien mal acquis, et rêve d'établir son nid sur les hauteurs, pour échapper aux coups de l'adversité ! [10] Tu as décrété la honte de ta maison ! En fauchant des peuples nombreux, tu t'es condamné toi-même. [11] Oui, la pierre dans le mur crie [contre toi], et le chevron, dans la charpente, lui donne la réplique. [12] Malheur à qui bâtit une ville avec le sang, et fonde une cité sur l'iniquité ! [13] Ah ! Voici, cela émane de l'Éternel Tsébaot : que les peuples travaillent pour le feu et les nations s'exténuent au profit du néant ! [14] Car la terre sera pleine de la connaissance de la gloire de Dieu, comme l'eau abonde dans le lit des mers. »

Le silence de Dieu ne signifie pas une indifférence à ses créatures. Pour que les choses soient claires, le prophète devra graver la leçon sur un écriteau consultable par tous. Souvent les prophètes usent de stratagèmes visuels pour éveiller l'attention de leurs contemporains : Osée et la prostituée (chapitre 1, 2), Isaïe dénudé (chapitre 20, 2), Jérémie et son joug (chapitre 27, 2), Ézéchiel couché sur son côté (chapitre 4, 4), etc.

Une fois de plus, Dieu ne répond pas à la question de la souffrance et de l'iniquité, mais il pointe du doigt la cause de tous les malheurs : l'orgueil, qui dévore tout sur son passage. L'homme ne peut servir deux maîtres, Dieu et son ego.

L'orgueilleux en effet ne connaît pas de limite à sa manducation du monde. Qu'il soit citoyen d'Israël ou roi de Babylone, il finira par payer cher sa démesure. Face à l'orgueilleux, le Juste vit dans la fidélité à Dieu, en suivant ses préceptes et en marchant humblement devant lui (on retrouve Michée). En physique comme en métaphysique, toute action entraîne sa réaction, le mal engendre le mal, et le bien engendre le bien. Plus tard, les maîtres du Talmud, et Jésus, le diront dans de belles formulations.

Dieu demande la patience de la foi, ainsi l'espérance reste entière – optimisme biblique : un jour la Terre sera emplie de la connaissance de Dieu, telles les eaux de la mer, et l'ignorance et la bêtise, qui engendrent tant de maux, n'auront plus leur place.

47. Malachie, réconcilier les générations

Le dernier des prophètes entré dans le canon biblique se nomme Malachie : « Mon envoyé ». Est-ce un surnom ? Il vécut au temps de la restauration du second Temple et constata de nombreuses failles dans le comportement de ses contemporains judéens. Au premier rang d'entre elles, le manque de zèle de la tribu de Lévi, et particulièrement des prêtres descendant d'Aaron en comparaison de leur ancêtre.

Jamais un si bel éloge ne fut formulé sur le grand frère de Moïse, totalement affranchi de la faute du Veau d'or : « Un enseignement (*torah*) de vérité se trouvait sur ses lèvres, marchant avec Moi [Dieu] en paix et en droiture, et beaucoup par lui sont revenus du péché. » Au contraire, les lévites du temps de Malachie négligent le culte authentique et montrent le mauvais exemple.

L'autre dénonciation concerne la répudiation, le divorce n'existant pas dans la Torah. Certes, la loi mosaïque la mentionne, mais comme un pis-aller, et Malachie aurait rejoint Jésus soulignant la dureté du cœur de l'époux. Pour notre prophète, tout divorce fait pleurer l'autel de Dieu (2, 13-16).

Malachie 3, 16-24

16 Cependant les adorateurs de l'Éternel s'exhortèrent mutuelle-
ment ; l'Éternel écouta et entendit, et un registre de souvenir [le
symbolique Livre de la vie, ouvert devant Dieu] fut dressé devant
lui en faveur de ceux qui craignent l'Éternel et qui respectent son
nom. 17 Ceux-là seront un trésor pour moi, dit l'Éternel Tsébaot, au
jour que je prépare ; je les protégerai comme un père protège son
fils qui lui est soumis. 18 De nouveau alors vous verrez la différence
du juste au méchant, du serviteur de Dieu à celui qui ne l'aura pas
servi. 19 Car le voici venir ce jour, brûlant comme une fournaise ;
impies et ouvriers d'iniquité seront tous comme du chaume, et ce
jour qui vient va les consumer, dit l'Éternel Tsébaot, il n'épargnera
d'eux ni racine ni rameau. 20 Mais pour vous qui révérez mon nom,
se lèvera le soleil d'équité, portant le salut dans ses rayons ; et vous
paraîtrez, et vous vous ébattrez comme de jeunes taureaux sortant
de l'étable. 21 Et vous foulerez les méchants qui se réduiront en pous-
sière sous la plante de vos pieds au jour que je prépare, dit l'Éternel
Tsébaot. 22 Souvenez-vous de la Loi de Moïse, mon serviteur, à qui

j'ai signifié, sur le Horeb, des statuts et des ordonnances pour tout Israël. [23] Or, je vous enverrai Élie, le prophète, avant qu'arrive le jour de l'Éternel, jour grand et redoutable ! [24] Lui ramènera le cœur des pères à leurs enfants, et le cœur des enfants à leurs pères, de peur que je n'intervienne et ne frappe ce pays d'anathème.

Le troisième et dernier chapitre de Malachie présente plusieurs thèmes. D'abord le double mouvement de retour entre Israël et Dieu : « Revenez vers Moi et Je reviendrai vers vous. » Le prophète énonce le principe métaphysique de l'action et de la réaction. L'homme éloigne ou rapproche Dieu de son monde. Un *midrach* enseigne que les fautes successives, d'Adam et Ève jusqu'à la génération de Babel, firent monter la Présence divine dans les hauteurs, mais qu'à partir de l'action des Justes, d'Abraham à Moïse, elle redescendit sur Terre.

Les maîtres de la canonisation voulurent conclure le livre des Prophètes par les mots de notre extrait : « Souvenez-vous de la Torah de Moïse. » Incontestablement, malgré ses infidélités et ses tourments, au milieu des joies et des haines, Israël a maintenu son lien indéfectible à la Torah de Moïse, au point que même des laïcs dans des universités israéliennes prolongent cet attachement.

Il fallait une note d'espérance : elle s'exprime dans la « parousie » du prophète Élie. Lui qui fut le prophète de l'intransigeance, le défendeur inlassable et impitoyable du monothéisme, et accusa Israël d'avoir abandonné l'Alliance, ce même Élie reviendra métamorphosé, en prophète doux, bienveillant et réconciliateur. « Il ramènera le cœur des pères vers les fils et le cœur des fils vers les pères. » Un autre retour donc, mais cette fois-ci dans le but de réconcilier les générations, le monde d'hier et le monde de demain.

Pourquoi ne pas entendre la réconciliation entre juifs, chrétiens, musulmans et bahaïs, qui se revendiquent tous du Dieu d'Élie ? Chaque fois que le dialogue interreligieux avance, Élie se trouve quelque part dans la salle.

Les Écrits / *Kétouvim*

Le livre des Écrits (*Kétouvim*) ne suit plus la chronologie historique, mais présente des textes qui parlent à la foi des croyants ; parmi eux, notamment, le livre des Psaumes, la première liturgie d'Israël ; les livres de sagesse (l'Ecclésiaste, les Proverbes, Job, etc.) ; les récits de l'héroïsme religieux (Ruth, Esther, etc.) ; et le livre de l'Apocalypse (Daniel). Cette troisième partie s'achève par le livre des Chroniques qui retrace, à grands traits, la mémoire d'Israël, depuis Adam jusqu'au retour de l'exil de Babylone.

48. Bienheureux le Juste

Le livre des Psaumes (*Téhélim*, Louanges) constitue le livre de prière des Hébreux. À l'origine, la récitation de ces psaumes accompagnait le culte sacrificiel du Temple de Jérusalem ; par la suite, juifs et chrétiens y puiseront la substance de leur liturgie ainsi que les grands principes de la foi.

Ce livre de cent cinquante poèmes en prose, comprenant chacun entre deux et cent soixante-seize versets, révèle les états d'âme du croyant monothéiste, ses peines et ses joies, ses révoltes et ses certitudes, sa mémoire et ses espérances. Il n'est pas faux d'y voir un livre de psychologie religieuse. La majorité des Psaumes sont attribués au roi David, mais des lévites du Temple leur donnèrent leur forme définitive.

Psaume 1, 1-6

**1 Heureux l'homme qui ne suit point les conseils des méchants, qui
ne se tient pas dans la voie des pécheurs, et ne prend point place
dans la société des railleurs, 2 mais qui trouve son plaisir dans la
Loi [Torah] de l'Éternel, et médite cette Loi jour et nuit ! 3 Il sera
comme un arbre planté auprès des cours d'eau, qui donne ses
fruits en leur saison, et dont les feuilles ne se flétrissent point : tout
ce qu'il fera réussira. 4 Tels ne sont pas les méchants, mais plutôt
comme le chaume que pourchasse le vent. 5 Aussi les méchants
n'ont-ils pas le dessus dans le jugement, ni les pécheurs dans
l'assemblée des justes. 6 Car l'Éternel protège la voie des justes,
mais la voie des méchants conduit à la ruine.**

La Bible, et le livre des Psaumes en particulier, ne connaît pas les nuances psychologiques de l'éducateur et du thérapeute modernes. Ici, le monde se divise entre les Justes et les méchants. Les premiers accomplissent la volonté de Dieu sur Terre en bonifiant cette dernière sur le plan moral et spirituel, les méchants la détruisent.

Le psautier s'ouvre sur une béatitude concernant « l'homme », le Juste, le héros de la Bible. En usant du singulier, l'auteur met en exergue cette bravoure individuelle qui fait triompher le bien contre le mal. Les méchants, au pluriel, se laissent guider par leur instinct sans choisir le Code de sainteté.

La traduction du Rabbinat élude les trois verbes du premier verset : marcher, se tenir debout et s'asseoir. Celui qui marche avec le méchant finira par s'arrêter puis par s'asseoir avec lui. Certes, le Juste pourrait influencer le méchant pour le conduire au repentir, mais le psalmiste préfère garder ses distances.

Le serviteur de Dieu ne court pas après le bonheur, mais ce bonheur découle d'une adéquation totale entre sa volonté et celle de Dieu. Et où s'exprime cette volonté divine ? Dans la Torah et, au sens large, dans la Parole prophétique, à méditer sans cesse.

L'auteur utilise l'allégorie de l'arbre fruitier et du chaume pour désigner le Juste et les méchants. L'arbre fruitier représente le végétal le plus abouti ; de même, le Juste au sein de l'humanité. Le Juste s'enracine dans le terreau de la tradition et donne de bons fruits, les bonnes actions, les enfants ou les disciples. Les méchants, déracinés, subissent les effets du vent, symbole des modes qui font et défont les opinions.

Le Psaume se termine par l'affirmation de la foi hébraïque : la voie juste mène à Dieu, celle des méchants à leur autodestruction ; une leçon connue depuis la génération du Déluge.

49. Après la faute, le pardon

Certains psaumes décrivent une situation, d'autres présentent une conception de la foi mais, le plus souvent, le poète s'adresse à Dieu, dans un tutoiement de respect et d'amour, le vouvoiement n'existant pas en hébreu. C'est le cas notamment du Psaume 51, surnommé « Psaume du repentir », récité dans la liturgie juive le jour du Kippour (« Expiation »). Son titre (versets 1 et 2) donne d'emblée la référence de l'épisode : la tentation de David face à Bethsabée (2 Samuel 11 et 12).

Le roi séduit la belle Bethsabée qui partage sa couche et tombe enceinte. Pour se débarrasser du mari, Uri le Hittite, David le missionne en première ligne d'une bataille au cours de laquelle il mourra. L'Éternel envoie alors le prophète Nathan pour dénoncer cette triple faute de convoitise, d'adultère et de meurtre, trois interdits du Décalogue. David s'humiliera devant Dieu et obtiendra son pardon. Ce psaume constitue sa confession.

PSAUME 51, 1-19

1 Au chef des chantres. Psaume de David 2 lorsque le prophète
Nathan fut venu le trouver, à la suite de ses relations avec
Bethsabée. 3 Prends-moi en pitié, ô Dieu, dans la mesure de ta
bonté ; selon la grandeur de ta clémence, efface mes fautes. 4 Lave-
moi à grandes eaux de mon iniquité, purifie-moi de mon péché.
5 Car je reconnais mes fautes, et mon péché est sans cesse sous
mes regards. 6 Contre toi seul j'ai failli, j'ai fait ce qui est mal à
tes yeux ; ainsi tu serais équitable dans ton arrêt, tu aurais le droit
pour toi en me condamnant. 7 Mais, en vérité, j'ai été enfanté dans
l'iniquité, et c'est dans le péché que ma mère m'a conçu.
8 Or, toi tu exiges la vérité dans le secret des cœurs, dans mon for
intime tu m'enseignes la sagesse. 9 Puisses-tu me purifier avec
l'hysope, pour que je sois pur ! Puisses-tu me laver, pour que je
sois plus blanc que neige ! 10 Puisses-tu me faire entendre des
accents d'allégresse et de joie, afin que ces membres que tu as
broyés retrouvent leur joyeux entrain ! 11 Détourne ton visage de
mes péchés, efface toutes mes iniquités. 12 Ô Dieu, crée en moi un
cœur pur, et fais renaître dans mon sein un esprit droit. 13 Ne me
rejette pas de devant ta face, ne me retire pas ta sainte inspiration.
14 Rends-moi la pleine joie de ton secours, et soutiens-moi avec
ton esprit magnanime.
15 Je voudrais enseigner tes voies aux pécheurs, afin que les cou-
pables reviennent à toi. 16 Préserve-moi, ô Dieu, Dieu de mon salut,
d'un arrêt sanglant : ma langue célébrera ton équité. 17 Seigneur,
puisses-tu m'ouvrir les lèvres, pour que ma bouche proclame tes
louanges ! 18 Car tu ne souhaites pas de sacrifices, je les offrirais
volontiers tu ne prends point plaisir aux holocaustes : 19 les sacri-
fices [agréables] à Dieu, c'est un esprit contrit ; un cœur brisé et
abattu, ô Dieu, tu ne le dédaignes point.

Après les versets introductifs, le psaume se divise en trois parties : la confession (le passé), la demande de pardon (présent), l'engagement d'enseigner le repentir (futur). Le poète se réfère à deux attributs divins : la justice et la miséricorde. Si Dieu devait appliquer la stricte justice, c'en serait fini de David ; aussi évoque-t-il les miséricordes du Ciel. En hébreu, « miséricordes » (*ra'hamim*) s'écrit toujours au pluriel pour souligner le débordement d'amour de Dieu, et évoque l'utérus de la femme (*rê'hem*). La miséricorde traduit le sentiment matriciel.

Tout ce vocabulaire de bonté, de générosité, de miséricorde renvoie au chapitre 34 de l'Exode quand, après la faute du Veau d'or, l'Éternel se révèle à Moïse en Dieu qui pardonne.

L'un des thèmes développés ici concerne la vertu d'humilité : « Le cœur contrit vaut plus qu'un sacrifice », car le sacrifice animal peut exprimer une gestuelle mécanique, alors que la prière du cœur appelle une vraie transformation de son animalité.

50. La joie de Jérusalem

Jérusalem est mentionnée six cent soixante-douze fois dans la Bible et Sion, son synonyme qui donna *sionisme*, cent cinquante-sept fois. On ne peut présenter la Bible sans mentionner la capitale de David et la ville de Salomon. Selon une tradition rapportée par Rachi, la poussière que Dieu prit pour façonner Adam venait de Jérusalem, une manière de souligner la dimension universelle de la ville. Son nom hébraïque contracte deux mots : *Yirou*, « Crainte », celle révérencielle de Dieu, et *Chamayim* (de *Chalom*) qui signifie « double Paix ». Ce doublon fait dire aux rabbins qu'il existe deux Jérusalem, celle d'en haut, idéale, spirituelle, et celle d'en bas, historique, terrestre.

Psaume 122, 1-9

**1 Cantique des degrés. De David. Je suis dans la joie quand on
me dit : « Nous irons dans la maison de l'Éternel. » 2 Nos pieds
s'arrêtent dans tes portiques, ô Jérusalem, 3 Jérusalem qui es
bâtie comme une ville d'une harmonieuse unité ! 4 Car c'est là que
montent les tribus, les tribus de l'Éternel, selon la charte d'Israël,
pour célébrer le nom du Seigneur. 5 Car c'est là que sont établis les
sièges de la justice, les sièges pour la famille de David. 6 Présentez
vos saluts de paix à Jérusalem : « Qu'ils soient heureux ceux qui
t'aiment ! » 7 Que la paix règne dans tes murs, la sécurité dans tes
palais ! 8 Pour mes frères et mes amis, je t'offre tous mes vœux
de bonheur. 9 Pour l'amour de la maison de l'Éternel, notre Dieu,
je te souhaite pleine prospérité.**

Les Psaumes 120 à 135 commencent par la formule « Cantique des montées », ou « Cantique des degrés », en référence aux trois fêtes de pèlerinage (Pâque, Pentecôte et Cabanes), quand les douze tribus *montaient* à Jérusalem. Ici, l'auteur, sans doute un pèlerin, en s'approchant de la ville, rencontre d'autres groupes, et ces retrouvailles lui procurent une grande joie.

Aux portes de la ville, le pèlerin s'arrête respectueusement pour humer l'air comme s'il voulait respirer la présence divine. L'esthétique harmonieuse de la ville, et surtout celle du temple de Salomon, éveille sa vénération pour Dieu. En plus d'être le lieu du culte de l'Éternel, le Temple contient la salle de justice où le roi siège pour résoudre des différends, et également la salle du conseil des Anciens et des Sages.

Dieu bénit le monde à travers Jérusalem, « le nombril du monde » (Ézéchiel 38, 12), et le psalmiste bénit Jérusalem pour la paix de ceux qui l'aiment. Nous avons mentionné la Jérusalem céleste et celle terrestre. La paix de ceux qui l'aiment pourrait s'entendre aujourd'hui comme la réconciliation entre juifs, chrétiens et musulmans, quand Jérusalem ne sera plus lieu de discorde doctrinale, mais lieu de paix, c'est-à-dire d'harmonie des différences.

51. Deviens un homme, mon fils !

La traduction française de *Michlé* par « Proverbes » en limite le sens. Le singulier *machal* signifie en effet parabole, aphorisme, maxime, sentence ou fable. Ce type d'enseignement désigné par ce terme deviendra une des formes privilégiées de l'enseignement des rabbis, et aussi de Jésus. *Machal* peut même désigner l'oracle, ce qui montre bien le lien existant entre l'éthique et le prophétique. Le livre des Proverbes constitue le premier de la trilogie attribuée à Salomon, le « roi sage », fils de David, le « roi lyre ».

Ici, un père s'adresse à son fils adolescent – notre sensibilité moderne ajouterait la mère et la fille –, et lui donne des conseils pour réussir sa vie afin qu'au soir de son existence il puisse se dire : « J'en ai fait une offrande à Dieu. » Le fondement de cet enseignement s'exprime par la crainte révérencielle de Dieu définie comme étant le commencement de la Sagesse (Proverbes 9, 10). Cette crainte retient de faire le mal et pousse à faire le bien.

Reprenant le thème du psautier, le sage qui se laisse instruire, éduquer, voire corriger (étymologie de *moussar*, « éthique ») s'oppose à l'insensé qui ne veut entendre que les appels de ses désirs passionnés. La Sagesse hébraïque, à la différence de la sagesse philosophique, ne veut pas s'émanciper de la transcendance, mais cherche les voies justes, harmonieuses et rationnelles pour aider l'homme à s'accomplir pleinement devant son Créateur.

Proverbes 4, 1-27

1 Écoutez, enfants, la morale d'un père ; soyez attentifs, pour faire
connaissance avec la raison ! 2 Car je vous donne d'utiles leçons :
n'abandonnez pas mon enseignement. 3 Lorsque j'étais, moi aussi,
un enfant au regard de mon père, un fils tendrement et unique-
ment aimé par ma mère, 4 il m'instruisait en me disant : « Que
ton cœur s'attache à mes paroles ; garde mes préceptes et tu
vivras ! » 5 Acquiers de la sagesse, acquiers de la raison ; n'oublie
pas, ne délaisse pas les paroles de ma bouche. 6 Ne l'abandonne
pas, la sagesse, et elle te gardera ; aime-la et elle te protégera.
7 Le principe de la sagesse, c'est d'acquérir la sagesse ; au prix
de tous tes biens, rends-toi possesseur de la raison. 8 Exalte-la, et
elle t'élèvera ; elle te vaudra de l'honneur, si tu t'attaches à elle.
9 Elle posera sur ta tête un diadème de grâce, elle te ceindra d'une
couronne de gloire. 10 Écoute, mon fils, accueille mes paroles, et
nombreuses seront les années de ta vie. 11 Je t'enseigne le chemin
de la sagesse, je te dirige dans les sentiers de la droiture. 12 Aussi
quand tu marcheras, ne te sentiras-tu pas à l'étroit, et si tu cours,
ne buteras-tu point. 13 Tiens-toi fermement à la morale sans jamais
faiblir, sois-lui fidèle, car elle est ta vie. 14 N'entre pas dans la
voie des impies ; ne foule pas le chemin des méchants. 15 Évite-le,
ne t'y aventure pas ; détourne-toi et passe outre. 16 Car ceux-là
ne peuvent dormir qu'ils n'aient fait du mal ; le sommeil les fuit,
s'ils n'ont causé quelque chute. 17 Il faut qu'ils mangent le pain de
l'iniquité, qu'ils boivent le vin de l'injustice. 18 Tandis que la voie
des justes est comme la lumière du matin, dont l'éclat va croissant
jusqu'en plein jour, 19 le chemin des pervers est sombre comme
les ténèbres ; ils ne savent pas ce qui les fait trébucher. 20 Mon
fils, sois, attentif à mes paroles, incline l'oreille à mes discours.
21 Qu'ils ne s'écartent pas de tes yeux, conserve-les au fond de ton
cœur. 22 Car ils sont un gage de vie pour qui les accueille, un gage
de santé pour tout le corps. 23 Plus que tout trésor garde ton cœur,
car de là jaillissent des flots de vie. 24 Écarte de ta bouche toute
parole tortueuse, éloigne de tes lèvres tout langage pervers. 25 Que

tes yeux regardent bien en face, que tes paupières s'ouvrent droit devant toi. [26] Aplanis avec soin le sentier que foule ton pied, pour pouvoir cheminer en sûreté. [27] Ne dévie ni à droite ni à gauche ; éloigne tes pas du mal.

Ici, le père offre des conseils de prudence exactement comme lui-même a reçu l'enseignement de son père. Selon le Talmud, les parents sont tenus à trois devoirs envers leur progéniture : leur apprendre la Torah (qui inclut les sciences) ; un métier (transmission familiale ou école) et à nager (c'est-à-dire aussi bien savoir se déplacer dans l'élément liquide que se débrouiller en toutes circonstances).

Ce chapitre évoque, en le développant, le premier verset du livre des Psaumes, qui met également en garde contre la fréquentation des gens de mauvaise vie. Deux mondes incompatibles : celui de la lumière et celui de l'obscurité. Le passage est catégorique et n'envisage pas la possibilité de ramener les brebis perdues ; cette pédagogie sera post-biblique.

La plus grande richesse d'un homme se trouve dans cette éthique, bien plus précieuse que l'or et l'argent, ou que les honneurs. L'image paternelle impressionne tout le chapitre en filigrane, elle ne doit jamais s'effacer du cœur de l'adolescent.

52. La femme vertueuse

Même si la société biblique reste patriarcale, avec sa hiérarchie et son lot de différences de droits, les femmes y trouvent leur place. Dans certains récits, elles apparaissent même plus énergiques que les hommes. Par exemple, Ève dialogue avec le serpent, alors qu'Adam reste un consommateur muet. Sarah oriente l'avenir du clan hébreu, au point que l'Éternel dira à Abraham : « Tout ce que te dira Sarah, écoute sa voix » (Genèse 21, 12). De même pour les autres matriarches, Rebecca, Rachel et Léa. Plus tard, les filles de Tsélophad « poseront une colle » à Moïse concernant l'héritage des filles, et là encore, Dieu leur donnera raison (Nombres 27). En fait, dans la Bible, quand la femme agit, Dieu acquiesce (« ce que femme veut, Dieu le veut »). Les rabbins ajouteront : grâce au courage des femmes, Israël mérita sa libération d'Égypte ; et au Sinaï, seuls les hommes commirent la faute du Veau d'or.

La fin du livre des Proverbes consiste en l'éloge de l'épouse vertueuse. Après avoir instruit son fils, le père se tourne vers son épouse avec tendresse.

Proverbes 31, 10-31

10 Heureux qui a rencontré une femme vaillante ! Elle est infiniment
plus précieuse que les perles. 11 En elle le cœur de son époux a
toute confiance ; aussi les ressources ne lui font-elles pas défaut.
12 Tous les jours de sa vie, elle travaille à son bonheur : jamais
elle ne lui cause de peine. 13 Elle se procure de la laine et du lin et
accomplit sa besogne d'une main diligente. 14 Pareille aux vaisseaux
marchands, elle amène de loin ses provisions. 15 Il fait encore nuit
qu'elle est déjà debout, distribuant des vivres à sa maison, des
rations à ses servantes. 16 Elle jette son dévolu sur un champ et
l'acquiert ; avec le produit de son travail elle plante un vignoble.
17 Elle ceint de force ses reins et arme ses bras de vigueur. 18 Elle
s'assure que ses affaires sont prospères ; sa lampe ne s'éteint
pas la nuit. 19 Ses mains saisissent le rouet, ses doigts manient le
fuseau. 20 Elle ouvre sa main au pauvre et tend le bras au néces-
siteux. 21 Elle ne redoute point la neige pour sa maison, car tous
ses gens sont couverts de riches étoffes. 22 Elle se brode des tapis.
Lin fin et pourpre forment ses vêtements. 23 Son époux est consi-
déré aux Portes, quand il siège avec les anciens du pays. 24 Elle
confectionne des tissus, qu'elle vend, et des ceintures, qu'elle cède
au marchand. 25 Parée de force et de dignité, elle pense en sou-
riant à l'avenir. 26 Elle ouvre la bouche avec sagesse, et des leçons
empreintes de bonté sont sur ses lèvres. 27 Elle dirige avec vigilance
la marche de sa maison, et jamais ne mange le pain de l'oisiveté.
28 Ses fils se lèvent pour la proclamer heureuse, son époux pour
faire son éloge : 29 « Bien des femmes se sont montrées vaillantes
tu leur es supérieure à toutes ! » 30 Mensonge que la grâce ! Vanité
que la beauté ! La femme qui craint l'Éternel est seule digne de
louanges. 31 Rendez-lui hommage pour le fruit de ses mains, et
qu'aux Portes ses œuvres disent son éloge !

Le père pour son fils mentionne deux visages féminins : la courtisane et l'épouse fidèle. Sur le plan symbolique, la première représente l'idolâtrie, la seconde, la fidélité à Dieu. On peut donc lire les Proverbes – et beaucoup de textes prophétiques – sur deux registres.

Après avoir donné au roi quelques conseils sur la justice et la tempérance, l'auteur termine par cet admirable éloge de l'épouse, un poème en acrostiche alphabétique. Cette *business-woman* avant l'heure s'occupe de son foyer et des affaires familiales. Mais surtout, elle vit son existence selon la « crainte de Dieu » évoquée plus haut. On le constate, cette crainte ne correspond pas à une peur de Dieu et de ses éventuelles punitions, mais traduit un véritable sens des responsabilités pour sa famille.

L'usage veut que ce poème soit récité le vendredi soir à la table du shabbat pour l'épouse et la mère de famille.

53. Job, aimer Dieu jusqu'au bout

Job apparaît comme un homme comblé par le Ciel. « Il a tout pour être heureux », selon la formule consacrée : une épouse, des fils et des filles, des biens matériels. Mais surtout, aux yeux de l'auteur, Job brille par ses vertus, sa piété exemplaire dont Dieu lui-même fait l'éloge. Le héros du livre n'appartient pas au peuple d'Israël. Il incarne l'homme juste qui fait le bien et s'écarte du mal. Mais tout bascule le jour où Satan, l'ange incitateur, demande l'autorisation d'éprouver Job dans sa foi, sa fidélité à Dieu, en le privant de tout, sauf de sa raison. Dans un tel dénuement, sera-t-il aussi fidèle ?

Job 1, 1-22

**1 Il y avait dans le pays d'Outs un homme du nom de Job ; cet
homme était intègre et droit, craignant Dieu et évitant le mal. 2 Il
lui était né sept fils et trois filles. 3 Il possédait sept mille bre-
bis, trois mille chameaux, cinq cents paires de bœufs, cinq cents
ânesses et de très nombreux gens de service. Et cet homme était
le plus considérable de tous les habitants de l'Orient. 4 Ses fils
avaient coutume d'organiser un festin dans la maison de cha-
cun d'eux à tour de rôle ; ils faisaient aussi convier leurs trois
sœurs à manger et à boire avec eux. 5 Et lorsque le cycle de ces
jours de festin était révolu, Job envoyait chercher ses fils pour
les purifier ; il se levait de grand matin et offrait un holocauste
pour chacun d'eux, car Job se disait : « Peut-être mes enfants
auront-ils commis quelque péché et renié Dieu en leur cœur. »
C'est ainsi qu'agissait Job en tout temps. 6 Or, un jour les fils de**

Dieu vinrent se présenter devant l'Éternel, et le Satan, lui aussi,
vint au milieu d'eux. 7 L'Éternel dit au Satan : « D'où viens-tu ? »
Le Satan répondit au Seigneur et dit : « J'ai visité la terre et l'ai
parcourue en tous sens. » 8 L'Éternel demanda au Satan : « As-tu
porté ton attention sur mon serviteur Job ? Certes, il n'a point son
pareil sur la terre, tellement il est un homme intègre et droit,
craignant Dieu et évitant le mal. » 9 Le Satan répliqua au Seigneur
et dit : « Est-ce donc gratuitement que Job craint Dieu ? 10 N'as-tu
pas élevé comme une haie tutélaire autour de lui, de sa maison
et de tout ce qui lui appartient ? Tu as béni l'œuvre de ses mains,
et ses troupeaux se répandent dans le pays. 11 Or ça, étends une
fois ta main et touche tout ce qui est à lui ; tu verras s'il ne te
reniera pas en face. » 12 L'Éternel répondit au Satan : « Eh bien !
Tout ce qui lui appartient est en ton pouvoir ; seulement, tu ne
le toucheras pas lui-même. » Et le Satan se retira de devant la
face de l'Éternel. 13 Un jour donc que les fils et les filles de Job
mangeaient et buvaient du vin dans la maison de leur frère aîné,
14 un messager aborda Job et lui dit : « Les bœufs étaient en train
de labourer et les ânesses paissaient à côté d'eux, 15 quand les
Sabéens ont fait irruption et les ont enlevés ; quant aux esclaves,
ils les ont passés au fil de l'épée ; moi seul j'ai pu m'échapper
et te l'annoncer. » 16 Il n'avait pas achevé de parler qu'un autre
survient et dit : « Un feu de Dieu est tombé du ciel, embrasant
les brebis et les esclaves, et a tout consumé. Moi seul j'ai pu
m'échapper et te l'annoncer. » 17 Il parlait encore qu'un autre
arrive et dit : « Des Chaldéens, ayant formé trois bandes, se sont
jetés sur les chameaux et les ont enlevés ; quant aux esclaves, ils
les ont passés au fil de l'épée. Moi seul j'ai pu m'échapper et te
l'annoncer. » 18 Il n'avait pas fini de parler qu'un autre survient
et dit : « Tes fils et tes filles mangeaient et buvaient dans la
maison de leur frère aîné, 19 et voilà qu'un vent violent, venant de
l'autre côté du désert, a ébranlé les quatre angles de la maison ;
elle s'est écroulée sur les jeunes gens, et ils ont péri. Moi seul,
j'ai pu m'échapper et te l'annoncer. » 20 Job se leva, déchira sa
tunique, se rasa la tête, se jeta à terre et resta prosterné. 21 Il
dit : « Nu je suis sorti du sein de ma mère, et nu j'y rentrerai.
L'Éternel avait donné, l'Éternel a repris, que le nom de l'Éternel
soit béni ! » 22 En dépit de tout, Job ne faillit point et n'imputa
pas d'injustice à Dieu.

Job va connaître le désespoir, puis la colère, puis la révolte. Ses amis viendront essayer de le consoler, tout en usant d'une équation qui ne fonctionne pas pour Job : « Tu souffres donc tu as péché. » Or, le livre de Job représente une réfutation radicale de cet article de foi populaire qui dit tout haut ce que l'athée affirme : « S'il y avait un Dieu, le monde irait mieux. » Or, la Bible nous dit : « Il y a un Dieu, et tout ne va pas pour le mieux. » Des méchants réussissent, des innocents périssent, des enfants meurent, des maladies sévissent sans distinguer le Juste de l'injuste. À la fin du livre, Dieu donnera raison à Job contre ses amis.

Job évoque Caïn, comblé par les bienfaits de sa mère mais qui se retrouve privé du bonheur par les voies impénétrables du Ciel. Tout le sens de ce livre se trouve dans le lent cheminement initiatique du personnage qui clame son innocence, à juste titre ; et qui veut comprendre pourquoi la souffrance, pour lui qui n'a point fauté. Au bout de ce long chemin intérieur, il finira par découvrir l'amour de Dieu pour Dieu, indépendamment de sa situation matérielle, de ses manques. Ses questions restent sans réponse, mais sa foi devient plus authentique.

Ainsi Job passe du service de Dieu intéressé au service de Dieu désintéressé, ce qui traduit la forme ultime de l'amour, à l'instar des grands mystiques de toutes les religions.

Si Caïn échoua dans cette initiation, au point de devenir le premier assassin, Job devint frère en humanité de tout homme, par cette découverte de l'amour de Dieu.

Par-delà cette grande leçon religieuse, Job reste le symbole du Juste qui souffre, celui qui subit toujours les épreuves physiques, morales, les haines, et qui demande : « Mon Dieu, pourquoi m'as-Tu abandonné ? » (Psaume 22). À l'entrée du mémorial de la Shoah, *Yad Vashem* à Jérusalem, une statue de Job dans son tourment symbolise le peuple juif qui souffre cette haine des hommes.

54. Le chant des chants

À la lecture de ce deuxième livre attribué à Salomon, on s'étonne que le Cantique des cantiques ait été canonisé. Ici, tout est passion, tout est érotique, jusqu'aux suggestions qui auraient pu éveiller la censure. Dans les faits, le rouleau faillit terminer à l'index mais Rabbi Aquiba, un martyr des Romains, le sauva en en proposant une lecture allégorique, déclarant : « Si tous les Écrits sont saints, le Cantique des cantiques est le Saint des Saints. »

Quand l'*eros* ouvre à l'*agapé*, alors l'être passe de la sainteté au Saint des Saints. Tel est le sens de l'expression « chant des chants » : quand le chant de la bien-aimée s'harmonise avec le chant du bien-aimé, alors ce chant – (qui jaillit) des (deux) chants – ouvre à la Transcendance.

Découvrons le premier chapitre.

Cantique des Cantiques 1, 1-17

[1] Le Cantique des Cantiques, composé par Salomon. [2] Qu'il me prodigue les baisers de sa bouche ! Car tes caresses sont plus délicieuses que le vin. [3] Tes parfums sont suaves à respirer ; une huile aromatique qui se répand, tel est ton nom. C'est pourquoi les jeunes filles sont éprises de toi. [4] Entraîne-moi à ta suite, courons ! Le roi m'a conduite dans ses appartements, mais c'est en toi que nous cherchons joie et allégresse ; nous prisons tes caresses plus que le vin : on a raison de t'aimer. [5] Je suis noircie, ô filles de Jérusalem, gracieuse pourtant, comme les tentes de Kêdar, comme les pavillons de Salomon. [6] Ne me regardez pas avec dédain parce que je suis noirâtre ; c'est que le soleil m'a hâlée. Les fils de ma mère étaient en colère contre moi : ils m'ont fait garder les vignobles, et mon vignoble à moi, je ne l'ai point gardé ! [7] Indique-moi, toi que chérit mon âme, où tu mènes paître [ton troupeau], où tu le fais reposer à l'heure de midi. Pourquoi serais-je comme une femme voilée auprès des troupeaux de tes compagnons ? [8] Si tu ne le sais pas, ô la plus belle des femmes ; suis donc les traces des brebis, et fais paître tes chevreaux près des huttes des bergers. [9] À une cavale, attelée aux chars de Pharaon, je te compare, mon amie. [10] Charmantes sont tes joues ornées de rangs de perles, ton cou paré de colliers. [11] Nous te ferons des chaînons d'or avec des paillettes d'argent. [12] Tandis que le roi demeure sur son divan, mon nard exhale son arôme. [13] Mon bien-aimé est pour moi un bouquet de myrrhe, qui repose sur mon sein. [14] Mon bien-aimé est pour moi une grappe de troène dans les vignes d'Ein-Ghedi. [15] Que tu es belle, mon amie, que tu es belle ! Tes yeux sont ceux d'une colombe. [16] Que tu es beau, mon bien-aimé, et combien aimable ! Notre couche

est un lit de verdure. [17] Les solives de nos maisons sont de cèdre, nos lambris sont de cyprès.

Ce rouleau ne traite absolument pas du rapport de l'homme à Dieu ; pas un seul verset qui mentionne le nom divin d'ailleurs. Selon le sens littéral, il s'agit indubitablement d'un chant d'amour entre un homme et une femme qui se cherchent pour vivre leur passion. Même si le lien entre l'homme et la femme constitue un élément fondamental et structurant de l'existence que la Bible ne renie pas, selon le verset : « C'est pourquoi un homme quitte son père et sa mère pour se joindre à sa femme et former une seule chair » (Genèse 2, 24), comment y voir une œuvre d'une sainteté sublime ?

Maïmonide (1138-1204) propose la lecture juive de ce chant : « Qu'est-ce que l'amour de Dieu ? Le fait d'aimer l'Éternel d'un amour grand, fort, extrême ; si bien que l'âme est attachée à cet amour, et qu'elle en est habitée en permanence. Comme celui qui est malade d'amour, au point que son esprit ne puisse se détacher de cette femme. Il y pense toujours soit en se couchant, soit en se levant, soit quand il mange et boit.

Plus que cela, l'amour de Dieu demeure dans le cœur de ses amants qui en font leur préoccupation constante, ainsi vivent-ils pleinement le commandement : "Tu aimeras l'Éternel de tout ton cœur, de toute ton âme de tout ton pouvoir" (Deutéronome 6, 5). Salomon, dans un langage allégorique, l'a affirmé (Cantique des cantiques 2, 5 et 5, 8) : "Car je suis malade d'amour." »

Remarquons que cette expérience ultime d'amour de Dieu n'est nullement réservée au peuple juif ; tout être humain, en tant que tel, peut vivre intensément ce rapport au divin, comme en témoignent tant de grands mystiques.

55. Ruth, une étrangère parmi nous

Ruth est la première héroïne des Écrits (*Kétouvim*). Elle deviendra, dans l'histoire juive, le modèle de la convertie sincère à la foi d'Israël. Le récit, plein de tendresse, inspirera notamment Victor Hugo dans sa *Légende des siècles*. L'histoire est touchante : Ruth, du pays de Moab, a perdu son mari, et reste attachée à sa belle-mère Noémi, de la tribu de Juda. Par une série de circonstances qui semblent révéler les voies secrètes de la Providence, elle finira par épouser Booz (*Boaz*), un riche agriculteur judéen. De cette union descendra David, le grand roi ; et, selon l'Évangile, l'ancêtre de Joseph, père adoptif de Jésus.

Ruth 1, 1-16

1 À l'époque où gouvernaient les Juges, il y eut une famine dans le
pays ; un homme quitta alors Bethléem en Juda pour aller séjour-
ner dans les plaines de Moab, lui, sa femme et ses deux fils. 2 Le
nom de cet homme était Élimélek, celui de sa femme Noémi ; ses
deux fils s'appelaient Mahlon et Kilion ; c'étaient des Éphratites de
Bethléem en Juda. Arrivés sur le territoire de Moab, ils s'y fixèrent.
3 Élimélek, l'époux de Noémi, y mourut, et elle resta seule avec ses
deux fils. 4 Ceux-ci épousèrent des femmes moabites, dont l'une
s'appelait Orpa et l'autre Ruth ; et ils demeurèrent ensemble une
dizaine d'années. 5 Puis Mahlon et Kilion moururent à leur tour
tous deux, et la femme resta seule, privée de ses deux enfants et
de son mari. 6 Elle se disposa alors, ainsi que ses brus, à aban-
donner les plaines de Moab ; car elle avait appris dans les plaines
de Moab que l'Éternel, s'étant ressouvenu de son peuple, lui avait
donné du pain. 7 Elle sortit donc de l'endroit qu'elle avait habité,
accompagnée de ses deux brus ; mais une fois qu'elles se furent
mises en route pour revenir au pays de Juda, 8 Noémi dit à ses deux
brus : « Rebroussez chemin et rentrez chacune dans la maison
de sa mère. Puisse le Seigneur vous rendre l'affection que vous
avez témoignée aux défunts et à moi ! 9 Qu'à toutes deux l'Éter-
nel fasse retrouver une vie paisible dans la demeure d'un nouvel
époux ! » Elle les embrassa, mais elles élevèrent la voix en san-
glotant, 10 et lui dirent : « Non, avec toi nous voulons nous rendre
auprès de ton peuple. » 11 Noémi reprit : « Rebroussez chemin,
mes filles ; pourquoi viendriez-vous avec moi ? Ai-je encore des
fils dans mes entrailles, qui puissent devenir vos époux ? 12 Allez,
mes filles, retournez-vous-en, car je suis trop âgée pour être à
un époux. Dussé-je même me dire qu'il est encore de l'espoir
pour moi, que je pourrais appartenir cette nuit à un homme et
avoir des enfants, 13 voudriez-vous attendre qu'ils fussent devenus
grands, persévérer dans le veuvage à cause d'eux et refuser toute
autre union ? Non, mes filles, j'en serais profondément peinée pour
vous, car, la main du Seigneur s'est appesantie sur moi. » 14 De
nouveau elles élevèrent la voix et sanglotèrent longtemps ; puis
Orpa embrassa sa belle-mère, tandis que Ruth s'attachait à ses

pas. [15] Alors Noémi dit : « Vois, ta belle-sœur est retournée à sa famille et à son dieu ; retourne toi aussi et suis ta belle-sœur. » [16] Mais Ruth répliqua : « N'insiste pas près de moi, pour que je te quitte et m'éloigne de toi ; car partout où tu iras, j'irai ; où tu demeureras, je veux demeurer ; ton peuple sera mon peuple et ton Dieu sera mon Dieu. »

Nous avons choisi le préambule qui pose les causes de l'entrée de Ruth au sein du peuple d'Israël. Tout commence par une famine, fréquente à cette époque – les patriarches en connurent en leur temps. Élimélek quitte la Judée, ce que les rabbins analysent comme une fuite devant ses responsabilités de chef de tribu. Au pays de Moab, ses deux fils concluent des mariages avec Orpa et Ruth, des idolâtres. À la mort des trois hommes, les femmes se retrouvent seules. Finalement Orpa s'en ira, mais Ruth restera attachée à Noémi.

Ruth représente le pendant féminin d'Abraham qui abandonne tout par amour du peuple et du Dieu d'Israël. Encore aujourd'hui, les personnes converties récitent ses paroles émouvantes.

Dans tous ces récits édifiants pour la foi (Ruth, Esther ou Esdras), Dieu n'intervient pas : il ressemble à une brise qui inspire, qui pousse délicatement les événements avec discrétion et humilité.

L'histoire de Ruth met également en exergue la haute stature morale de Booz qui vit pleinement le Code de sainteté du Lévitique. Il incarne le Juste, généreux et bienveillant, qui n'a pas quitté sa tribu au moment de la tourmente.

En comparant l'histoire de Booz et Ruth à celle d'Abraham et Sarah, de nombreuses similitudes surgissent, notamment la naissance de l'enfant que l'on n'attendait plus. Isaac et David occupent une place centrale dans la pensée d'Israël, et la foi chrétienne.

56. Ecclésiaste, la sagesse du pessimisme

L'Ecclésiaste est le troisième et dernier livre attribué au roi Salomon ; surnommé *Kohélet* (« Rassembleur »), il réunissait à la fois les connaissances de la sagesse, et les foules à qui il enseignait cette sagesse.

L'auteur s'interroge sur le sens de la vie, avec une question récurrente : « Quel bénéfice l'homme tire-t-il de tout son labeur sous le soleil ? » Il ne se contente pas de réflexions théoriques ; il vit concrètement sa philosophie existentielle. En tant que roi, il possède les moyens de satisfaire ses désirs qui touchent tous les domaines humains : la richesse, le pouvoir, les plaisirs, la science, la technique, etc.

Ecclésiaste 3, 1-22

**1 Il y a un temps pour tout, et chaque chose a son heure sous le ciel.
2 Il est un temps pour naître et un temps pour mourir, un temps
pour planter et un temps pour déraciner ce qui était planté ; 3 un
temps pour tuer et un temps pour guérir, un temps pour démo-
lir et un temps pour bâtir ; 4 un temps pour pleurer et un temps
pour rire, un temps pour se lamenter et un temps pour danser ;
5 un temps pour jeter des pierres et un temps pour ramasser des
pierres, un temps pour embrasser et un temps pour repousser les
caresses ; 6 un temps pour chercher [ce qui est perdu] et un temps
pour perdre, un temps pour conserver et un temps pour dissiper ;
7 un temps pour déchirer et un temps pour coudre, un temps pour
se taire et un temps pour parler ; 8 un temps pour aimer et un temps
pour haïr, un temps pour la guerre et un temps pour la paix. 9 Quel
avantage tire le travailleur de la peine qu'il se donne ? 10 J'ai observé
la besogne que Dieu a assignée aux fils d'Adam pour se fatiguer en
efforts. 11 Il a fait toute chose excellente à son heure ; il a mis aussi
dans le cœur de l'homme le sens de la durée, sans quoi celui-ci ne
saisirait point l'œuvre accomplie par Dieu du commencement à la
fin. 12 J'ai reconnu qu'il n'y a pas de plus grand bien que de s'égayer
et de se faire une vie heureuse. 13 Et toutes les fois que l'homme
mange et boit, jouissant du bien-être qu'il doit à son labeur, c'est là
un don de Dieu. 14 J'ai reconnu aussi que tout ce que Dieu fait restera
ainsi éternellement : il n'y a rien à y ajouter, rien à en retrancher :
Dieu a arrangé les choses de telle sorte qu'on le craigne. 15 Ce qui
existait dans le passé existe à présent ; ce qui sera dans l'avenir
a été antérieurement : Dieu veut la continuité. 16 Voici encore ce
que j'ai vu sous le soleil : dans l'enceinte de la justice domine l'ini-
quité ; au siège du droit triomphe l'injustice. 17 Aussi me suis-je dit
à moi-même : « Le juste et le méchant, c'est Dieu qui les jugera ;
car il a fixé un temps pour chaque chose et pour chaque action. »
18 Ensuite j'ai réfléchi à cette prétention des hommes d'être l'objet**

des préférences de Dieu, et j'ai vu que, considérés en eux-mêmes,
ils sont comme les animaux. 19 Car telle la destinée des fils d'Adam,
telle la destinée des animaux ; leur condition est la même, la mort
des uns est comme la mort des autres ; un même souffle les anime :
la supériorité de l'homme sur l'animal est nulle, car tout est vanité.
20 Tout aboutit au même endroit : tout est venu de la poussière et
tout retourne à la poussière. 21 Qui peut savoir si le souffle des fils
d'Adam monte en haut, tandis que le souffle des animaux descend
en bas, vers la terre ? 22 Par là je vois bien que le meilleur parti à
prendre pour l'homme, c'est de se réjouir de ses œuvres, puisque
c'est là son lot ; car qui le ramènera [un jour] pour voir ce qui se
passera après lui ?

L'existence se vit comme un cycle répétitif dont personne ne peut échapper ; et toujours ce mot récurrent : « vanité », *hével* en hébreu, qui rappelle Abel et sa triste fin. Tout l'Ecclésiaste est traversé par l'absurde, et aucune expérience humaine n'apporte de véritable solution. Même quand l'auteur suggère une issue, elle s'effrite comme une motte de terre entre ses mains.

Tout ce qu'il propose, finalement, pour donner une saveur au passage terrestre, se résume à la famille, au travail et à l'amitié. Épicurisme modéré pour une existence sans lendemain.

Comment comprendre la place de ce livre au sein de la Bible ? La réponse se trouve dans les derniers versets qui rendent cohérent tout l'ouvrage. « Fin de discours, tout a été entendu : crains Dieu et accomplis Ses commandements, car c'est cela tout l'homme » (chapitre 12, 13).

Que signifie « tout l'homme » ? L'humanité de tout homme. Cet être distingué dès l'origine par l'image divine, ne donne sens à son existence que par la crainte de Dieu et la pratique de ses commandements.

En hébreu, le verbe « craindre » (*yaro*) – non suivi de la préposition *èth* – ne signifie pas « avoir peur », mais « vénérer ». Dans la cohérence biblique, cette vénération se traduit toujours en actes, et la foi, loin de se limiter à une conscience de Dieu, doit toujours s'exprimer à travers une conduite idoine : l'accomplissement des commandements.

Ce n'est qu'au bout d'une réflexion menée dans la vie elle-même que l'Ecclésiaste découvre une vérité ultime, au-delà des catégories du bonheur personnel. Le livre, dans sa conclusion, reste cohérent avec l'esprit général de la Bible : le bonheur n'est jamais une fin en soi, mais la conséquence de la crainte et de l'amour de Dieu. Ici, l'auteur rejoint le premier verset des Psaumes qui expriment, dans une foi authentique : « Heureux l'homme qui ne suit pas le chemin des méchants… mais dont le désir s'exprime dans la Torah de l'Éternel et qui médite sa Torah jour et nuit. »

57. Esther, une reine offre sa vie

Esther, deuxième héroïne des Écrits, a été rendue célèbre par Racine et sa pièce éponyme. Une jeune fille juive du nom perse d'Esther (*Ishtar*, Vénus chez les Mésopotamiens), de son prénom hébraïque Hadassa, élevée par son oncle Mardochée (*Mardouk* étant la plus grande divinité babylonienne), devient reine de Perse. Haman, vizir du roi Assuérus, mécontent du fait que Mardochée ne se prosterne pas devant lui, décide d'exterminer toute la communauté juive à une date fixée par tirage au sort. Esther, risquant sa propre vie, sauvera finalement ses coreligionnaires, et Mardochée prendra la place d'Haman.

ESTHER 4, 10-17 et 5, 1-4
10 Esther dit à Hatac, en le chargeant de transmettre sa réponse
à Mardochée : 11 « Tous les serviteurs du roi et la population des provinces du roi savent que toute personne, homme ou femme, qui pénètre chez le roi, dans la cour intérieure, sans avoir été convoquée, une loi égale pour tous la rend passible de la peine de mort ; celui-là seul à qui le roi tend son sceptre d'or a la vie sauve. Or, moi, je n'ai pas été invitée à venir chez le roi voilà trente jours. »
12 Les paroles d'Esther ayant été communiquées à Mardochée,
13 celui-ci dit de porter cette réponse à Esther : « Ne te berce pas de l'illusion que, seule d'entre les juifs, tu échapperas au danger,
grâce au palais du roi ; 14 car si tu persistes à garder le silence à l'heure où nous sommes, la délivrance et le salut surgiront pour les juifs d'autre part, tandis que toi et la maison de ton père vous périrez. Et qui sait si ce n'est pas pour une conjoncture pareille
que tu es parvenue à la royauté ? » 15 Alors Esther fit porter cette
réponse à Mardochée : 16 « Va rassembler tous les juifs présents à Suse, et jeûnez à mon intention ; ne mangez ni ne buvez pendant trois jours ni jour ni nuit moi aussi avec mes suivantes, je jeûnerai de la même façon. Et puis je me présenterai au roi, et si je dois

périr, je périrai ! » [17] Mardochée se retira et exécuta strictement ce que lui avait ordonné Esther.
5 [1] Le troisième jour, Esther se revêtit de ses atours de reine et se présenta dans la cour intérieure du palais du roi, en face du palais du roi. Celui-ci était assis sur son trône royal, dans le palais de la royauté, vis-à-vis de l'entrée du palais. [2] Lorsque le roi aperçut Esther debout dans la cour, elle éveilla sa sympathie, et le roi tendit à Esther le sceptre d'or qu'il tenait en main. Esther s'avança et toucha l'extrémité du sceptre. [3] Le roi lui dit : « Qu'y a-t-il, reine Esther ? Que demandes-tu ? Quand ce serait la moitié du royaume, elle te serait accordée. » [4] Esther répondit : « Si tel est le bon plaisir du roi, que le roi, ainsi qu'Aman, assiste aujourd'hui au festin que j'ai préparé à son intention. »

Même si l'historien ne peut prouver la réalité de ce récit à suspense, le décor et l'ambiance correspondent à l'atmosphère d'une Perse puissante. Chose rare pour la Bible, l'auteur s'attache à la psychologie des personnages : Haman et sa mégalomanie, le roi et son amour des fêtes et des belles épouses, Mardochée fidèle à son Dieu, et Esther totalement dévouée à son peuple et prête à offrir sa vie.

Le rouleau d'Esther est lu chaque année à la synagogue lors de la fête joyeuse de Pourim (« Tirage au sort »), pendant laquelle grands et petits, déguisés en personnages du récit, remercient Dieu pour cette grande délivrance. Le rouleau d'Esther enseigne que la condition juive dépend, le plus souvent, dans chaque pays, du bon vouloir du pouvoir ou des autochtones. On peut dire que l'antisémitisme naît avec ce récit.

À l'analyse, on se rend compte que le nom de Dieu n'apparaît jamais dans le rouleau, il est, volontairement, occulté (*Esther*, « voilée », « occultée »). La Tradition juive y voit une allusion au fait que Dieu se cache durant l'exil d'Israël.

Dans leur diaspora, les Juifs ont souvent caché leur identité, soit par peur, soit par volonté d'acculturation, d'où, ici, les noms des deux héros qui renvoient aux divinités babyloniennes, Esther ne portant qu'en secret le prénom Hadassa – ce qui lui permet de devenir reine.

Le carnaval de Pourim enseigne fondamentalement : « Bas les masques », comme une espérance qu'au bout de l'Histoire, le peuple d'Israël sera reconnu dans son être au sein des nations.

Ce rouleau marque la fin du prophétisme et le début du temps de la sagesse, qui consiste à s'approprier, par l'intelligence, le cœur, et l'esprit par les paroles prophétiques.

58. Daniel, le maître des songes

Le livre de Daniel est difficile d'accès car il est écrit majoritairement en araméen. Daniel (« Dieu est mon juge ») fait partie de jeunes Judéens déportés à Babylone après la destruction de Jérusalem. Ils grandissent au palais de Nabuchodonosor en raison de leur noblesse, de leur beauté et de leur intelligence, intelligence qui deviendra sagesse par leur fidélité aux préceptes de la Torah. Au début, Daniel apparaît tel Joseph, efficace interprète de songes. Ainsi le roi rêve-t-il d'une grande statue à tête d'or, à poitrine d'argent, au ventre d'airain, aux jambes de fer et aux pieds d'argile. Une pierre frappe la base du colosse qui se brise au sol. Daniel en donnera la signification : les Mèdes, puis les Perses, puis les Grecs domineront successivement le monde, avant le règne de Dieu. Évidemment, le rouleau ne fut pas composé au Ve siècle avant J.-C., mais à l'époque de la domination grecque, c'est-à-dire au IIe siècle, pour renforcer la foi des Juifs contre les hellénisants.

Un aspect original de Daniel demeure son apocalypse.

Daniel 7, 9-18

**9 Je continuai à regarder, lorsque des trônes furent dressés et un
ancien des jours prit la place. Son vêtement avait la blancheur de
la neige, et la chevelure de sa tête, celle de la laine éclatante ;
son trône était des flammes étincelantes et ses roues un feu
incandescent. 10 Un torrent de feu jaillissait et s'épandait devant
lui ; mille milliers le servaient et dix mille myriades se tenaient
en sa présence : le tribunal entra en séance et les livres furent
ouverts. 11 Je continuai à regarder : alors, à la suite des paroles
arrogantes que proférait la corne, je vis comme la bête fut tuée,
son corps détruit et livré à l'action du feu. 12 Quant aux autres bêtes,
le pouvoir leur fut également enlevé ; mais une prolongation de
vie leur fut accordée jusqu'à un temps et un délai [déterminés].
13 Je regardai encore dans la vision nocturne, et voilà qu'au sein
des nuages célestes survint quelqu'un qui ressemblait à un fils
de l'homme ; il arriva jusqu'à l'ancien des jours, et on le mit en**

sa présence. [14] C'est à lui que furent données la domination, la gloire et la royauté ; l'ensemble des nations, peuples et langues lui rendaient hommage. Sa domination était une domination éternelle, immuable, et sa royauté ne devait plus être détruite. [15] Mon âme, à moi Daniel, défaillit dans son enveloppe [corporelle] et les visions de mon esprit me jetèrent dans une grande frayeur. [16] Je m'approchai de l'un des assistants et l'interrogeai sur le sens véritable de tout cela ; il me répondit et me fit connaître la signification de ces choses. [17] « Ces bêtes formidables [dit-il], qui sont au nombre de quatre, ce sont quatre rois qui s'élèveront sur la terre. [18] Puis, les saints du Très-Haut recevront la royauté et demeureront en possession de cette royauté jusque dans l'éternité, et l'éternité des éternités. »

Ce texte évoque les premières visions d'Ézéchiel, mais il y ajoute une dimension de fin des temps. On peut parler ici d'« apocalypse » (révélation) juive. Cette littérature – comme le *Livre d'Hénoch*, le *Quatrième Livre d'Esdras* (surnommé aussi *Apocalypse d'Esdras*), ou l'*Apocalypse d'Abraham*, tous apocryphes – se développa à l'époque du second Temple, dans des communautés mystiques : le judaïsme du second Temple était très varié.

Dans ce rêve prophétique, Daniel voit quatre bêtes monstrueuses, symboles de quatre puissants empires, qui exercent leur violence sur le monde, avant l'arrivée d'« un fils d'homme » (*bar enach*) qui recevra de Dieu (« l'Ancien des jours ») la domination. Un ange offre la clé du songe : après l'empire des forces animales, viendra le temps de l'humanité authentique, celle des saints, fidèles à la Torah et à son éthique. L'Église verra dans ce « fils d'homme » celui qui se nomme le « fils de l'Homme », le messie, Jésus lui-même.

59. Esdras, le retour à la Torah

Les livres d'Esdras et de Néhémie traitent du retour de l'exil de Babylone, permis par le décret de Cyrus (– 538). En – 458, le scribe (c'est-à-dire « érudit », plutôt que « copiste ») Esdras reçoit l'autorisation de structurer la communauté juive de Jérusalem, qui restait vassale de la Perse. Esdras, constatant la déliquescence religieuse de ses coreligionnaires, devint un éducateur et un formateur pour son peuple. La Tradition juive voit en lui un nouveau Moïse, et on peut dire qu'il est le père de la tradition juive qui donnera le rabbinisme. Parmi ses combats pédagogiques : l'enseignement de la Torah qu'il voulut, à la manière symbolique d'Ézéchiel, faire « manger » à ses contemporains.

Néhémie 8, 1-10

1 Tout le peuple se réunit ensemble, comme un seul homme,
sur la place qui s'étend devant la porte de l'eau. On demanda à
Esdras, le scribe, d'apporter le livre de la Torah de Moïse, que
l'Éternel avait prescrite à Israël. 2 Esdras le prêtre apporta la
Thora devant l'assemblée hommes et femmes, et quiconque était
capable de comprendre le premier jour du septième mois. 3 Il en
fit la lecture devant la place qui précède la porte de l'eau, depuis
l'aurore jusqu'au milieu de la journée, en présence des hommes,
des femmes et de tous ceux qui pouvaient comprendre. Le peuple
était tout oreille pour entendre le rouleau de la Torah.
4 Esdras se tenait sur une estrade en bois, qu'on avait élevée pour
la circonstance ; à côté de lui, à sa droite, étaient placés Matitia,
Chéma, Anaïa, Ourla, Hilkia, Maassèya ; à sa gauche, Pedaïa,
Michaël, Malkia, Hachoum, Hachbaddana, Zacharie, Mechoullam.
5 Esdras ouvrit le livre aux yeux de tout le peuple, car il dominait
tout le peuple, et au moment où il l'ouvrit, tout le peuple se mit
debout. 6 Esdras bénit l'Éternel, le Dieu grand, et tout le peuple
s'écria : « Amen ! Amen ! » en élevant les mains ; puis ils s'incli-
nèrent et se prosternèrent devant l'Éternel, le visage à terre.
7 Yéchouâ [Jésus], Bâni, Chèrèbia, Yamîn, Akkoub, Chabbetaï, Hodia,
Maasèya, Kelita, Azaria, Yozabad, Hanân, Pelaïa et les [autres]
Lévites expliquaient la Thora au peuple, tandis qu'il se tenait à sa
place. 8 Ils faisaient la lecture du livre, de la loi de Moïse, d'une
manière distincte et explicitement [méforach], de sorte que l'on
comprit le texte. 9 Néhémie, à savoir le gouverneur, ainsi qu'Esdras,
le prêtre et scribe, et les Lévites qui instruisaient le peuple, dit
au peuple tout entier : « Ce jour est consacré à l'Éternel, votre
Dieu ; ne manifestez pas de deuil et ne pleurez point ! » Car tout le
peuple pleurait en entendant les paroles de la Thora. 10 Il ajouta :
« Allez, mangez des mets succulents, buvez des breuvages doux
et envoyez-en des portions à ceux qui n'ont rien d'apprêté, car ce
jour est consacré à notre Seigneur. Ne vous attristez donc pas, car
la joie en l'Éternel est votre force. »

Ce rassemblement eut lieu le premier jour du septième mois de l'année – le premier mois, *nissan*, étant celui de la sortie d'Égypte. Après la destruction du second Temple, les rabbins firent de ce premier jour du septième mois le *Roch Hachana*, le Nouvel An du calendrier juif, remplaçant le premier jour du mois de *nissan*.

Esdras, placé sur une estrade, lit de manière distincte et explicite le rouleau de Moïse, c'est-à-dire le Pentateuque. Cette manière de faire fonde le rituel de la lecture du *Sefer Torah* (livre de la Torah) jusqu'à aujourd'hui : une estrade où se tiennent le rabbin et/ou l'officiant, et un public composé d'hommes et de femmes, sans séparation, comme c'est le cas dans les milieux du judaïsme progressif de nos jours. Le rouleau est sorti de l'armoire sainte, puis lu de manière distincte et explicite. Ce dernier terme signifie sans doute que le texte hébraïque était traduit en araméen par un lévite, car la majorité des nouveaux émigrants avaient oublié la langue des prophètes ; seuls les anciens la comprenaient encore, ce qui est un phénomène récurrent dans l'histoire juive.

Aujourd'hui, le rabbin, comme le prêtre ou le pasteur, exprime une homélie ou un commentaire après la lecture, pour édifier la communauté et l'aider à vivre avec la Parole de Dieu.

Remarquons que dans ce jour de joie, Esdras, fidèle à l'esprit de la Torah, encourage les nantis à subvenir aux besoins des plus démunis. Pas de joie sans partage.

60. Chroniques, un chapitre pour monter ?

Nous avons commencé par le « Commencement » et terminons par la fin : les derniers versets du dernier livre, celui des Chroniques (en hébreu : « Paroles des jours »). Ce dernier rouleau reprend la généalogie de l'homme depuis Adam jusqu'au retour de l'exil de Babylone, avec une mise en valeur de la destinée de la tribu de Juda, lignée de David. Ici, les événements obscurs de la vie de David et de son fils Salomon sont omis, pour ne garder que le meilleur. En d'autres termes, les Chroniques représentent un condensé des livres de Samuel et des Rois, qui se prolonge jusqu'au retour des Judéens à Jérusalem.

2 Chroniques 36, 15-23
[15] L'Éternel, Dieu de leurs pères, les avertissait bien par ses mes-
sagers sans cesse et dès la première heure, car il voulait épargner
son peuple et le lieu de sa résidence. [16] Mais ils raillaient les mes-
sagers de Dieu, dédaignaient ses paroles et tournaient en dérision
ses prophètes, jusqu'à ce que le courroux du Seigneur s'accroisse
contre son peuple de façon irrémédiable. [17] Il fit marcher contre
eux le roi des Chaldéens, fit périr leurs jeunes gens par le glaive
dans le sanctuaire, et n'épargna ni l'adolescent ni la vierge, ni le
vieillard ni les cheveux blancs ; tous, il les abandonna en son pou-
voir. [18] Celui-ci transporta à Babylone tous les ustensiles, grands et
petits, de la maison de Dieu, les trésors de la maison du Seigneur,
les trésors du roi et de ses seigneurs. [19] On brûla la maison de
Dieu, on démolit le mur de Jérusalem, et on en livra aux flammes
tous les palais ; tous les objets de prix qu'elle renfermait furent la
proie de la destruction. [20] [Le roi des Chaldéens] déporta à Babylone
tous ceux qui avaient échappé au glaive ; ils lui demeurèrent asser-
vis, à lui et à ses fils, jusqu'à l'avènement du roi de Perse, [21] afin
que s'accomplît la Parole de l'Éternel, annoncée par Jérémie :
« Jusqu'à ce que la terre eût acquitté la dette de son chômage,
dans toute cette période de désolation, elle chôma, pour remplir
la période de soixante-dix ans ».
[22] Dans la première année de Cyrus, roi de Perse, à l'époque où
devait s'accomplir la Parole de l'Éternel, annoncée par Jérémie,
l'Éternel éveilla le bon vouloir de Cyrus, roi de Perse ; et celui-ci
fit proclamer, dans tout son royaume, par la voix [des hérauts] et
aussi par des missives écrites, ce qui suit. [23] « Ainsi parle Cyrus,
roi de Perse : L'Éternel, Dieu du ciel, m'a mis entre les mains tous
les royaumes de la terre, et c'est lui qui m'a donné mission de lui
bâtir un temple à Jérusalem, qui est en Judée. S'il est parmi vous
quelqu'un qui appartienne à son peuple, que l'Éternel, son Dieu,
soit avec lui, pour qu'il monte !... »

En quelques versets, la fin du Deuxième livre des Chroniques dépeint la destruction de Jérusalem, le massacre de sa population par Nabuchodonosor, et la déportation des survivants. Le texte évoque les propos du prophète Jérémie qui avait prédit les soixante-dix ans d'exil (Jérémie 25, 11-12) avant le temps du retour. En fait, les premiers retours eurent lieu une cinquantaine d'années après la destruction du Temple.

Le décret de Cyrus est interprété non comme le bon vouloir du souverain, mais comme la volonté de Dieu agissant pour son peuple. La Bible s'achève donc par la Parole d'un roi païen qui se montre bienveillant à l'égard d'Israël. Et le dernier mot porte tout l'optimisme et toute l'espérance biblique : *vayaâl*, « il monta ». Il désigne autant la montée vers Jérusalem (*alya*) que la montée spirituelle vers le Dieu fidèle à ses promesses.

LE NOUVEAU TESTAMENT

Introduction au Nouveau Testament

Sans l'événement de la Résurrection de Jésus, il n'y aurait pas de Nouveau Testament. Tout commence devant un tombeau vide. Le mystère de cet homme crucifié, ressuscité par Dieu, son Père, est révélé à ses proches et à ses amis. À partir de l'expérience de la foi en la Résurrection, ceux qui l'ont accompagné dans sa mission commencent à relire la vie de Jésus. Ils voient en lui la « Bonne Nouvelle ». L'expérience pascale leur donne de comprendre autrement les paroles et les gestes de Jésus dont ils ont été les témoins. En se souvenant de leur Maître, ce n'est pas une histoire de souvenirs qu'ils écriront. Non, pour eux, Jésus est désormais vivant. N'est-ce pas le mot d'ordre reçu par les femmes au matin de Pâques ? « Allez dire à ses disciples et à Pierre qu'Il vous précède en Galilée : c'est là que vous le verrez, comme Il vous l'a dit » (Marc 16, 7).

Pour ces croyants, disciples du Christ, Jésus est l'Envoyé du Père, le Messie attendu, le Fils de Dieu. Ils reconnaissent Dieu incarné dans son Fils. En lui se dévoilent le Salut pour toute l'humanité et la proximité d'un Père dont l'amour est infini. C'est ainsi que les Évangiles et tous les écrits du Nouveau Testament révéleront le mystère du Christ dans sa Parole vivante adressée à tout homme et tout l'homme. Cette Parole agissante n'est pas contenue dans l'Écriture, elle est Vie. Elle continue de libérer les enchaînés. Elle donne à voir la lumière à ceux qui sont dans les ténèbres. Elle ressuscite là où il y a la mort, guérit là où se trouve la blessure. Elle est Bonne Nouvelle pour ceux qui cherchent, chemin pour ceux qui doutent.

Le Nouveau Testament est composé de quatre évangiles composés dès les années 60 et jusque vers l'an 100. Les évangélistes que sont Matthieu, Marc, Luc et Jean récoltent les témoignages transmis par la tradition orale. Chacun d'eux rédigera une sorte de catéchèse destinée à diverses communautés chrétiennes. Chacun, dans sa singularité, a le souci de faire naître la foi en Jésus ressuscité.

Après les quatre évangiles, le Nouveau Testament propose le livre des Actes des Apôtres. Ce livre est plutôt un récit, rédigé par Luc, auteur de l'évangile qui porte son nom. Avec une maîtrise parfaite, Luc s'emploie à relater le commencement de l'histoire du christianisme. Derrière les événements, palpitants parfois, on découvre l'action de l'Esprit Saint. La foi des premiers témoins du Christ est contagieuse au point de fonder nombre de communautés chrétiennes. Paul, l'Apôtre, participera avec vigueur à l'annonce de l'Évangile.

Les lettres de Paul, au nombre de treize, forment le « corpus paulinien ». Elles n'ont sans doute pas toutes été écrites de sa main. À l'époque, des secrétaires pouvaient rédiger des textes sous l'influence d'un maître. Le fait qu'en tête de toutes les lettres ou épîtres (qui sont des textes plus longs et à destination plus large) apparaisse le nom de Paul souligne l'autorité de l'apôtre dont la renommée était considérable. Paul les adressait aux communautés qu'il connaissait et qu'il avait parfois fondées. Chronologiquement, elles ont été rédigées :

— vers 50-53, pour la Première et la Deuxième lettre aux Thessaloniciens ;

— vers 55, pour la Première lettre aux Corinthiens ;

— vers 55-56 : pour la Lettre aux Philippiens, la Deuxième lettre aux Corinthiens, l'Épître aux Galates ;

— avant 57 : pour la Lettre aux Romains ;

— vers 55-63 : pour l'Épître aux Colossiens, l'Épître à Philémon ;

— en 64 ou après : pour l'Épître aux Éphésiens, la Première et la Deuxième lettre à Timothée, la Lettre à Tite.

Ces lettres et ces épîtres révèlent la présence du Christ au sein des communautés différemment des Évangiles. L'enjeu de l'apôtre est ecclésial. Le Christ Seigneur auquel il s'est lié jusqu'à la mort n'est pas dissociable de la communauté des croyants. Aussi, Paul stimule, encourage et fortifie ces communautés naissantes. Il rend grâce pour l'œuvre que le Seigneur accomplit avec elles. Le témoignage de foi qu'il partage dans ses écrits atteste de sa pleine liberté à cause de la connaissance du Christ.

La Lettre aux Hébreux, dont l'auteur est incertain, est probablement écrite juste avant la destruction du Temple de Jérusalem (en l'an 70). Elle est sans doute destinée aux toutes premières communautés chrétiennes (Hébreux 5, 12). Le contenu de cette lettre donne à penser à un certain essoufflement de la part de ces communautés. L'auteur, avec conviction, s'adresse aux chrétiens en leur rappelant la puissance de la Parole de Dieu, le sacerdoce du Christ, et enfin, il les exhorte à mener le combat de la foi dans l'endurance et la fidélité.

L'Épître de Jacques (vers 60-80), les deux Épîtres de Pierre (vers 64 et 110), les trois Épîtres de Jean et l'Épître de Jude (vers 80-90), relativement courtes, font également partie des écrits retenus dans le canon biblique chrétien. Elles nous apprennent la complexité dans laquelle évoluaient les communautés auxquelles ces missives étaient destinées. La foi en Christ est féconde ; les auteurs ne manquent pas de relever la nécessaire et visible cohésion entre le croire et le faire.

Enfin, le Nouveau Testament s'achève avec le livre de l'Apocalypse. Cette œuvre grandiose, rédigée par un certain Jean, visionnaire, fait état de la situation du monde dans lequel les chrétiens affrontent les puissances du mal. Pourtant, même si la réalité du Mal semble l'emporter sur la Vie, cette description désastreuse n'est qu'éphémère. Le mystère pascal a fait basculer cette logique inhumaine. La mort et la Résurrection du Christ ont définitivement mis fin à l'apparente victoire du mal. Ainsi, Jean soutient et encourage les chrétiens, soumis encore à l'oppression et à la persécution, en dévoilant la Réalité invisible d'un monde nouveau dans lequel Dieu fera sa demeure parmi les hommes pour une éternelle communion. « Apocalypse » signifie dévoilement. Depuis l'île de Patmos, vers l'an 100, Jean apporte aux chrétiens rejetés et voués à une mort violente l'espérance pour vivre l'innommable dans la foi fidèlement au témoignage du Christ ressuscité.

Les Évangiles

Quatre évangiles sont proposés dans le Nouveau Testament pour découvrir, à partir d'authentiques témoins, le mystère de Jésus, Christ. Pourtant, il n'y a qu'un seul Évangile, c'est celui du Messie crucifié comme l'écrira saint Paul (1 Corinthiens 1, 23). C'est lui, le Christ, qui est annoncé comme Parole de Vie dans ces récits. Cet « Évangile quadriforme » selon une belle formule de saint Irénée de Lyon manifeste à lui seul le déploiement de cette nouvelle unique au sein de la multiplicité des genres littéraires et des cultures.

Les évangiles sont ainsi rédigés comme une catéchèse destinée à faire naître la foi et à soutenir les croyants. Il reste des débats quant à la rédaction de ces textes, mais un consensus se dégage.

Marc, proche de l'apôtre Pierre, écrit en grec le premier Évangile, à Rome, dans les années 65-70. La communauté chrétienne de Rome est en proie à la persécution. Pierre mourra sous l'empereur Néron, en 64. Cette communauté d'anciens païens, destinataires de l'Évangile de Jésus, Christ, selon Marc, doit affronter la violence et demeurer dans la foi. Au Golgotha, après la mort de Jésus, c'est un centurion romain qui, en contemplant le Crucifié, déclarera : « Vraiment, cet homme était le Fils de Dieu » (Marc 15, 39). Le récit marcien sera une source non négligeable pour les évangélistes Luc et Matthieu. Ces trois évangiles seront ainsi communément appelés les évangiles « synoptiques », c'est-à-dire « que l'on peut voir ensemble », en raison de la proximité des différents récits.

Matthieu, issu du judaïsme, écrit son évangile vers l'an 80. Dix années plus tôt, le Temple de Jérusalem a été détruit. Après ce choc, dans un climat de tensions entre les juifs et les adeptes de la « Voie nouvelle », Matthieu s'adresse aux judéo-chrétiens. Il présente Jésus de Nazareth comme le Seigneur en se référant constamment au *Tanakh.* La Loi de la Première Alliance reste la règle de vie et Jésus mènera cette Loi à son accomplissement : « Je ne suis pas venu abolir la Loi, mais l'accomplir » (Matthieu 5, 17). L'écriture de Matthieu est marquée par sa culture juive. Il évoque le Royaume de Dieu plutôt que le nom de Dieu lui-même, comme le font les juifs. Son style est celui d'un enseignant. Pour Matthieu, Jésus est le Seigneur glorifié en qui tout est accompli. La victoire est totale.

Luc est disciple de Paul. Il est l'un de ses compagnons de voyage. D'ascendance païenne, médecin, il est l'auteur d'un évangile et du livre des Actes des Apôtres rédigé autour des années 80. Dans l'évangile qu'il nous laisse, il raconte les événements de Jésus, Sauveur, comme le ferait un historien (Luc 1, 1-4). Sa visée est simple. Croyant, Luc veut partager sa foi tous azimuts. Pour ce faire, il s'adresse aux communautés qui se trouvent en territoire païen. Son évangile est une annonce de libération pour les plus éloignés, les blessés et les opprimés. La joie traverse ses pages comme un souffle de grâce. Luc a vécu une rencontre décisive avec son Sauveur et témoigne, à sa manière, de la miséricorde du Père. Son évangile est celui de la délicatesse et de la tendresse. Pour Luc, La proximité et l'accueil de Jésus vis-à-vis des petits et des laissés-pour-compte évoque avec force le cœur aimant du Père.

Jean rédige son évangile à Éphèse. L'apôtre vit avec une communauté qui médite et approfondit son témoignage et ses enseignements en faisant l'expérience de la présence du Christ ressuscité. Du coup, « l'école johannique » va, de son côté, participer à la rédaction de l'évangile de Jean. Ce texte sera définitif vers l'an 100. Cet évangile est souvent appelé « évangile spirituel » en raison du témoignage saisissant de l'apôtre et de la communauté elle-même. La lecture de cet évangile nous ouvre, à partir de réalités concrètes, au monde des symboles. Or, le symbole est ce qui unit. Sans doute les auteurs de l'Évangile ont-ils voulu inviter l'auditeur et le lecteur à entrer dans l'au-delà du visible pour accueillir l'Esprit Saint et entrer dans la foi au Christ mort et ressuscité. C'est bien ainsi que Jean termine son Évangile quand il parle des signes rapportés dans le livre : « Ceux-ci l'ont été pour que vous croyiez que Jésus est le Christ, le Fils de Dieu, et pour que, en croyant, vous ayez la vie en son nom » (Jean 20, 31).

61. L'Annonciation

Luc 1, 26-38
26 Le sixième mois, l'ange Gabriel fut envoyé par Dieu dans une ville
de Galilée, appelée Nazareth, 27 à une jeune fille vierge, accordée
en mariage à un homme de la maison de David, appelé Joseph ;
et le nom de la jeune fille était Marie.
28 L'ange entra chez elle et dit : « Je te salue, Comblée-de-grâce,
le Seigneur est avec toi. »
29 À cette parole, elle fut toute bouleversée, et elle se demandait
ce que pouvait signifier cette salutation.
30 L'ange lui dit alors : « Sois sans crainte, Marie, car tu as trouvé
grâce auprès de Dieu. 31 Voici que tu vas concevoir et enfanter un
fils ; tu lui donneras le nom de Jésus. 32 Il sera grand, il sera appelé
Fils du Très-Haut ; le Seigneur Dieu lui donnera le trône de David
son père ; 33 il régnera pour toujours sur la maison de Jacob, et
son règne n'aura pas de fin. »
34 Marie dit à l'ange : « Comment cela va-t-il se faire puisque je
ne connais pas d'homme ? »
35 L'ange lui répondit : « L'Esprit Saint viendra sur toi, et la puis-
sance du Très-Haut te prendra sous son ombre ; c'est pourquoi
celui qui va naître sera saint, il sera appelé Fils de Dieu. 36 Or voici
que, dans sa vieillesse, Élisabeth, ta parente, a conçu, elle aussi, un
fils et en est à son sixième mois, alors qu'on l'appelait la femme
stérile. 37 Car rien n'est impossible à Dieu. »
38 Marie dit alors : « Voici la servante du Seigneur ; que tout
m'advienne selon ta parole. » Alors l'ange la quitta.

Au sixième jour de la création (Genèse 1, 26), Dieu fit l'homme à son image et à sa ressemblance. Au sixième mois, l'ange Gabriel – dont le nom signifie « la force de Dieu » – est envoyé à une jeune fille de Nazareth, appelée Marie. Présent dans le livre de Daniel (chapitre 8, 16), l'ange Gabriel n'est pas un inconnu. Tout au début de l'évangile de Luc, il révèle son nom et sa mission à Zacharie, officiant au Temple de Jérusalem (Luc 1, 19). L'ange Gabriel est porteur d'une heureuse nouvelle : « Réjouis-toi Marie, comblée de grâce ! » Surprise par la Parole de l'ange, Marie se livre totalement au projet de Dieu. Rien n'est impossible à Dieu. Par le oui libre de Marie, Dieu se fait homme. C'est le sourire de l'humanité au désir de Dieu. Le divin et l'humain se dévoilent ainsi dans l'humble Vérité.

Marie, étonnée, se risque sur la Parole reçue. Sa confiance est totale. Sans calcul, elle s'abandonne à l'Esprit Saint. Elle remet son destin pour donner à Dieu un visage humain.

Tout accueil de la Parole de Dieu continue aujourd'hui l'aventure de l'Incarnation. L'humilité de Marie dessine subtilement l'itinéraire de tout croyant. « Que tout m'advienne selon ta Parole. » C'est cela, le mouvement initial de la foi. Consentir à sa propre histoire en se recevant d'un Autre qui me parle et m'appelle à la Vie. Or, quand Dieu parle, Il agit. Sa parole est parole d'amour. Elle crée, elle libère et fait naître le plein d'humanité en chacune et chacun. Plus encore, elle touche le plus profond de l'homme, lui révélant la puissance et la beauté de la liberté.

Marie est une femme libre. Dans le silence, en accueillant le mystère de la grâce, elle découvre une force unique pour vivre sa mission. À la lumière de l'Esprit de Dieu, la Parole ainsi reçue peut alors prendre chair. La Vierge de Nazareth deviendra la mère de Jésus, le Sauveur. Désormais, Dieu danse avec le oui sans retour de Marie.

Tout commence et l'avenir est ouvert pour la joie du Ciel et de la Terre.

62. La prédication de Jean

Marc 1, 1-8

1 Commencement de l'Évangile de Jésus, Christ, Fils de Dieu.
2 Il est écrit dans Isaïe, le prophète : « Voici que j'envoie mon messager en avant de toi, pour ouvrir ton chemin. 3 Voix de celui qui crie dans le désert : Préparez le chemin du Seigneur, rendez droits ses sentiers. »
4 Alors Jean, celui qui baptisait, parut dans le désert. Il proclamait un baptême de conversion pour le pardon des péchés. 5 Toute la Judée, tous les habitants de Jérusalem se rendaient auprès de lui, et ils étaient baptisés par lui dans le Jourdain, en reconnaissant publiquement leurs péchés. 6 Jean était vêtu de poil de chameau, avec une ceinture de cuir autour des reins ; il se nourrissait de sauterelles et de miel sauvage.

[7] Il proclamait : « Voici venir derrière moi celui qui est plus fort que moi ; je ne suis pas digne de m'abaisser pour défaire la courroie de ses sandales. [8] Moi, je vous ai baptisés avec de l'eau ; lui vous baptisera dans l'Esprit Saint. »

Jean est un homme connu de tous. Sa naissance avait fait sensation. Son père Zacharie, âgé et prêtre au Temple, avait vu l'ange Gabriel lui apparaître pour lui annoncer que sa femme Élisabeth, stérile, allait lui donner un fils, dont le nom serait Jean. Étonnamment, Jean assume sa mission de prophète dans le « désert », un lieu peu peuplé, à l'écart des villes et des villages. Son parcours surprend autant que sa parole de feu. Il vit sans rien, sauf de cette parole qu'il proclamera avec passion. D'ailleurs, bien au-delà du désert, cette parole se propagera jusqu'à Jérusalem et jusqu'en Judée. Elle ira désaltérer la soif cachée de tous les habitants de la ville et de la terre de Judée. Ils viendront en nombre auprès de Jean recevoir le baptême de conversion. Il y a urgence. « Il vient celui qui est plus fort que moi. »

Ce désert, ne ressemble-t-il pas à nos terres de solitude ? Celles qui, enlacées dans les méandres de l'existence, se réveillent parfois à l'écoute d'une parole.

Jean le baptiseur attire à lui les écoutants. Il les invite à se laisser plonger dans ce bain d'eau qui lave les péchés. Ces pèlerins manifestent publiquement qu'ils déposent dans la mort la part d'eux-mêmes qui est contraire à la vie. Comme s'il fallait renaître pour percevoir l'inouï de celui dont Jean annonce la venue.

La prédication de Jean le Baptiste intrigue et inquiète jusqu'au Temple de Jérusalem, lieu sacré de la religion juive. Sa parole prophétique lui vaudra l'emprisonnement, puis la mort ordonnée par le roi Hérode Antipas autour de l'an 28 de notre ère. Jean fait face au Temple de Jérusalem. Le contraste est saisissant. La puissance du Temple et le dépouillement de Jean sont autant de lieux privilégiés pour aller à la rencontre de Dieu. Dès lors, la Parole de Dieu ne cesse de nous appeler à faire la vérité dans notre vie. Le prophète Jean, façonné par le Souffle de cette parole, a conscience de ce qu'il est et de ce qu'il n'est pas. Il ira jusqu'à se désapproprier de lui-même pour désigner la grandeur infinie de Celui qui vient.

63. Le baptême de Jésus

Matthieu 3, 13-17

13 Alors paraît Jésus. Il était venu de Galilée jusqu'au Jourdain auprès de Jean, pour être baptisé par lui. 14 Jean voulait l'en empêcher et disait : « C'est moi qui ai besoin d'être baptisé par toi, et c'est toi qui viens à moi ! » 15 Mais Jésus lui répondit : « Laisse faire pour le moment, car il convient que nous accomplissions ainsi toute justice. » Alors Jean le laisse faire.
16 Dès que Jésus fut baptisé, il remonta de l'eau, et voici que les cieux s'ouvrirent : il vit l'Esprit de Dieu descendre comme une colombe et venir sur lui. 17 Et des cieux, une voix disait : « Celui-ci est mon Fils bien-aimé, en qui je trouve ma joie. »

Jésus quitte son village de Nazareth et descend de la Galilée pour se rendre auprès de Jean, jusqu'au Jourdain. Sa mission commence dans un face-à-face de taille. La demande de Jésus a de quoi déconcerter Jean. Il y a sans doute confusion. Non, c'est bien Jésus qui veut être baptisé, malgré la résistance de Jean. « Il convient, dit Jésus, que nous accomplissions ainsi toute justice. » Ces premiers mots de Jésus dévoilent la mesure de sa mission. Pour accomplir la justice selon Jésus, il convient qu'il soit baptisé comme tous les pécheurs, non pas parce qu'il est pécheur, mais pour prendre la place des pécheurs. Cet acte de solidarité renverse toute idée de justice et place Jésus à la hauteur de tout homme. C'est toujours l'amour qui accomplit la justice selon Dieu.

N'est-ce pas cela que Jésus entend lorsqu'il sort des eaux du Jourdain ? « Celui-ci est mon fils bien-aimé, en qui je trouve ma joie. » Oui, il est le fils bien-aimé en qui et par qui chaque personne est aimée d'un amour inconditionnel. C'est pourquoi le baptême de Jésus exprime déjà la passion de Dieu pour le pécheur. Solidaire avec eux, il ira jusqu'à subir le sort réservé aux injustes. Dieu prend le chemin des hommes pour les trouver au plus obscur de leur détresse, de leur solitude et de leur malheur. Un monde nouveau apparaît. Le baptême de Jésus scelle l'Alliance qui s'accomplira dans le mystère de Pâques. Ainsi, l'immersion dans les eaux baptismales, nous fait entendre, à nous aussi, la déclaration d'amour du Père. Cette voix venue des cieux s'adresse à chacune, à chacun. Elle engage Dieu pour notre vie : « Tu es mon fils bien-aimé, tu es ma fille bien-aimée, en qui je trouve ma joie ! » Déconcertant, ce Dieu qui trouve en nous sa joie !

64. L'appel des premiers disciples

Matthieu 4, 18-22

18 Comme il marchait le long de la mer de Galilée, il vit deux frères, Simon, appelé Pierre, et son frère André, qui jetaient leurs filets dans la mer ; car c'étaient des pêcheurs. 19 Jésus leur dit : « Venez à ma suite, et je vous ferai pêcheurs d'hommes. » 20 Aussitôt, laissant leurs filets, ils le suivirent.

21 De là, il avança et il vit deux autres frères, Jacques, fils de Zébédée, et son frère Jean, qui étaient dans la barque avec leur père, en train de réparer leurs filets. Il les appela. 22 Aussitôt, laissant la barque et leur père, ils le suivirent.

Jésus marche au bord de la mer. Conscient de l'immensité de sa mission, il choisit de l'assumer avec des hommes libres, prêts à le suivre jusqu'au bout. Aucun contrat d'embauche pour les premiers disciples de Jésus. Simplement, il voit et il appelle. Un regard, une parole… : cela peut suffire pour changer une vie. Ces hommes, des pêcheurs avertis, sont saisis par cet étranger marchant sur le rivage de la mer de Galilée. Il devait en passer, des badauds sur la rive de la mer, attentifs à la pêche du jour, aux aléas de leur travail. Mais celui-là n'a rien de ressemblant. Sa parole est unique. Elle dit vrai. Elle suscite de larges espaces pour déployer la liberté et la confiance. Étonnant Jésus qui arrête son choix sur des hommes de la mer. Du jamais-vu dans l'univers biblique. Le métier de la pêche est périlleux. Il nécessite du courage, mobilise les énergies quand les filets ramènent l'abondance. Il use parfois jusqu'au creux de la patience devant les filets désespérément vides.

Et puis, le métier de pêcheur n'est pas un métier solitaire. Un solide équipage conditionne encore la mise en œuvre de la pêche.

Pourtant, les voilà embarqués, ces pêcheurs, sur une autre embarcation à la suite de Jésus. Dès l'appel entendu, ils se séparent de leur métier et de leur parenté. La fécondité de la Parole de Jésus a été immédiate. Ils partent et ils le suivent.

Certes, ils ne savent rien de lui, mais le mystère de cet homme a touché leur propre mystère. Ils se découvriront, tels qu'ils sont, au fil des jours de marche avec Jésus. Avec lui, ils deviendront pêcheurs d'hommes et seront témoins de la puissance de la foi.

Un même appel, une même aventure sont toujours proposés à qui entend la Parole du Christ. En suivant Jésus, pas à pas, nous apprenons de lui à devenir humains.

65. Le discours sur la montagne

MATTHIEU 5, 1-16

1 Voyant les foules, Jésus gravit la montagne. Il s'assit, et ses
disciples s'approchèrent de lui. 2 Alors, ouvrant la bouche, il les
enseignait. Il disait :
3 « Heureux les pauvres de cœur, car le royaume des Cieux est
à eux.
4 Heureux ceux qui pleurent, car ils seront consolés.
5 Heureux les doux, car ils recevront la terre en héritage.
6 Heureux ceux qui ont faim et soif de la justice, car ils seront
rassasiés.
7 Heureux les miséricordieux, car ils obtiendront miséricorde.
8 Heureux les cœurs purs, car ils verront Dieu.
9 Heureux les artisans de paix, car ils seront appelés fils de Dieu.
10 Heureux ceux qui sont persécutés pour la justice, car le royaume
des Cieux est à eux.
11 Heureux êtes-vous si l'on vous insulte, si l'on vous persécute et
si l'on dit faussement toute sorte de mal contre vous, à cause de
moi. 12 Réjouissez-vous, soyez dans l'allégresse, car votre récom-
pense est grande dans les cieux ! C'est ainsi qu'on a persécuté les
prophètes qui vous ont précédés.
13 Vous êtes le sel de la terre. Mais si le sel devient fade, comment
lui rendre de la saveur ? Il ne vaut plus rien : on le jette dehors et
il est piétiné par les gens.
14 Vous êtes la lumière du monde. Une ville située sur une mon-
tagne ne peut être cachée. 15 Et l'on n'allume pas une lampe pour
la mettre sous le boisseau ; on la met sur le lampadaire, et elle
brille pour tous ceux qui sont dans la maison. 16 De même, que
votre lumière brille devant les hommes : alors, voyant ce que vous
faites de bien, ils rendront gloire à votre Père qui est aux cieux. »

Le bonheur, vous connaissez ? Nous en vivons parfois. Lorsqu'il nous manque, nous le rêvons, nous l'idéalisons. Nous le cherchons si souvent ailleurs qu'en nous-mêmes. Fragile et éphémère, il nous déserte quand il n'est qu'apparence et fausse illusion. Beaucoup annoncent le bonheur, le vendent à tous les prix comme des marchands sans scrupule.

Les foules suivent Jésus. Elles ont été témoins des guérisons qui accompagnaient l'annonce de la Bonne Nouvelle. Elles viennent à lui, attirées par la puissance qu'elles croient percevoir. Elles cherchent le bonheur auprès de Jésus. Ses paroles sont déconcertantes. Jamais personne n'avait déclaré le bonheur aux pauvres, aux affamés de justice, aux persécutés, aux calomniés. Quel contraste, ce bonheur, dans les situations de vide et de manque. Faut-il donc souffrir pour connaître ce bonheur proclamé par Jésus ? Non, nous ne sommes pas dans l'éloge de la souffrance ou de la résignation. Au contraire, ces béatitudes évoquent la réalité du Royaume de Dieu. Jésus constate la possibilité de ce bonheur, là où demeure un espace pour le recevoir. « Heureux les pauvres de cœur, car le Royaume des Cieux est à eux ! » Cette première béatitude contient toutes les autres. Elle dit le contraire de l'orgueil et de la suffisance. Elle éclaire ces réalités humaines, portées par l'espérance et la fidélité de la foi.

En ouvrant son enseignement par la proclamation des Béatitudes, Jésus dévoile l'élan tonique de la Bonne Nouvelle. C'est le bonheur qu'il est venu annoncer et qui se donnera à voir dans la liberté qu'il révélera tout au long de sa vie jusqu'au moment de sa Passion.

Et Jésus va plus loin encore. À ceux qui sont persécutés, aux doux, aux miséricordieux, aux pauvres en esprit, il leur enjoint d'être sel de la terre et lumière du monde. Comme la lumière, le sel n'existe pas pour lui-même. Sa raison d'être consiste uniquement à donner de la saveur. S'ouvrir au bonheur de Dieu fait de nous des contagieux de la Bonne Nouvelle. Au milieu de ce monde, l'espérance nous tient debout et fait signe, dans l'humilité de l'amour, du Royaume déjà là.

66. Le discours sur la montagne (suite)

Matthieu 5, 17-24, 43-48

17 « Ne pensez pas que je sois venu abolir la Loi ou les Prophètes :
je ne suis pas venu abolir, mais accomplir. 18 Amen, je vous le dis :
Avant que le ciel et la terre disparaissent, pas un seul iota, pas un
seul trait ne disparaîtra de la Loi jusqu'à ce que tout se réalise.
19 Donc, celui qui rejettera un seul de ces plus petits commande-
ments, et qui enseignera aux hommes à faire ainsi, sera déclaré le
plus petit dans le royaume des Cieux. Mais celui qui les observera
et les enseignera, celui-là sera déclaré grand dans le royaume
des Cieux.
20 Je vous le dis en effet : Si votre justice ne surpasse pas celle
des scribes et des pharisiens, vous n'entrerez pas dans le royaume
des Cieux.
21 « Vous avez appris qu'il a été dit aux anciens : Tu ne commettras
pas de meurtre, et si quelqu'un commet un meurtre, il devra passer
en jugement. 22 Eh bien ! moi, je vous dis : Tout homme qui se met
en colère contre son frère devra passer en jugement. Si quelqu'un
insulte son frère, il devra passer devant le tribunal. Si quelqu'un
le traite de fou, il sera passible de la géhenne de feu.
23 Donc, lorsque tu vas présenter ton offrande à l'autel, si, là, tu
te souviens que ton frère a quelque chose contre toi, 24 laisse ton
offrande, là, devant l'autel, va d'abord te réconcilier avec ton frère,
et ensuite viens présenter ton offrande. [...]
43 Vous avez appris qu'il a été dit : Tu aimeras ton prochain et tu
haïras ton ennemi. 44 Eh bien ! moi, je vous dis : Aimez vos ennemis,
et priez pour ceux qui vous persécutent, 45 afin d'être vraiment les
fils de votre Père qui est aux cieux ; car il fait lever son soleil sur
les méchants et sur les bons, il fait tomber la pluie sur les justes
et sur les injustes. 46 En effet, si vous aimez ceux qui vous aiment,
quelle récompense méritez-vous ? Les publicains eux-mêmes n'en
font-ils pas autant ? 47 Et si vous ne saluez que vos frères, que
faites-vous d'extraordinaire ? Les païens eux-mêmes n'en font-ils
pas autant ? 48 Vous donc, vous serez parfaits comme votre Père
céleste est parfait.

Des paroles aussi radicales ont sans doute ébranlé les auditeurs de Jésus. Un vrai séisme. Il n'y a pourtant aucune nouveauté. Jésus fait siennes ces Dix Paroles, appelées le Décalogue, reçues par Moïse au mont Sinaï. Là, se trouve le centre de la Loi. Dans le discours sur la montagne, il recrée, en quelque sorte, ce qui s'est passé au Sinaï et se situe à la hauteur de la source de la Loi, c'est-à-dire de Dieu lui-même. « On vous a dit… Moi, je vous dis. » Il ne touche pas à la Loi en tant que telle. Il en donne une interprétation nouvelle en la dégageant de toute restriction satisfaisante.

C'est en accomplissant la Loi que Jésus va révéler ce qu'elle est vraiment. Quand il affirme qu'il ne vient pas l'abolir mais l'accomplir, il lève toutes les limites en visant la perfection. Accomplir la Loi ou les Prophètes, c'est aller jusqu'au bout, car Jésus assume toute l'Écriture en sa personne. L'enseignement de Jésus ne laisse pas indemnes ses auditeurs. Ils reconnaissent en lui quelqu'un qui a autorité. Il ne parle pas comme les autres scribes et les rabbis de l'époque. Sa parole transforme le cœur de ceux qui l'accueillent. L'autorité de Jésus fait croître la vie et désigne à l'homme la liberté pour laquelle il est créé.

Aimez vos ennemis. L'amour n'attend pas. Il n'est pas d'abord échange réciproque comme le vivent les publicains et les païens. Les publicains étaient chargés de collecter les taxes et l'impôt. Les païens ici sont plutôt les non-Juifs. Ces catégories de personnes ne sont l'objet d'aucun jugement de la part de Jésus. Il invite à dépasser les mondanités. Jésus va plus loin encore. L'excès de l'amour conduit celui qui aime à n'exclure personne de cet amour. En cela réside la perfection à laquelle nous sommes appelés. Dieu fait pleuvoir sur les justes et les injustes. Il fait lever son soleil sur les bons et les méchants. Puisque nous sommes créés à l'image et à la ressemblance de Dieu, nous lui serons semblables quand, nous aussi, nous donnerons vie en choisissant d'aimer nos frères, même les ennemis, parce qu'ils sont nos frères.

67. La guérison du paralytique

Luc 5, 17-26

17 Un jour que Jésus enseignait, il y avait dans l'assistance des pharisiens et des docteurs de la Loi, venus de tous les villages de Galilée et de Judée, ainsi que de Jérusalem ; et la puissance du Seigneur était à l'œuvre pour lui faire opérer des guérisons.

18 Arrivent des gens, portant sur une civière un homme qui était
paralysé ; ils cherchaient à le faire entrer pour le placer devant
Jésus. 19 Mais, ne voyant pas comment faire à cause de la foule,
ils montèrent sur le toit et, en écartant les tuiles, ils le firent des-
cendre avec sa civière en plein milieu devant Jésus. 20 Voyant leur
foi, il dit : « Homme, tes péchés te sont pardonnés. »
21 Les scribes et les pharisiens se mirent à raisonner : « Qui est-il
celui-là ? Il dit des blasphèmes ! Qui donc peut pardonner les
péchés, sinon Dieu seul ? » 22 Mais Jésus, saisissant leurs pen-
sées, leur répondit : « Pourquoi ces pensées dans vos cœurs ?
23 Qu'est-ce qui est le plus facile ? Dire : "Tes péchés te sont
pardonnés", ou dire : "Lève-toi et marche" ? 24 Eh bien ! Afin que
vous sachiez que le Fils de l'homme a autorité sur la terre pour
pardonner les péchés, – Jésus s'adressa à celui qui était para-
lysé – je te le dis, lève-toi, prends ta civière et retourne dans ta
maison. »
25 À l'instant même, celui-ci se releva devant eux, il prit ce qui
lui servait de lit et s'en alla dans sa maison en rendant gloire
à Dieu. 26 Tous furent saisis de stupeur et ils rendaient gloire à
Dieu. Remplis de crainte, ils disaient : « Nous avons vu des choses
extraordinaires aujourd'hui ! »

C'est une acrobatie peu commune que vont tenter de réaliser ces quatre hommes pleins d'audace et de foi. Ouvrant le toit pour déposer devant Jésus leur ami paralysé, ils s'en remettent à la puissance du Seigneur avec une confiance sans limites. Il le guérira, pensent-ils, comme tant d'autres avant lui. Jésus voit leur foi agissante. Son regard saisit l'élan intérieur de ces hommes. Tous ont les yeux sur Jésus. Surgit alors de ce silence imposant cette parole inattendue : « Homme, tes péchés te sont pardonnés. » Quelle déception pour les témoins de la scène ! Même si dans la mentalité de l'époque, toute maladie et toute infirmité étaient signe du péché, la Parole de Jésus tombe à plat. Elle vise juste, mais elle provoque, chez les scribes et les pharisiens, la réaction immédiate sur la question fondamentale de son identité. « Qui est-il celui-là ? Dieu seul peut pardonner les péchés. »

Enfermés qu'ils sont dans la suffisance exclusive de leur savoir, ces spécialistes de Dieu portent un jugement pas moins exclusif sur l'attitude de Jésus. Ils ne supportent pas qu'un homme s'attribue une prérogative de Dieu. C'est pour eux un blasphème qui comptera lors du procès de Jésus.

Pourtant, en accueillant le paralysé avec cette parole du pardon, Jésus révèle sa propre identité. Il est le Fils de l'Homme (Jean 1, 51), envoyé de Dieu auprès des hommes, victorieux sur le mal. Il accomplit l'œuvre du Père en libérant l'homme de ses péchés et il le fait en risquant sa vie puisque le blasphème était puni de mort à cette époque dans cette communauté. Le paralysé reçoit, à cet instant-là, le don le plus grand que l'amour puisse offrir. Devant le doute et la suspicion de ses interlocuteurs, Jésus va libérer le paralysé de son infirmité. « Lève-toi ! Debout, marche avec ce qui te retenait au sol. Prends sur toi cette part qui t'a retenu immobilisé comme un mort dans son tombeau. Va chez toi, vivifie tes proches de ce pardon reçu. Tisse des liens nouveaux et rends gloire à Dieu. »

Le pardon est un acte de résurrection. Il est une renaissance où tout est donné pour se recevoir de Dieu. Cette personne paralysée ne dit rien. Elle quitte la scène et rentre chez elle. Son avenir est désormais ouvert. Le miraculé aura à inventer l'espace nouveau qui lui est donné pour vivre librement. La guérison et le pardon des péchés stupéfient la foule, témoin de ce qu'elle a vu et entendu. Elle aussi va rendre gloire à Dieu devant la puissance du Seigneur.

68. La parabole du Semeur

Marc 4, 1-11

1 Jésus se mit de nouveau à enseigner au bord de la mer de Galilée. Une foule très nombreuse se rassembla auprès de lui, si bien qu'il monta dans une barque où il s'assit. Il était sur la mer, et toute la foule était près de la mer, sur le rivage.
2 Il leur enseignait beaucoup de choses en paraboles, et dans son enseignement il leur disait :

3 « Écoutez ! Voici que le semeur sortit pour semer.

4 Comme il semait, du grain est tombé au bord du chemin ; les oiseaux sont venus et ils ont tout mangé.

5 Du grain est tombé aussi sur du sol pierreux, où il n'avait pas beaucoup de terre ; il a levé aussitôt, parce que la terre était peu profonde ;
6 et lorsque le soleil s'est levé, ce grain a brûlé et, faute de racines, il a séché.

7 Du grain est tombé aussi dans les ronces, les ronces ont poussé,
l'ont étouffé, et il n'a pas donné de fruit.
8 Mais d'autres grains sont tombés dans la bonne terre ; ils ont
donné du fruit en poussant et en se développant, et ils ont produit
trente, soixante, cent, pour un. »
9 Et Jésus disait : « Celui qui a des oreilles pour entendre, qu'il
entende ! »
10 Quand il resta seul, ceux qui étaient autour de lui avec les Douze
l'interrogeaient sur les paraboles. 11 Il leur disait : « C'est à vous
qu'est donné le mystère du royaume de Dieu ; mais à ceux qui sont
dehors, tout se présente sous forme de paraboles. »

À entendre Jésus, il semble que la terre n'ait guère de secret pour lui. Tant de fois, son regard s'est attardé sur les gestes coutumiers des semeurs. Ils jettent la semence sur leurs lopins de terre parcimonieusement, sans doute pour que rien ne soit perdu. Dans cette parabole célèbre, il va se servir de l'image du semeur pour nous faire découvrir l'importance de l'écoute. Au début et à la fin, il est question d'écoute. « Écoutez ! », « Celui qui a des oreilles pour entendre, qu'il entende ! »

Cette indication ouvre le sens de la parabole. Le semeur est sorti pour semer. Il s'en vient jeter généreusement la semence. Sans calcul, il sème à tous vents malgré les pierres et les épines.

Il le sait. C'est la bonne terre qui produira du fruit, car elle offre à la semence sa condition idéale de croissance. Ainsi en est-il de l'écoute de la Parole de Jésus. Dieu est le semeur généreux. Il répand sa Parole largement dans la terre de nos vies. L'écoute portée à cette Parole lui offrira un terrain ouvert ou incertain. C'est le risque que va prendre le semeur.

Nous savons combien l'écoute est fondamentale dans la tradition juive. « Écoute, Israël : le Seigneur ton Dieu est l'unique Seigneur… » Chaque jour, à deux reprises, le croyant juif récite ce verset pour se mettre en lien avec son Dieu. Sa disponibilité à la Parole est le principe premier de sa pratique religieuse. Cette écoute de la Parole a formé la foi du peuple de Dieu.

Les disciples de Jésus ne sont pas indifférents à la requête de Jésus. En les invitant à l'écoute, Jésus forme leur cœur à l'accueil de son mystère. Ils auront à travailler leur terre intérieure, à la retourner quelquefois pour que prenne chair la Parole de Vie.

Cette Parole de Dieu se proclame encore aujourd'hui. Quand l'écoute attentive lui ouvre le passage, elle atteint le plus profond de l'homme et féconde en lui la surabondance de la vie.

69. La tempête apaisée

Marc 4, 35-41

35 Ce jour-là, le soir venu, il dit à ses disciples : « Passons sur l'autre rive. »

36 Quittant la foule, ils emmenèrent Jésus, comme il était, dans la barque, et d'autres barques l'accompagnaient.

37 Survient une violente tempête. Les vagues se jetaient sur la
barque, si bien que déjà elle se remplissait.
38 Lui dormait sur le coussin à l'arrière. Les disciples le réveillent et lui disent : « Maître,
nous sommes perdus ; cela ne te fait rien ? »
39 Réveillé, il menaça le vent et dit à la mer : « Silence, tais-toi ! » Le vent tomba, et il se fit un grand calme.

40 Jésus leur dit : « Pourquoi êtes-vous si craintifs ? N'avez-vous
pas encore la foi ? »
41 Saisis d'une grande crainte, ils se disaient entre eux : « Qui est-il donc, celui-ci, pour que même le vent et la mer lui obéissent ? »

La journée a été rude. Une foule très nombreuse était venue écouter Jésus. Son enseignement en paraboles invitait ses auditeurs à la confiance et à l'écoute. La fatigue de Jésus et des disciples est palpable. Prendre la barque, le soir, pour aller sur l'autre rive est une manière de prendre un peu de distance et de repos. La traversée du lac cependant peut parfois révéler quelques surprises. Une violente tempête se déchaîne, mettant en péril l'embarcation. Jésus dort. Il n'entend rien. Son sommeil est profond malgré les fortes secousses de la mer. La peur des disciples est totale. Ils se savent perdus devant le naufrage certain. C'est bien cela qu'ils disent à Jésus en le réveillant. Leur foi vacillante a basculé avec les vents forts de la bourrasque. Jésus, après avoir ramené le calme, s'en étonnera. « Pourquoi êtes-vous si craintifs ? N'avez-vous pas encore la foi ? »

La peur est le contraire de la foi. Les disciples expérimentent ici leur difficulté à croire devant le danger certes imminent. Ils sont sans ressources pour dépasser leur peur panique, alors que, tout au long de la journée, Jésus leur parlait du grain semé en terre comme une parole à écouter, puis à accueillir et enfin à laisser grandir pour vivre dans la confiance.

Un petit détail retient notre attention. La barque sur laquelle se tenaient Jésus et ses disciples n'est pas la seule à subir les assauts de la tempête. Il y avait d'autres barques, note l'évangéliste Marc. Une indication intéressante. La Parole de Jésus qui libère les disciples du naufrage libère, en même temps, toutes les embarcations en danger sur la mer. N'y a-t-il pas là une préfiguration saisissante du salut apporté par Jésus à tous les peuples de la Terre ? Toutes ces barques sauvées de la tempête font signe aux disciples de Jésus. Ils s'ouvrent au mystère de l'identité de leur Maître et s'interrogent comme le fait tout disciple : « Qui est-il donc, celui-ci, pour que même le vent et la mer lui obéissent ? »

70. L'envoi et la mission des disciples

Marc 6, 7-13

7 Il appela les Douze ; alors il commença à les envoyer en mission
deux par deux. Il leur donnait autorité sur les esprits impurs, 8 et
il leur prescrivit de ne rien prendre pour la route, mais seulement un bâton ; pas de pain, pas de sac, pas de pièces de monnaie dans leur ceinture.
9 « Mettez des sandales, ne prenez pas de tunique de rechange. »
10 Il leur disait encore : « Quand vous avez trouvé l'hospitalité dans
une maison, restez-y jusqu'à votre départ. 11 Si, dans une localité,
on refuse de vous accueillir et de vous écouter, partez et secouez la poussière de vos pieds : ce sera pour eux un témoignage. »
12 Ils partirent, et proclamèrent qu'il fallait se convertir. 13 Ils expul-
saient beaucoup de démons, faisaient des onctions d'huile à de nombreux malades, et les guérissaient.

À leur tour, les Douze (Apôtres, c'est-à-dire « envoyés » : les plus proches, choisis dès le début par Jésus, même si bien d'autres, hommes et femmes, l'ont suivi) entrent en action. Le chiffre douze n'est pas un hasard. Il représente l'ensemble du peuple de Dieu. Les douze fils de Jacob (Genèse 35, 22) formeront les douze tribus d'Israël. Deux par deux, les voilà envoyés sur les routes, un bâton à la main. Rien d'autre, ni pain, ni sac, ni pièces de monnaie. Pauvres comme leur Maître, libres comme lui pour inviter à la conversion. Ce dénuement est plus fort que les discours. Il est à lui seul une parole qui porte témoignage. Il désigne la force de Celui qui les a envoyés en mission. Quand ils chassent les démons et guérissent les malades, ils prennent part à l'unique mission de Jésus lui-même. Ils ne peuvent rien s'approprier et ne compter que sur l'accueil qui leur sera offert.

C'est ainsi que Jésus est venu dans le monde. Sans rien. Sa mission est d'être accueilli. « Il est venu chez les siens et les siens ne l'ont pas accueilli » (Jean 1, 11). L'hospitalité donne à ceux qui l'exercent de recevoir la Parole de Dieu en devenant eux-mêmes enfants de Dieu avec le Christ. L'homme n'est pas qu'une créature. Sa vocation est de devenir fils ou fille de Dieu, partageant sa vie pour toujours. La pauvreté et la liberté des Douze ne sont possibles que grâce à l'hospitalité. Elle est le lieu incontournable pour vivre l'amitié avec Jésus lui-même. Combien de fois, dans l'Évangile, nous voyons Jésus accueilli chez ses amis, chez les pécheurs et les publicains ! Toute mission au nom de Jésus trouve sa joie dans l'hospitalité qu'elle suscite.

Certes, l'hospitalité est une réponse généreuse et libre à la proclamation de la Parole de Dieu. Jamais, cette Parole ne s'impose. Elle donne à connaître de l'intérieur la pauvreté et la liberté des disciples de Jésus. C'est vrai, il y a des lieux où l'on résiste, où l'on refuse catégoriquement d'accueillir cette Parole libératrice. Ne prenez pas sur vous ce refus ou cette indifférence, dira Jésus à ceux qu'il a envoyés. Secouez et laissez même la poussière de vos pieds sur le pas de la porte. Vous manifesterez ainsi la gratuité de votre mission.

L'envoi et la mission des Douze dessinent à grands traits le profil évangélique du disciple-missionnaire. La pertinence de ce modèle démontre la ressemblance évidente du disciple avec son Maître. Normal, penserez-vous, puisqu'il n'y a qu'une unique mission, celle de Jésus, le Christ.

71. Confiance, les lis des champs

Luc 12, 16-32

16 Et il leur dit cette parabole : « Il y avait un homme riche, dont le domaine avait bien rapporté. 17 Il se demandait : "Que vais-je faire ? Car je n'ai pas de place pour mettre ma récolte." 18 Puis il se dit : "Voici ce que je vais faire : je vais démolir mes greniers,

j'en construirai de plus grands et j'y mettrai tout mon blé et tous
mes biens. 19 Alors je me dirai à moi-même : Te voilà donc avec
de nombreux biens à ta disposition, pour de nombreuses années.
Repose-toi, mange, bois, jouis de l'existence."
20 Mais Dieu lui dit : "Tu es fou : cette nuit même, on va te rede-
mander ta vie. Et ce que tu auras accumulé, qui l'aura ?" 21 Voilà
ce qui arrive à celui qui amasse pour lui-même, au lieu d'être
riche en vue de Dieu. »
22 Puis il dit à ses disciples : « C'est pourquoi, je vous dis : À propos
de votre vie, ne vous souciez pas de ce que vous mangerez, ni, à
propos de votre corps, de quoi vous allez le vêtir. 23 En effet, la
vie vaut plus que la nourriture, et le corps plus que le vêtement.
24 Observez les corbeaux : ils ne font ni semailles ni moisson, ils
n'ont ni réserves ni greniers, et Dieu les nourrit. Vous valez tel-
lement plus que les oiseaux ! 25 D'ailleurs qui d'entre vous, en se
faisant du souci, peut ajouter une coudée à la longueur de sa vie ?
26 Si donc vous n'êtes pas capables de la moindre chose, pourquoi
vous faire du souci pour le reste ? 27 Observez les lys : comment
poussent-ils ? Ils ne filent pas, ils ne tissent pas. Or je vous le dis :
Salomon lui-même, dans toute sa gloire, n'était pas habillé comme
l'un d'entre eux. 28 Si Dieu revêt ainsi l'herbe qui aujourd'hui est
dans le champ et demain sera jetée dans le feu, il fera tellement
plus pour vous, hommes de peu de foi ! 29 Ne cherchez donc pas
ce que vous allez manger et boire ; ne soyez pas anxieux. 30 Tout
cela, les nations du monde le recherchent, mais votre Père sait
que vous en avez besoin.
31 Cherchez plutôt son Royaume, et cela vous sera donné par sur-
croît. 32 Sois sans crainte, petit troupeau : votre Père a trouvé bon
de vous donner le Royaume. »

L'homme a toujours cherché la sécurité. Face à l'avenir qu'il ne maîtrise pas, il investit ses biens, les développe abondamment, pour assurer son bien-être futur. La parabole de Jésus déchiffre ce processus insensé d'une sécurité illusoire. Les biens possédés n'ajoutent pas des années à l'existence. Ce besoin impérieux de sécurité trouve sa racine dans l'angoisse du lendemain. Cette angoisse fameuse qui tient l'homme d'une main, parfois. La relation de cet homme riche avec la vie elle-même est égocentrique. Il ne la reçoit pas comme un don, mais il la traite comme un dû. Lui seul compte dans l'aventure. « Repose-toi, mange, bois, jouis de l'existence », se dit-il à lui-même. Son avoir et ses calculs le possèdent au point d'oublier qu'il est mortel. La mort imminente mettra fin à ses rêves éphémères et le laissera dépossédé de tout. Quelle énergie perdue ! L'accumulation de la richesse pour soi-même est une impasse cruelle.

Jésus poursuit son enseignement. Il insiste auprès de ses disciples pour qu'ils surmontent l'angoisse du lendemain. Pour cela, il révèle la valeur de la vie, unique bien dans lequel nous pouvons mettre notre confiance.

Jésus utilise les images fortes du corbeau et du lis des champs. L'un ne travaille pas comme les hommes, mais reçoit sa nourriture de Dieu lui-même. L'autre, revêtu d'une telle splendeur, manifeste aux yeux de tous la trace du Créateur.

Si Dieu prend soin de toute la Création, à combien plus forte raison il sait de quoi nous avons besoin. Nous sommes loin de l'insouciance souvent suspectée dans les propos de Jésus. Ne cherchez pas... mais cherchez plutôt... Jésus sait mieux que quiconque où se trouve le surcroît de la vie. Il est le témoin heureux du Royaume déjà là. La confiance en la vie reçue de Dieu déploie tous les possibles de l'amour et libère l'homme de toute peur et de toute angoisse.

72. La rencontre avec la Samaritaine

Jean 4, 1-42

1 Les pharisiens avaient entendu dire que Jésus faisait plus de disciples que Jean et qu'il en baptisait davantage. Jésus lui-même en eut connaissance. 2 – À vrai dire, ce n'était pas Jésus en personne qui baptisait, mais ses disciples. 3 Dès lors, il quitta la Judée pour retourner en Galilée. 4 Or, il lui fallait traverser la Samarie.

5 Il arrive donc à une ville de Samarie, appelée Sykar, près du terrain que Jacob avait donné à son fils Joseph. 6 Là se trouvait le puits de Jacob. Jésus, fatigué par la route, s'était donc assis près de la source. C'était la sixième heure, environ midi.

7 Arrive une femme de Samarie, qui venait puiser de l'eau. Jésus lui dit : « Donne-moi à boire. » 8 – En effet, ses disciples étaient partis à la ville pour acheter des provisions.

9 La Samaritaine lui dit : « Comment ! Toi, un Juif, tu me demandes à boire, à moi, une Samaritaine ? » – En effet, les Juifs ne fréquentent pas les Samaritains.

10 Jésus lui répondit : « Si tu savais le don de Dieu et qui est celui
qui te dit : "Donne-moi à boire", c'est toi qui lui aurais demandé,
et il t'aurait donné de l'eau vive. »
11 Elle lui dit : « Seigneur, tu n'as rien pour puiser, et le puits est
profond. D'où as-tu donc cette eau vive ? 12 Serais-tu plus grand
que notre père Jacob qui nous a donné ce puits, et qui en a bu
lui-même, avec ses fils et ses bêtes ? »
13 Jésus lui répondit : « Quiconque boit de cette eau aura de nou-
veau soif ; 14 mais celui qui boira de l'eau que moi je lui donnerai
n'aura plus jamais soif ; et l'eau que je lui donnerai deviendra en
lui une source d'eau jaillissant pour la vie éternelle. »
15 La femme lui dit : « Seigneur, donne-moi de cette eau, que je
n'aie plus soif, et que je n'aie plus à venir ici pour puiser. »
16 Jésus lui dit : « Va, appelle ton mari, et reviens. »
17 La femme répliqua : « Je n'ai pas de mari. » Jésus reprit : « Tu
as raison de dire que tu n'as pas de mari : 18 des maris, tu en as
eu cinq, et celui que tu as maintenant n'est pas ton mari ; là, tu
dis vrai. »
19 La femme lui dit : « Seigneur, je vois que tu es un prophète !....
20 Eh bien ! Nos pères ont adoré sur la montagne qui est là, et vous,
les Juifs, vous dites que le lieu où il faut adorer est à Jérusalem. »
21 Jésus lui dit : « Femme, crois-moi : l'heure vient où vous n'irez
plus ni sur cette montagne ni à Jérusalem pour adorer le Père.
22 Vous, vous adorez ce que vous ne connaissez pas ; nous, nous
adorons ce que nous connaissons, car le salut vient des Juifs.
23 Mais l'heure vient – et c'est maintenant – où les vrais adorateurs
adoreront le Père en esprit et vérité : tels sont les adorateurs que
recherche le Père. 24 Dieu est esprit, et ceux qui l'adorent, c'est
en esprit et vérité qu'ils doivent l'adorer. »
25 La femme lui dit : « Je sais qu'il vient, le Messie, celui qu'on
appelle Christ. Quand il viendra, c'est lui qui nous fera connaître
toutes choses. »
26 Jésus lui dit : « Je le suis, moi qui te parle. »
27 À ce moment-là, ses disciples arrivèrent ; ils étaient surpris de
le voir parler avec une femme. Pourtant, aucun ne lui dit : « Que
cherches-tu ? » ou bien : « Pourquoi parles-tu avec elle ? »
28 La femme, laissant là sa cruche, revint à la ville et dit aux gens :
29 « Venez voir un homme qui m'a dit tout ce que j'ai fait. Ne serait-il
pas le Christ ? »
30 Ils sortirent de la ville, et ils se dirigeaient vers lui.

31 Entre-temps, les disciples l'appelaient : « Rabbi, viens manger. »
32 Mais il répondit : « Pour moi, j'ai de quoi manger : c'est une
nourriture que vous ne connaissez pas. »
33 Les disciples se disaient entre eux : « Quelqu'un lui aurait-il
apporté à manger ? »
34 Jésus leur dit : « Ma nourriture, c'est de faire la volonté de Celui
qui m'a envoyé et d'accomplir son œuvre. 35 Ne dites-vous pas :
"Encore quatre mois et ce sera la moisson" ? Et moi, je vous dis :
Levez les yeux et regardez les champs déjà dorés pour la moisson.
Dès maintenant, 36 le moissonneur reçoit son salaire : il récolte
du fruit pour la vie éternelle, si bien que le semeur se réjouit en
même temps que le moissonneur. 37 Il est bien vrai, le dicton :
"L'un sème, l'autre moissonne." 38 Je vous ai envoyés moissonner
ce qui ne vous a coûté aucun effort ; d'autres ont fait l'effort, et
vous en avez bénéficié. »
39 Beaucoup de Samaritains de cette ville crurent en Jésus, à cause
de la parole de la femme qui rendait ce témoignage : « Il m'a dit
tout ce que j'ai fait. » 40 Lorsqu'ils arrivèrent auprès de lui, ils
l'invitèrent à demeurer chez eux. Il y demeura deux jours. 41 Ils
furent encore beaucoup plus nombreux à croire à cause de sa
parole à lui, 42 et ils disaient à la femme : « Ce n'est plus à cause
de ce que tu nous as dit que nous croyons : nous-mêmes, nous
l'avons entendu, et nous savons que c'est vraiment lui le Sauveur
du monde. »

Ils sont pauvres tous les deux, lui, assis près de la source, elle, venant, à l'heure de midi, puiser l'eau pour sa corvée journalière. En demandant à boire à la femme samaritaine, Jésus déroge à toute convention. Depuis des siècles, des murs de séparation tiennent à distance les Juifs des Samaritains. Et lui, le voilà pris en flagrant délit de conversation avec une personne de Samarie, et qui plus est, une femme. Les quiproquos ne manquent pas dans ce dialogue inattendu. Sa soif, n'est-elle pas de révéler à l'autre la source intarissable de Vie qui l'habite ?

La Samaritaine déposera son manque, elle aussi. Elle s'avouera sans mari, bien que son histoire tourmentée lui ait donné cinq maris, et celui avec lequel elle vit aujourd'hui n'est pas son mari. Le regard de Jésus sur cette femme est prodigieux. Il ne la juge pas, ne lui fait pas de leçon de morale. Il lui donne de renaître dans la vérité. Elle accède enfin, grâce à ce regard singulier, à cette vérité longtemps enfouie sous les décombres de sa vie. Cette eau vive devient alors source d'eau jaillissant pour la vie éternelle. Elle irrigue son désert intérieur qui se transforme en terre féconde et nourrissante. La femme anonyme va recevoir le don de Dieu. Jésus lui révèle sa propre identité. « Je sais qu'il vient, le Messie, celui qu'on appelle Christ », lui dit la femme. Et Jésus de répondre : « Je le suis, moi qui te parle. »

Elle s'en va, ivre d'une Parole d'amour, laissant sa cruche au bord du puits. Elle n'est plus la même quand elle revient dans son village. Stupéfaits, les gens, devant son témoignage renversant, vont partir, à leur tour, à la rencontre du Seigneur. Eux aussi reconnaîtront en Jésus le Sauveur du monde.

Jésus vient nous trouver au milieu de nos tâches quotidiennes. Il vient en pauvre, assoiffé de notre liberté. Il ne comble pas nos manques comme un Dieu qui domine. Non, il se met à hauteur d'homme pour le servir avec passion. Il exprime sa soif de communion avec tout homme pour révéler une autre soif qui, au moment de sa mort sur le mont Golgotha, réconciliera le monde avec Dieu.

73. La prière du *Notre Père* et comment prier

Luc 11, 1-13

1 Il arriva que Jésus, en un certain lieu, était en prière. Quand il eut terminé, un de ses disciples lui demanda : « Seigneur, apprends-nous à prier, comme Jean le Baptiste, lui aussi, l'a appris à ses disciples. »

2 Il leur répondit : « Quand vous priez, dites : Père, que ton nom soit sanctifié, que ton règne vienne. 3 Donne-nous le pain dont nous avons besoin pour chaque jour. 4 Pardonne-nous nos péchés, car nous-mêmes, nous pardonnons aussi à tous ceux qui ont des torts envers nous. Et ne nous laisse pas entrer en tentation. »

5 Jésus leur dit encore : « Imaginez que l'un de vous ait un ami et aille le trouver au milieu de la nuit pour lui demander : "Mon ami, prête-moi trois pains, 6 car un de mes amis est arrivé de voyage chez moi, et je n'ai rien à lui offrir." 7 Et si, de l'intérieur, l'autre lui répond : "Ne viens pas m'importuner ! La porte est déjà fermée ; mes enfants et moi, nous sommes couchés. Je ne puis pas me lever pour te donner quelque chose." 8 Eh bien ! je vous le dis : même

s'il ne se lève pas pour donner par amitié, il se lèvera à cause du sans-gêne de cet ami, et il lui donnera tout ce qu'il lui faut.
9 Moi, je vous dis : Demandez, on vous donnera ; cherchez, vous
trouverez ; frappez, on vous ouvrira. 10 En effet, quiconque demande
reçoit ; qui cherche trouve ; à qui frappe, on ouvrira.
11 Quel père parmi vous, quand son fils lui demande un poisson,
lui donnera un serpent au lieu du poisson ? 12 ou lui donnera un
scorpion quand il demande un œuf ?
13 Si donc vous, qui êtes mauvais, vous savez donner de bonnes choses à vos enfants, combien plus le Père du ciel donnera-t-il l'Esprit Saint à ceux qui le lui demandent ! »

Il y avait à l'époque de Jésus différentes écoles de prière. Les disciples de Jean le Baptiste pratiquaient la prière enseignée par leur Maître, la communauté de Qumrân avait aussi un rituel de prière qui lui était propre. Pas étonnant alors qu'un des disciples de Jésus lui adresse cette demande : « Apprends-nous Seigneur à prier. » En effet, l'Évangile nous montre souvent Jésus en prière. Il se retire parfois, seul pour prier. Sa prière est son lieu essentiel pour dialoguer avec son Père. Quand il prie, Jésus s'immerge dans la présence aimante du Père. Il se reçoit de lui et se donne totalement à lui.

Jésus consent à la demande du disciple. Il l'introduit ainsi que les autres disciples dans l'intimité de sa relation de Fils avec le Père. Il apprend à ses disciples que la prière vraie déploie et génère de la nouveauté dans toutes nos relations. Nous osons appeler Dieu « Père ». C'est dire que nous sommes filles et fils de ce Père. C'est affirmer aussi que nous sommes sœurs et frères de tous les humains. La prière que Jésus nous partage rétablit nos liens dans la vérité avec Dieu, avec nos sœurs et nos frères et avec nous-mêmes. Cette prière-là engage bien au-delà des mots. Elle mobilise aussi nos regards, nos gestes, toute notre existence et jusqu'au désir le plus intense. Quand nous prions la prière de Jésus, nous laissons l'Esprit Saint unifier notre vie.

Jésus nous assure que toute prière est infaillible. En évoquant le sans-gêne de cet ami qui, de nuit, va trouver un autre ami pour lui demander trois pains en vue d'accueillir une visite inattendue, il invite ses disciples à la confiance illimitée. Dieu le Père ne peut être insensible à nos demandes. Il se donne lui-même dans l'Esprit Saint. C'est ce dernier qui est le oui de Dieu à nos prières quelles qu'elles soient. C'est lui encore qui nous conduira vers la vérité tout entière. Là, nous contemplerons l'exaucement promis pour la vie éternelle.

74. La multiplication des pains

Jean 6, 1-15

[1] Après cela, Jésus passa de l'autre côté de la mer de Galilée, le
lac de Tibériade. [2] Une grande foule le suivait, parce qu'elle avait
vu les signes qu'il accomplissait sur les malades. [3] Jésus gravit
la montagne, et là, il était assis avec ses disciples. [4] Or, la Pâque,
la fête des Juifs, était proche.
[5] Jésus leva les yeux et vit qu'une foule nombreuse venait à lui.
Il dit à Philippe : « Où pourrions-nous acheter du pain pour qu'ils
aient à manger ? » [6] Il disait cela pour le mettre à l'épreuve, car
il savait bien, lui, ce qu'il allait faire.
[7] Philippe lui répondit : « Le salaire de deux cents journées ne
suffirait pas pour que chacun reçoive un peu de pain. » [8] Un de
ses disciples, André, le frère de Simon-Pierre, lui dit : [9] « Il y a
là un jeune garçon qui a cinq pains d'orge et deux poissons, mais
qu'est-ce que cela pour tant de monde ! »
[10] Jésus dit : « Faites asseoir les gens. » Il y avait beaucoup d'herbe
à cet endroit. Ils s'assirent donc, au nombre d'environ cinq mille
hommes. [11] Alors Jésus prit les pains et, après avoir rendu grâce,
il les distribua aux convives ; il leur donna aussi du poisson, autant
qu'ils en voulaient.
[12] Quand ils eurent mangé à leur faim, il dit à ses disciples :
« Rassemblez les morceaux en surplus, pour que rien ne se
perde. » [13] Ils les rassemblèrent, et ils remplirent douze paniers
avec les morceaux des cinq pains d'orge, restés en surplus pour
ceux qui prenaient cette nourriture.
[14] À la vue du signe que Jésus avait accompli, les gens disaient :
« C'est vraiment lui le Prophète annoncé, celui qui vient dans le
monde. »
[15] Mais Jésus savait qu'ils allaient venir l'enlever pour faire de lui
leur roi ; alors de nouveau il se retira dans la montagne, lui seul.

Dans l'évangile de Jean, tous les détails ont leur importance. Ils parlent autant que le texte lui-même. Parfois, ce sont eux qui aident à découvrir le sens de la Parole. Dans le récit de la multiplication des pains sont évoqués justement la montagne, la Pâque, la foule, etc. Ces détails ne laissent pas indifférents les auditeurs de l'évangile de Jean. Ils évoquent en filigrane l'événement célèbre que nous fait connaître le livre de l'Exode du premier Testament. Le peuple de Dieu est dans le désert. Il marche sous la conduite de Moïse. Épuisé, il a faim. Le Seigneur fait alors tomber la manne chaque matin pour le rassasier en éprouvant sa confiance.

Jésus lui aussi va nourrir cette foule. C'est un jeune garçon, repéré par André, un disciple, qui donnera ses provisions : cinq pains et deux poissons. Ce geste n'aura pas de prix. Il va offrir à Jésus le nécessaire pour que se produise la surabondance du signe prodigieux qu'il va accomplir. Rien de ce que nous donnons n'est dérisoire ni insignifiant. Ces pains et ces poissons multipliés, rassasieront cette foule de cinq mille hommes. Il faut déchiffrer derrière le pain et le poisson Jésus lui-même qui se fait nourriture. Cet enfant préfigure la confiance et l'abandon de Jésus à son Père. Il se donnera entièrement par amour pour ses frères. Dans l'Église primitive, on conservera ces deux symboles pour désigner le Christ avant celui de la croix.

C'est Jésus lui-même qui distribuera ce repas. Un détail encore nous attend. « Il y avait beaucoup d'herbe à cet endroit. » Une manière d'évoquer les herbes fraîches du Psaume 23 sur lequel le Seigneur fera reposer ceux qui le suivent sans que rien ne leur manque. Du coup, ce signe de la multiplication des pains anticipe ce repas nuptial, signe de l'Alliance enfin accomplie au terme de l'Histoire où l'abondance servira l'humanité entière comme avant-goût de la joie du Royaume de Dieu. Douze paniers pleins seront récoltés après que chacun aura mangé à sa faim. Ce don du Christ continue de faire vivre ses amis jusqu'à la fin du monde.

75. Les vignerons de la onzième heure

Matthieu 20, 1-16

1 « En effet, le royaume des Cieux est comparable au maître d'un domaine qui sortit dès le matin afin d'embaucher des ouvriers pour sa vigne. 2 Il se mit d'accord avec eux sur le salaire de la journée : un denier, c'est-à-dire une pièce d'argent, et il les envoya à sa vigne.

3 Sorti vers neuf heures, il en vit d'autres qui étaient là, sur la
place, sans rien faire. 4 Et à ceux-là, il dit : "Allez à ma vigne, vous
aussi, et je vous donnerai ce qui est juste." 5 Ils y allèrent. Il sortit
de nouveau vers midi, puis vers trois heures, et fit de même.
6 Vers cinq heures, il sortit encore, en trouva d'autres qui étaient
là et leur dit : "Pourquoi êtes-vous restés là, toute la journée, sans
rien faire ?" 7 Ils lui répondirent : "Parce que personne ne nous a
embauchés." Il leur dit : "Allez à ma vigne, vous aussi."
8 Le soir venu, le maître de la vigne dit à son intendant : "Appelle
les ouvriers et distribue le salaire, en commençant par les derniers
pour finir par les premiers."
9 Ceux qui avaient commencé à cinq heures s'avancèrent et reçurent
chacun une pièce d'un denier. 10 Quand vint le tour des premiers, ils
pensaient recevoir davantage, mais ils reçurent, eux aussi, chacun
une pièce d'un denier.
11 En la recevant, ils récriminaient contre le maître du domaine :
12 "Ceux-là, les derniers venus, n'ont fait qu'une heure, et tu les
traites à l'égal de nous, qui avons enduré le poids du jour et la
chaleur !"
13 Mais le maître répondit à l'un d'entre eux : "Mon ami, je ne suis
pas injuste envers toi. N'as-tu pas été d'accord avec moi pour un
denier ? 14 Prends ce qui te revient, et va-t'en. Je veux donner au
dernier venu autant qu'à toi : 15 n'ai-je pas le droit de faire ce que
je veux de mes biens ? Ou alors ton regard est-il mauvais parce que
moi, je suis bon ?" 16 C'est ainsi que les derniers seront premiers,
et les premiers seront derniers. »

Une parabole est une histoire qui ressemble à un miroir dans lequel nous pouvons nous identifier à l'un ou l'autre des personnages. Jésus parle en parabole pour mettre ses auditeurs devant un choix à faire. En fait, la parabole parle de notre vie. Ici, par exemple, les revendications de ceux qui ont travaillé tout le jour nous paraissent fondées et justifiées. Recevoir un salaire égal quelles que soient les heures de travail est choquant. Ce choc, Jésus le provoque pour nous ouvrir à une autre la réalité, celle du Royaume des cieux. Quel est-il, ce Royaume ?

La parabole va nous donner accès à son mystère. Il est le lieu où se manifeste la justice de Dieu. Sa justice ne dépend pas de nos mérites, de nos dévotions, ni de nos engagements. Elle n'est pas une récompense pour nos efforts. Elle est l'expression forte de l'amour de Dieu pour chacun de ses enfants. Que l'on soit puissant ou pauvre, démuni ou riche, croyant ou non, la justice de Dieu nous ajuste à l'infini de son amour. Jésus n'y va pas par quatre chemins. Quand il s'adresse à ceux qui pensent être justes, il leur dit : « Les publicains et les prostituées vous précéderont dans le Royaume de Dieu » (Matthieu 21, 31).

Quelle que soit l'heure de la vie, l'appel à travailler à la vigne du Seigneur fait voir toute l'espérance de Dieu. Il sort, à plusieurs reprises de la journée, à la recherche d'ouvriers disponibles pour leur donner de connaître sa bonté sans limites.

C'en est fini de la hiérarchie des vertus et des mérites. Fini les passe-droits et les privilèges. En Dieu, chacun est aimé d'un amour unique. Voilà le Royaume. La découverte de la bonté du Père nous décentre de nous-mêmes. Elle abolit en nous ce regard jaloux ou méprisant qui nous place dans le palmarès d'une compétition. En laissant la justice de Dieu convertir notre propre sens de la justice, le disciple de Jésus entre dans la gratuité de cet amour révélé et éternel.

76. L'obole de la veuve

Luc 21, 1-4

1 Levant les yeux, il vit les gens riches qui mettaient leurs offrandes dans le Trésor. 2 Il vit aussi une veuve misérable y mettre deux petites pièces de monnaie.

3 Alors il déclara : « En vérité, je vous le dis : cette pauvre veuve a mis plus que tous les autres. 4 Car tous ceux-là, pour faire leur offrande, ont pris sur leur superflu mais elle, elle a pris sur son indigence : elle a mis tout ce qu'elle avait pour vivre. »

La voilà, cette femme, mêlée à la foule, dans le Temple de Jérusalem. Elle est veuve, sans liens, sans appui. Seule. Elle sait la fidélité de Dieu. Personne ne la remarque… Elle n'a rien pour attirer le regard. La pauvreté et elle ne font qu'un. Ce jour-là, Jésus regarde les gens riches qui, lentement, déposent leur offrande dans le trésor du Temple. Un rite que devaient observer ceux qui se trouvaient là avec lui. Dans le cortège ostentatoire des offrandes arrive cette femme de misère. Elle n'a pas de superflu. Elle donnera tout ce qu'elle a pour vivre. Deux petites pièces de survie.

Jésus observe ce geste. Il s'émerveille devant la totalité de ce don. Ces deux piécettes données, il ne restera rien à cette veuve. Et, devant l'abandon à Dieu de cette misérable, Jésus voit se profiler ce qu'il aura lui-même à donner en allant jusqu'au bout de sa mission. Le don de soi n'a pas de mesure. Il est l'acte absolu de la confiance.

Dieu n'est pas comptable. Jésus fait l'éloge de cette veuve en la voyant se déposséder de tout son avoir pour s'en remettre à Dieu. La pauvreté extrême de cette femme rend visible la pauvreté du Père. En fait, il est le seul pauvre. En donnant son Fils unique au monde, il ne garde rien pour lui-même. Ainsi l'humanité découvre en lui la seule richesse qu'est l'Amour, la Vie qui ne passe pas.

77. Qui est le plus grand ?

Marc 9, 33-37

33 Ils arrivèrent à Capharnaüm, et, une fois à la maison, Jésus leur demanda : « De quoi discutiez-vous en chemin ? » 34 Ils se taisaient, car, en chemin, ils avaient discuté entre eux pour savoir qui était le plus grand.

35 S'étant assis, Jésus appela les Douze et leur dit : « Si quelqu'un veut être le premier, qu'il soit le dernier de tous et le serviteur de tous. »

36 Prenant alors un enfant, il le plaça au milieu d'eux, l'embrassa, et leur dit : 37 « Quiconque accueille en mon nom un enfant comme celui-ci, c'est moi qu'il accueille. Et celui qui m'accueille, ce n'est pas moi qu'il accueille, mais Celui qui m'a envoyé. »

« Ils se taisaient. » Le poids de ce silence en dit long sur la honte des disciples. Ils n'ont pas encore pris le chemin que leur Maître devra prendre. Ils se projettent encore dans un futur qu'ils imaginent régi par le rapport de force entre les grands et les petits. Patiemment, Jésus va reprendre ce dialogue et les conduire vers un renversement total de leurs prérogatives. C'est le dernier de tous, le serviteur de tous qui sera le premier. Encore faut-il comprendre cette parole pleine d'énigmes ! Jésus poursuit son enseignement en plaçant au milieu d'eux un enfant.

Au temps de Jésus, les enfants n'étaient pas intégrés dans la vie sociale. Insignifiants, ils faisaient partie des plus petits et le monde des adultes avait peu de considération pour eux. Ici, comme à d'autres moments, Jésus rétablit l'enfant dans sa dignité. Pour être le plus grand, accueillir le plus petit est incontournable. L'exclu, l'orphelin, l'impotent, le mal-aimé, tous les pauvres en tout genre deviennent figures de Jésus. Impossible désormais de fuir le regard mendiant de ces frères et de ces sœurs.

L'accueil des petits élargit ainsi le cercle des disciples de Jésus. En accueillant les pauvres, nous accueillons aussi le Père. C'est de lui que vient toute fraternité.

« Si quelqu'un veut être le premier... » Nous connaissons le chemin. Jésus nous précède dans cette aventure qui humanise en créant des liens nouveaux, de frère à frère. La rencontre avec le plus petit est le haut lieu de notre rencontre avec Dieu. L'hospitalité offerte ouvre le passage au Dieu de Jésus pour sa joie et pour la nôtre.

78. Le Fils prodigue

Luc 15, 11-32

11 Jésus dit encore : « Un homme avait deux fils. 12 Le plus jeune dit à son père : "Père, donne-moi la part de fortune qui me revient." Et le père leur partagea ses biens.

13 Peu de jours après, le plus jeune rassembla tout ce qu'il avait, et partit pour un pays lointain où il dilapida sa fortune en menant une vie de désordre.

14 Il avait tout dépensé, quand une grande famine survint dans ce pays, et il commença à se trouver dans le besoin. 15 Il alla s'engager auprès d'un habitant de ce pays, qui l'envoya dans ses champs garder les porcs. 16 Il aurait bien voulu se remplir le ventre avec les gousses que mangeaient les porcs, mais personne ne lui donnait rien.

17 Alors il rentra en lui-même et se dit : "Combien d'ouvriers de mon père ont du pain en abondance, et moi, ici, je meurs de faim !
18 Je me lèverai, j'irai vers mon père, et je lui dirai : Père, j'ai péché contre le ciel et envers toi. 19 Je ne suis plus digne d'être appelé ton fils. Traite-moi comme l'un de tes ouvriers."

20 Il se leva et s'en alla vers son père. Comme il était encore loin, son père l'aperçut et fut saisi de compassion ; il courut se jeter à son cou et le couvrit de baisers.

21 Le fils lui dit : "Père, j'ai péché contre le ciel et envers toi. Je
ne suis plus digne d'être appelé ton fils."
22 Mais le père dit à ses serviteurs : "Vite, apportez le plus beau
vêtement pour l'habiller, mettez-lui une bague au doigt et des san-
dales aux pieds, 23 allez chercher le veau gras, tuez-le, mangeons
et festoyons, 24 car mon fils que voilà était mort, et il est revenu
à la vie ; il était perdu, et il est retrouvé." Et ils commencèrent à
festoyer.
25 Or le fils aîné était aux champs. Quand il revint et fut près de la
maison, il entendit la musique et les danses. 26 Appelant un des
serviteurs, il s'informa de ce qui se passait. 27 Celui-ci répondit :
"Ton frère est arrivé, et ton père a tué le veau gras, parce qu'il a
retrouvé ton frère en bonne santé."
28 Alors le fils aîné se mit en colère, et il refusait d'entrer. Son
père sortit le supplier.
29 Mais il répliqua à son père : "Il y a tant d'années que je suis à
ton service sans avoir jamais transgressé tes ordres, et jamais tu
ne m'as donné un chevreau pour festoyer avec mes amis. 30 Mais,
quand ton fils que voilà est revenu après avoir dévoré ton bien avec
des prostituées, tu as fait tuer pour lui le veau gras !"
31 Le père répondit : "Toi, mon enfant, tu es toujours avec moi, et
tout ce qui est à moi est à toi. 32 Il fallait festoyer et se réjouir ;
car ton frère que voilà était mort, et il est revenu à la vie ; il était
perdu, et il est retrouvé !" »

C'est un fait divers à rebondissement exceptionnel que Jésus raconte aux publicains et aux pécheurs venus l'écouter ce jour-là. Une histoire de famille rocambolesque. Le fil du récit nous fera découvrir le visage d'un père, méconnu par ses deux fils. Le cadet demande au père sa part d'héritage et s'en va pour un pays lointain. Il brise ainsi le lien vital qu'il entretenait avec son père, le considérant comme mort. Le voilà jouissant de tous ses biens jusqu'au jour où ses ressources viennent à manquer.

Il n'a plus rien. C'est le vide. Près de ces cochons dont il a la garde, alors que personne ne lui donne rien, il entre en lui-même. Sa faim de nourriture précipite l'idée d'un retour à la maison paternelle non comme le fils, mais comme un salarié. La figure du père a disparu sous la culpabilité tenace. « Je ne suis plus digne d'être appelé ton fils. Traite-moi comme l'un de tes ouvriers. »

Surprise ! Son père l'attend depuis toujours. Il accourt vers lui, se jette à son cou et le couvre de baisers.

Il ne lui dit rien, ce père. Dans sa joie, il s'adresse à ses serviteurs pour qu'ils donnent à ce fils revenu à la vie le plus beau vêtement, une bague et des sandales. Le cœur du père a parlé. Il est reconnu comme père par ce fils qui était mort et qui est vivant. Il aura fallu un long chemin à ce fils perdu pour découvrir ce que c'est qu'être fils. Une vie nouvelle de communion s'ouvre devant eux. Alors la fête peut commencer, le repas est servi par l'amour inconditionnel du Père.

Encore faut-il entrer dans la salle de fête. Le fils aîné résiste. Sa colère met au jour son enfermement qui le tient prisonnier de lui-même. Son père le suppliera de se mêler à la fête de la Vie pour qu'il découvre, à son tour, la beauté et la gratuité de toute relation d'amour. Le choix finalement lui appartient. C'est une question de vie ou de mort.

79. L'homme riche

Marc 10, 17-22

17 Jésus se mettait en route quand un homme accourut et, tombant à ses genoux, lui demanda : « Bon Maître, que dois-je faire pour avoir la vie éternelle en héritage ? »

18 Jésus lui dit : « Pourquoi dire que je suis bon ? Personne n'est bon, sinon Dieu seul.
19 Tu connais les commandements : Ne commets pas de meurtre, ne commets pas d'adultère, ne commets pas de vol, ne porte pas de faux témoignage, ne fais de tort à personne, honore ton père et ta mère. »

20 L'homme répondit : « Maître, tout cela, je l'ai observé depuis ma jeunesse. »

21 Jésus posa son regard sur lui, et il l'aima. Il lui dit : « Une seule chose te manque : va, vends ce que tu as et donne-le aux pauvres ; alors tu auras un trésor au ciel. Puis viens, suis-moi. »

22 Mais lui, à ces mots, devint sombre et s'en alla tout triste, car il avait de grands biens.

Jésus est connu. Souvent, on vient l'interroger pour connaître son avis ou lui demander conseil. Cette fois-ci, c'est un homme qui accourt vers lui. Sa demande n'a rien d'original, car la question est couramment débattue. L'entrée en matière irrite Jésus.

« Pourquoi dire que je suis bon ? Personne n'est bon, sinon Dieu seul. » Cette tendance à trier les gens, entre bons et mauvais, n'est pas supportable pour Jésus. Pour lui, l'homme ne peut être réduit à une catégorie morale.

En reprenant les six commandements qui ont trait à la relation aux autres, Jésus invite son interlocuteur à vérifier dans son agir ce qu'il en est de son désir. Avoir la vie éternelle est une chose, louable en soi, mais la vie éternelle ne se possède pas. L'observation parfaite de ces commandements ne peut être une assurance-vie. « Une seule chose te manque… », lui dira Jésus. Ce manque essentiel est vital. Il te manque de manquer. Ce manque s'expérimente uniquement dans le risque de l'amour. « Va, vends ce que tu as, donne-le aux pauvres ; alors, tu auras un trésor dans le ciel, puis viens et suis-moi. » C'est le chemin de tout amour vrai et ce chemin passe par les pauvres que je rencontre.

Ces mots sont trop forts pour cet homme riche de grands biens. Pourtant Jésus posa son regard sur lui et l'aima. L'accueil de l'amour rend possible l'amour. Mais cet homme s'en est allé tout triste sans pouvoir consentir au manque qui donne part à l'héritage de la vie éternelle. Il est possédé par sa richesse. La dépossession de lui-même semble pour l'heure impossible.

80. La femme adultère

Jean 8, 1-11

**1 Quant à Jésus, il s'en alla au mont des Oliviers. 2 Dès l'aurore, il
retourna au Temple. Comme tout le peuple venait à lui, il s'assit
et se mit à enseigner.**

**3 Les scribes et les pharisiens lui amènent une femme qu'on avait
surprise en situation d'adultère. Ils la mettent au milieu, 4 et disent
à Jésus : « Maître, cette femme a été surprise en flagrant délit
d'adultère. 5 Or, dans la Loi, Moïse nous a ordonné de lapider ces
femmes-là. Et toi, que dis-tu ? »**

**6 Ils parlaient ainsi pour le mettre à l'épreuve, afin de pouvoir
l'accuser. Mais Jésus s'était baissé et, du doigt, il écrivait sur la
terre.**

**7 Comme on persistait à l'interroger, il se redressa et leur dit :
« Celui d'entre vous qui est sans péché, qu'il soit le premier à lui
jeter une pierre. » 8 Il se baissa de nouveau et il écrivait sur la terre.**

9 Eux, après avoir entendu cela, s'en allaient un par un, en commençant par les plus âgés. Jésus resta seul avec la femme toujours là au milieu.
10 Il se redressa et lui demanda : « Femme, où sont-ils donc ? Personne ne t'a condamnée ? »
11 Elle répondit : « Personne, Seigneur. » Et Jésus lui dit : « Moi non plus, je ne te condamne pas. Va, et désormais ne pèche plus. »

Les voilà, une pierre à la main, prêts à lapider, déterminés à tendre un piège à Jésus. Ils ont pris une femme en flagrant délit d'adultère et, l'escortant de leur loi essorée de toute vie, ils l'amènent à Jésus, au milieu de son auditoire. Eux, ce sont des scribes et des pharisiens, censés connaître la Loi, à l'affût de toute transgression. La requête est simple. Jésus doit prendre position et la subtilité de la situation le mettra en difficulté soit devant la Loi, soit devant son enseignement.

Mais Jésus n'est pas là pour faire le jeu de cette cohorte de mort. Il sait que la Loi a été donnée par son Père comme don de la vie. À aucun moment, la Loi ne peut être utilisée pour justifier la mort de quiconque. Alors, en silence, baissé vers la terre, il écrit de son doigt. La tension monte encore. Ces hommes de loi en furie, impatients, attendent une réponse précise. Jésus se relève et les invite à la vérité. C'est le propre de la Loi de faire en chacun la vérité. « Que celui qui n'a jamais péché lui jette la première pierre ! » Jésus se baisse à nouveau pour continuer d'écrire. Qu'écrit-il ? Personne ne le saura. Peut-être donne-t-il à déchiffrer cette autre Loi accomplie dans l'amour infini.

Les paroles de Jésus produisent leur effet dans le cœur endurci de ces hommes. Tous s'en vont, face à eux-mêmes désormais, à commencer par les plus âgés. L'évangéliste ne manque pas d'humour en désignant les plus âgés comme les premiers qui se retirent.

La femme est toujours là, au milieu. Personne ne l'a condamnée. Jésus non plus ne la condamne pas. Va, lui dit-il, invente le chemin ouvert par le pardon reçu. Saint Augustin commente la fin de cet Évangile où Jésus et la femme sont tous les deux au milieu, l'un à côté de l'autre. Il voit cette scène comme la fin de toute l'histoire humaine : la misère humaine et la miséricorde divine. Une icône bouleversante. La place du pécheur est à côté de son Sauveur.

81. Le Jugement dernier

MATTHIEU 25, 31-46
**31 « Quand le Fils de l'homme viendra dans sa gloire, et tous les
anges avec lui, alors il siégera sur son trône de gloire. 32 Toutes
les nations seront rassemblées devant lui ; il séparera les hommes
les uns des autres, comme le berger sépare les brebis des boucs :
33 il placera les brebis à sa droite, et les boucs à gauche.
34 Alors le Roi dira à ceux qui seront à sa droite : "Venez, les bénis
de mon Père, recevez en héritage le Royaume préparé pour vous
depuis la fondation du monde. 35 Car j'avais faim, et vous m'avez
donné à manger ; j'avais soif, et vous m'avez donné à boire ; j'étais
un étranger, et vous m'avez accueilli ; 36 j'étais nu, et vous m'avez
habillé ; j'étais malade, et vous m'avez visité ; j'étais en prison, et
vous êtes venus jusqu'à moi !"
37 Alors les justes lui répondront : "Seigneur, quand est-ce que nous
t'avons vu... ? tu avais donc faim, et nous t'avons nourri ? tu avais
soif, et nous t'avons donné à boire ? 38 tu étais un étranger, et nous
t'avons accueilli ? tu étais nu, et nous t'avons habillé ? 39 tu étais
malade ou en prison... Quand sommes-nous venus jusqu'à toi ?"
40 Et le Roi leur répondra : "Amen, je vous le dis : chaque fois que
vous l'avez fait à l'un de ces plus petits de mes frères, c'est à moi
que vous l'avez fait."
41 Alors il dira à ceux qui seront à sa gauche : "Allez-vous-en loin
de moi, vous les maudits, dans le feu éternel préparé pour le diable
et ses anges. 42 Car j'avais faim, et vous ne m'avez pas donné à
manger ; j'avais soif, et vous ne m'avez pas donné à boire ; 43 j'étais
un étranger, et vous ne m'avez pas accueilli ; j'étais nu, et vous ne
m'avez pas habillé ; j'étais malade et en prison, et vous ne m'avez
pas visité."
44 Alors ils répondront, eux aussi : "Seigneur, quand t'avons-nous
vu avoir faim, avoir soif, être nu, étranger, malade ou en prison,
sans nous mettre à ton service ?" 45 Il leur répondra : "Amen, je
vous le dis : chaque fois que vous ne l'avez pas fait à l'un de ces
plus petits, c'est à moi que vous ne l'avez pas fait."
46 Et ils s'en iront, ceux-ci au châtiment éternel, et les justes, à la
vie éternelle. »**

Une immense fresque souvent présente sur les portails des cathédrales illustre ce célèbre passage de l'Évangile. À l'aide d'une parabole, c'est le Jugement dernier que nous livre Jésus. « Toutes les nations seront rassemblées devant lui. » Au terme de l'Histoire, ce jugement définitif nous montre où se trouvent les enjeux de la foi. Ce Roi-juge séparera les hommes comme un berger sépare les brebis des boucs. Tous seront surpris. Les uns apprendront qu'ils ont servi le Christ sans le savoir, les autres, qu'ils ne l'ont pas servi en ignorant les plus petits de leurs frères. La foi au Christ est inséparable de l'amour et l'amour est inséparable de la foi.

Ce sont les malades, les prisonniers, les affamés, les étrangers, les assoiffés qui sont notre jugement ultime. Prendre soin des plus fragiles et des plus pauvres n'est pas une option caritative ou humanitaire. C'est le lieu saint où Jésus se révèle comme Roi. En s'identifiant aux démunis de toutes sortes, il nous attire à lui et se fait mendiant de notre bonté et de notre amour. Tout geste de compassion atteint le Christ en l'homme souffrant.

Certes, cette page d'Évangile est d'une gravité extrême. Mais, le jugement prononcé par ce Roi est un jugement de miséricorde. Ce n'est pas entre les hommes que se fera la séparation, mais au-dedans de chacun. Jésus éloignera de nous fautes et péchés. Cette part de nous-mêmes qui a résisté au travail de l'Esprit est condamnée à mourir pour toujours. « Venez, les bénis de mon Père, recevez en héritage le Royaume préparé pour vous depuis la fondation du monde. » Le pardon de Dieu ajustera chacun à l'héritage promis. La bénédiction de Dieu en est la promesse.

82. Le bon Samaritain

Luc 10, 25-37

[25] Et voici qu'un docteur de la Loi se leva et mit Jésus à l'épreuve en disant : « Maître, que dois-je faire pour avoir en héritage la vie éternelle ? » [26] Jésus lui demanda : « Dans la Loi, qu'y a-t-il d'écrit ? Et comment lis-tu ? » [27] L'autre répondit : « Tu aimeras le Seigneur ton Dieu de tout ton cœur, de toute ton âme, de toute ta force et de toute ton intelligence, et ton prochain comme toi-même. » [28] Jésus lui dit : « Tu as répondu correctement. Fais ainsi et tu vivras. » [29] Mais lui, voulant se justifier, dit à Jésus : « Et qui est mon prochain ? »

[30] Jésus reprit la Parole : « Un homme descendait de Jérusalem à Jéricho, et il tomba sur des bandits ; ceux-ci, après l'avoir dépouillé

et roué de coups, s'en allèrent, le laissant à moitié mort. [31] Par hasard, un prêtre descendait par ce chemin ; il le vit et passa de l'autre côté. [32] De même un lévite arriva à cet endroit ; il le vit et passa de l'autre côté. [33] Mais un Samaritain, qui était en route, arriva près de lui ; il le vit et fut saisi de compassion.
[34] Il s'approcha, et pansa ses blessures en y versant de l'huile et du vin ; puis il le chargea sur sa propre monture, le conduisit dans une auberge et prit soin de lui. [35] Le lendemain, il sortit deux pièces d'argent, et les donna à l'aubergiste, en lui disant : "Prends soin de lui ; tout ce que tu auras dépensé en plus, je te le rendrai quand je repasserai."
[36] Lequel des trois, à ton avis, a été le prochain de l'homme tombé aux mains des bandits ? »
[37] Le docteur de la Loi répondit : « Celui qui a fait preuve de pitié envers lui. » Jésus lui dit : « Va, et toi aussi, fais de même. »

Il ne suffit pas de connaître les commandements pour s'assurer de la vie éternelle. Le docteur de la Loi qui interpelle Jésus a donné une réponse parfaite à la question que Jésus lui a posée. « Tu as répondu correctement. Fais ainsi et tu vivras. » Ce propos de Jésus laisse l'homme songeur. Il insiste : « Qui est mon prochain ? » Comme souvent, Jésus va raconter une parabole pour mettre en situation celui qui l'écoute.

Ce chemin traverse toutes nos histoires humaines. Nous y croisons l'humanité souffrante et, plus précisément, tel homme blessé par le malheur. Ce prêtre et ce lévite qui descendent de Jérusalem sont attachés au Temple, lieu sacré par excellence. L'obsession du sacré et de l'observance de la Loi les détourne du blessé. Ils le voient et passent de l'autre côté. Pas de contact avec ce qui est impur pour ne pas devenir eux-mêmes impurs. Passe alors ce Samaritain. Il est en voyage. En voyant le blessé, il est pris aux entrailles. Il s'approche, panse ses plaies, le charge sur sa monture et le conduit à l'auberge. Là, il confie le blessé à l'aubergiste et assure les frais nécessaires pour son hébergement. Aucune parole de sa part, il agit démesurément dans les actes libérateurs qu'il prodigue à l'homme blessé. Peu de mots dans ce récit. Ce sont les gestes qui parlent.

Du coup, la question du début s'est retournée. Cette fois-ci, c'est Jésus qui la pose à son interlocuteur, spécialiste de la Loi : « Lequel des trois s'est fait le prochain de l'autre selon toi ? »

Autrement dit : de qui es-tu le prochain ? Le prochain n'existe pas. Je suis le prochain de celui dont je m'approche. À y regarder de près, cette parabole nous parle du miracle de l'amour. En s'approchant du frère meurtri et démuni, le prochain que je choisis de devenir laisse émerger la puissance de l'authentique amour.

83. La parabole des talents

Matthieu 25, 14-30

14 « C'est comme un homme qui partait en voyage : il appela ses serviteurs et leur confia ses biens. 15 À l'un il remit une somme de cinq talents, à un autre deux talents, au troisième un seul talent, à chacun selon ses capacités. Puis il partit. Aussitôt, 16 celui qui avait reçu les cinq talents s'en alla pour les faire valoir et en gagna cinq autres. 17 De même, celui qui avait reçu deux talents en gagna deux autres. 18 Mais celui qui n'en avait reçu qu'un alla creuser la terre et cacha l'argent de son maître.

19 Longtemps après, le maître de ces serviteurs revint et il leur demanda des comptes.

20 Celui qui avait reçu cinq talents s'approcha, présenta cinq autres talents et dit : "Seigneur, tu m'as confié cinq talents ; voilà, j'en ai gagné cinq autres." 21 Son maître lui déclara : "Très bien, serviteur bon et fidèle, tu as été fidèle pour peu de choses, je t'en confierai beaucoup ; entre dans la joie de ton seigneur."

22 Celui qui avait reçu deux talents s'approcha aussi et dit : "Seigneur, tu m'as confié deux talents ; voilà, j'en ai gagné deux autres." 23 Son maître lui déclara : "Très bien, serviteur bon et fidèle, tu as été fidèle pour peu de choses, je t'en confierai beaucoup ; entre dans la joie de ton seigneur."

24 Celui qui avait reçu un seul talent s'approcha aussi et dit : "Seigneur, je savais que tu es un homme dur : tu moissonnes là où tu n'as pas semé, tu ramasses là où tu n'as pas répandu le grain. 25 J'ai eu peur, et je suis allé cacher ton talent dans la terre. Le voici. Tu as ce qui t'appartient."

26 Son maître lui répliqua : "Serviteur mauvais et paresseux, tu savais que je moissonne là où je n'ai pas semé, que je ramasse le grain là où je ne l'ai pas répandu. 27 Alors, il fallait placer mon argent à la banque ; et, à mon retour, je l'aurais retrouvé avec les intérêts.

[28] Enlevez-lui donc son talent et donnez-le à celui qui en a dix.
[29] À celui qui a, on donnera encore, et il sera dans l'abondance ;
mais celui qui n'a rien se verra enlever même ce qu'il a. [30] Quant
à ce serviteur bon à rien, jetez-le dans les ténèbres extérieures ;
là, il y aura des pleurs et des grincements de dents !" »

Cet homme parti en voyage s'est délesté de tous ses biens. Tout a été donné. Entendons bien. Il ne s'agit pas d'un dépôt ou d'un prêt. Ainsi en est-il de la vie. Nous la recevons et nous en sommes les auteurs. Chacun déploie en lui les énergies intérieures, les cultive pour qu'elles portent du fruit. Recevoir sa vie d'un Autre est le défi permanent de la liberté.

Les deux premiers serviteurs ont risqué leur existence sur le don reçu. Ils se sont appuyés sur la confiance que leur Maître leur avait accordée en reconnaissant leur potentiel de vie. Le troisième, lui, a refusé le don. Il ne s'est pas approprié le don de son Maître. Sa peur a défiguré le donateur pour en faire un homme tyrannique. En enterrant le talent reçu, il va vivre, certes, mais immobilisé et privé de vie. Il tremble à l'idée qu'un jour son Maître lui demandera des comptes.

Le Maître de la parabole revient longtemps après et entre en conversation avec ses serviteurs. Rien de plus amical après une longue absence qu'un dialogue où s'échange la vie. Chacun rend compte de son histoire. Le Maître se réjouit du chemin parcouru et loue la fidélité de ceux qui ont cru en accueillant le don qu'ils avaient reçu. Ils recevront davantage et entreront dans la joie de leur Maître. L'image est forte pour évoquer la vie éternelle.

Quant au troisième, il s'est jugé lui-même. Le Maître le prend au mot. Il lui retire ce qu'il a refusé comme un don et le renvoie dans les ténèbres extérieures, là où il y a des pleurs et des grincements de dents. Ce lieu n'a rien d'un châtiment. Il est le champ du face-à-face avec nous-même, où retentit l'appel à la conversion.

84. La rencontre avec Nicodème

Jean 3, 1-21

[1] Il y avait un homme, un pharisien nommé Nicodème ; c'était un
notable parmi les Juifs. [2] Il vint trouver Jésus pendant la nuit. Il

lui dit : « Rabbi, nous le savons, c'est de la part de Dieu que tu es
venu comme un maître qui enseigne, car personne ne peut accom-
plir les signes que toi, tu accomplis, si Dieu n'est pas avec lui. »
3 Jésus lui répondit : « Amen, amen, je te le dis : à moins de naître
d'en haut, on ne peut voir le royaume de Dieu. »
4 Nicodème lui répliqua : « Comment un homme peut-il naître
quand il est vieux ? Peut-il entrer une deuxième fois dans le sein
de sa mère et renaître ? »
5 Jésus répondit : « Amen, amen, je te le dis : personne, à moins
de naître de l'eau et de l'Esprit, ne peut entrer dans le royaume de
Dieu. 6 Ce qui est né de la chair est chair ; ce qui est né de l'Esprit
est esprit. 7 Ne sois pas étonné si je t'ai dit : il vous faut naître
d'en haut. 8 Le vent souffle où il veut : tu entends sa voix, mais tu
ne sais ni d'où il vient ni où il va. Il en est ainsi pour qui est né du
souffle de l'Esprit. »
9 Nicodème reprit : « Comment cela peut-il se faire ? »
10 Jésus lui répondit : « Tu es un maître qui enseigne Israël et tu
ne connais pas ces choses-là ? 11 Amen, amen, je te le dis : nous
parlons de ce que nous savons, nous témoignons de ce que nous
avons vu, et vous ne recevez pas notre témoignage. 12 Si vous ne
croyez pas lorsque je vous parle des choses de la terre, comment
croirez-vous quand je vous parlerai des choses du ciel ? 13 Car nul
n'est monté au ciel sinon celui qui est descendu du ciel, le Fils de
l'homme.
14 De même que le serpent de bronze fut élevé par Moïse dans le
désert, ainsi faut-il que le Fils de l'homme soit élevé, 15 afin qu'en
lui tout homme qui croit ait la vie éternelle. 16 Car Dieu a tellement
aimé le monde qu'il a donné son Fils unique, afin que quiconque
croit en lui ne se perde pas, mais obtienne la vie éternelle. 17 Car
Dieu a envoyé son Fils dans le monde, non pas pour juger le monde,
mais pour que, par lui, le monde soit sauvé.
18 Celui qui croit en lui échappe au Jugement ; celui qui ne croit pas
est déjà jugé, du fait qu'il n'a pas cru au nom du Fils unique de Dieu.
19 Et le Jugement, le voici : la lumière est venue dans le monde,
et les hommes ont préféré les ténèbres à la lumière, parce que
leurs œuvres étaient mauvaises. 20 Celui qui fait le mal déteste la
lumière : il ne vient pas à la lumière, de peur que ses œuvres ne
soient dénoncées ; 21 mais celui qui fait la vérité vient à la lumière,
pour qu'il soit manifeste que ses œuvres ont été accomplies en
union avec Dieu. »

La nuit était propice pour une telle rencontre. Notable parmi les Juifs, Nicodème est connu. Les faits et les gestes que Jésus accomplit l'intriguent profondément. S'ébauche alors en lui le désir de le connaître et de le suivre. Nicodème sera présent, portant avec lui un mélange de myrrhe et d'aloès, au moment de la mise au tombeau de Jésus. Ce premier entretien déplace Nicodème sur un terrain qu'il n'avait pas imaginé. Pour cela, Jésus lui parle de naissance, de renaissance. Condition indispensable pour entrer dans la révélation que lui fera Jésus. « À moins de naître d'en-haut, on ne peut voir le Royaume de Dieu. » Nicodème vacille sur son savoir. Il n'y a que l'Esprit, dont on ne sait ni où il va ni d'où il vient, qui soulève l'audace des chercheurs de Dieu. Il fait entendre sa voix en plein cœur de la liberté de l'homme.

Saisi par la Parole de Jésus, Nicodème va basculer. Lui, le maître enseignant, apprendra à devenir disciple en se décentrant de lui-même pour laisser place en lui au Souffle de la Vie.

Consentir à l'imprévisibilité du Souffle de Dieu ouvre l'espace privilégié pour connaître la Vie du Royaume de Dieu. Comme la naissance évoquée par Jésus, ce passage dans la foi fait entrer le croyant dans une réalité nouvelle, celle de l'amour infini de Dieu pour le monde.

85. La résurrection de Lazare

Jean 11, 1-7, 14-15, 17, 21-28, 33-45

1 Il y avait quelqu'un de malade, Lazare, de Béthanie, le village de Marie et de Marthe, sa sœur. 2 Or Marie était celle qui répandit du parfum sur le Seigneur et lui essuya les pieds avec ses cheveux. C'était son frère Lazare qui était malade. 3 Donc, les deux sœurs envoyèrent dire à Jésus : « Seigneur, celui que tu aimes est malade. »

4 En apprenant cela, Jésus dit : « Cette maladie ne conduit pas à la mort, elle est pour la gloire de Dieu, afin que par elle le Fils de Dieu soit glorifié. »

5 Jésus aimait Marthe et sa sœur, ainsi que Lazare. 6 Quand il apprit que celui-ci était malade, il demeura deux jours encore à l'endroit où il se trouvait. 7 Puis, après cela, il dit aux disciples : « Revenons en Judée. » [...]

14 Il leur dit ouvertement : « Lazare est mort, 15 et je me réjouis
de n'avoir pas été là, à cause de vous, pour que vous croyiez. Mais
allons auprès de lui ! » [...]
17 À son arrivée, Jésus trouva Lazare au tombeau depuis quatre
jours déjà. [...]
21 Marthe dit à Jésus : « Seigneur, si tu avais été ici, mon frère ne
serait pas mort. 22 Mais maintenant encore, je le sais, tout ce que
tu demanderas à Dieu, Dieu te l'accordera. »
23 Jésus lui dit : « Ton frère ressuscitera. »
24 Marthe reprit : « Je sais qu'il ressuscitera à la résurrection, au
dernier jour. »
25 Jésus lui dit : « Moi, je suis la résurrection et la vie. Celui qui
croit en moi, même s'il meurt, vivra ; 26 quiconque vit et croit en
moi ne mourra jamais. Crois-tu cela ? »
27 Elle répondit : « Oui, Seigneur, je le crois : tu es le Christ, le Fils
de Dieu, tu es celui qui vient dans le monde. » 28 Ayant dit cela,
elle partit appeler sa sœur Marie, et lui dit tout bas : « Le Maître
est là, il t'appelle. » [...]
33 Quand il vit qu'elle pleurait, et que les Juifs venus avec elle
pleuraient aussi, Jésus, en son esprit, fut saisi d'émotion, il fut
bouleversé, 34 et il demanda : « Où l'avez-vous déposé ? » Ils lui
répondirent : « Seigneur, viens, et vois. » 35 Alors Jésus se mit à
pleurer. 36 Les Juifs disaient : « Voyez comme il l'aimait ! » 37 Mais
certains d'entre eux dirent : « Lui qui a ouvert les yeux de l'aveugle,
ne pouvait-il pas empêcher Lazare de mourir ? »
38 Jésus, repris par l'émotion, arriva au tombeau. C'était une grotte
fermée par une pierre.
39 Jésus dit : « Enlevez la pierre. » Marthe, la sœur du défunt, lui
dit : « Seigneur, il sent déjà ; c'est le quatrième jour qu'il est là. »
40 Alors Jésus dit à Marthe : « Ne te l'ai-je pas dit ? Si tu crois, tu
verras la gloire de Dieu. »
41 On enleva donc la pierre. Alors Jésus leva les yeux au ciel et
dit : « Père, je te rends grâce parce que tu m'as exaucé. 42 Je le
savais bien, moi, que tu m'exauces toujours ; mais je le dis à cause
de la foule qui m'entoure, afin qu'ils croient que c'est toi qui m'as
envoyé. »
43 Après cela, il cria d'une voix forte : « Lazare, viens dehors ! »
44 Et le mort sortit, les pieds et les mains liés par des bandelettes,
le visage enveloppé d'un suaire. Jésus leur dit : « Déliez-le, et
laissez-le aller. »

[45] **Beaucoup de Juifs, qui étaient venus auprès de Marie et avaient donc vu ce que Jésus avait fait, crurent en lui.**

La tension monte autour de Jésus. Les autorités du Temple sont à l'affût de ses gestes et de ses paroles. En apprenant que son ami Lazare est malade, Jésus prend du temps avant de se rendre à Béthanie, village proche de Jérusalem. Il sait, comme ses disciples, qu'étant présent en Judée, il est menacé de mort. Quand il arrive dans le village où demeurent ses amis, Marthe puis Marie viennent à lui, l'une après l'autre, pleurer leur chagrin et leur douleur devant la mort de leur frère Lazare. À Marthe, enfermée dans la logique de la mort, Jésus ouvre un chemin de foi. « Moi, je suis la résurrection et la vie. Celui qui croit en moi, même s'il meurt, vivra. Crois-tu cela ? »

Cette question fraye un passage possible devant le mystère de la mort. Arrivé au tombeau de Lazare, Jésus, une fois encore, est pris aux entrailles. Il frémit face à la mort, face à sa propre mort si proche. C'est à ce moment-là, contre toute attente possible, que Jésus intime l'ordre d'enlever la pierre du tombeau. La foule des amis, venus partager la peine des deux sœurs, est là, silencieuse, perplexe. La pierre enlevée, Jésus prie son Père. « Père, je te rends grâce, car tu m'exauces toujours. » Cette prière de confiance et d'abandon suscitera le cri de Jésus à son ami Lazare : « Lazare, viens dehors ! »

La Parole de Jésus va jusque dans la mort. Elle fait de la vie avec ce qui est mort. Seulement, encore faut-il enlever la pierre du tombeau. Cette pierre, nous la portons en nous comme un refus de croire que la mort est vaincue. « Déliez-le et laissez-le aller ! » dira Jésus, en désignant Lazare à ceux qui se tenaient près du tombeau. Décidément, l'Évangile est subversif. Il rompt les liens mortifères qui empêchent la vraie vie.

86. Le lavement des pieds

Jean 13, 1-20

[1] **Avant la fête de la Pâque, sachant que l'heure était venue pour lui de passer de ce monde à son Père, Jésus, ayant aimé les siens qui étaient dans le monde, les aima jusqu'au bout.**

[2] **Au cours du repas, alors que le diable a déjà mis dans le cœur de Judas, fils de Simon l'Iscariote, l'intention de le livrer,**

3 Jésus, sachant que le Père a tout remis entre ses mains, qu'il
est sorti de Dieu et qu'il s'en va vers Dieu, 4 se lève de table,
dépose son vêtement, et prend un linge qu'il se noue à la ceinture ; 5 puis il verse de l'eau dans un bassin. Alors il se mit à
laver les pieds des disciples et à les essuyer avec le linge qu'il
avait à la ceinture.
6 Il arrive donc à Simon-Pierre, qui lui dit : « C'est toi, Seigneur,
qui me laves les pieds ? »
7 Jésus lui répondit : « Ce que je veux faire, tu ne le sais pas maintenant ; plus tard tu comprendras. »
8 Pierre lui dit : « Tu ne me laveras pas les pieds ; non, jamais ! »
Jésus lui répondit : « Si je ne te lave pas, tu n'auras pas de part
avec moi. »
9 Simon-Pierre lui dit : « Alors, Seigneur, pas seulement les pieds,
mais aussi les mains et la tête ! »
10 Jésus lui dit : « Quand on vient de prendre un bain, on n'a pas
besoin de se laver, sinon les pieds : on est pur tout entier. Vous-mêmes, vous êtes purs, mais non pas tous. »
11 Il savait bien qui allait le livrer ; et c'est pourquoi il disait : « Vous
n'êtes pas tous purs. »
12 Quand il leur eut lavé les pieds, il reprit son vêtement, se remit
à table et leur dit : « Comprenez-vous ce que je viens de faire
pour vous ? 13 Vous m'appelez "Maître" et "Seigneur", et vous avez
raison, car vraiment je le suis.
14 Si donc moi, le Seigneur et le Maître, je vous ai lavé les pieds,
vous aussi, vous devez vous laver les pieds les uns aux autres.
15 C'est un exemple que je vous ai donné afin que vous fassiez, vous
aussi, comme j'ai fait pour vous. 16 Amen, amen, je vous le dis : un
serviteur n'est pas plus grand que son maître, ni un envoyé plus
grand que celui qui l'envoie.
17 Sachant cela, heureux êtes-vous, si vous le faites.
18 Ce n'est pas de vous tous que je parle. Moi, je sais quels sont
ceux que j'ai choisis, mais il faut que s'accomplisse l'Écriture :
Celui qui mange le pain avec moi m'a frappé du talon. 19 Je vous
dis ces choses dès maintenant, avant qu'elles n'arrivent ; ainsi,
lorsqu'elles arriveront, vous croirez que moi, JE SUIS. 20 Amen,
amen, je vous le dis : si quelqu'un reçoit celui que j'envoie, il
me reçoit moi-même ; et celui qui me reçoit, reçoit Celui qui
m'a envoyé. »

Jésus, devant l'adversité grandissante à son égard, sait qu'il sera arrêté et mis à mort. À plusieurs reprises, il annonce sa Passion à ses disciples (Marc 8, 31-33 ; Marc 9, 31). De leur côté, les disciples ne saisissent pas ce qui se profile au sujet de leur Maître. Voilà arrivés les jours de l'accomplissement de la prophétie de Jésus. Tout commence par un repas de fête. Comme à chaque fois, Jésus étonne et surprend. Le geste du lavement des pieds ne peut être saisi et compris qu'à partir et à travers toute sa vie. Il est le Serviteur de Dieu. Il l'a montré maintes fois en s'approchant des exclus et des petits. Maintenant, l'heure est venue. Jésus célèbre la Pâque une dernière fois avec ses disciples. La Pâque, dans la tradition juive, fait mémoire de la sortie d'Égypte des Hébreux, esclaves de Pharaon. C'est l'événement fondateur de la libération du peuple de Dieu. Donc, ici, au cours de ce repas, le moment est en même temps solennel et grave. Jésus se lève de table, dépose son vêtement et prend un linge qu'il se noue à la ceinture. Il transgresse l'interdit et se met à genoux devant chacun de ses amis pour leur laver les pieds. Ce geste proscrit pour un juif, Jésus va l'accomplir librement pour manifester jusqu'où va son amour pour les siens. Dieu à nos pieds, en train de les laver ! Quelle folie et quelle révolution !

Simon-Pierre est dépassé par l'attitude de son Maître. Il n'accepte pas que le Maître prenne la place de l'esclave. Dans un vif dialogue avec Jésus, il consent enfin à se laisser laver les pieds pour avoir part avec lui. Cette part exprimée par Jésus désigne l'humilité elle-même sans laquelle il est impossible de se savoir aimé jusque-là. C'est le signe sans équivoque. L'accueil de l'amour inconditionnel de Jésus passe par le lavement des pieds. Il est, de fait, une libération. Il éclaire ce qui se passera plus tard au moment de la Passion et de la mort de Jésus.

Ce geste de mémoire est le fondement de la mission des disciples. « C'est un exemple que je vous ai donné, afin que vous fassiez, vous aussi, comme j'ai fait pour vous. » Cette dynamique de l'amour est en fait le passage de la mort à la vie. Quand tu aimes d'un amour authentique, tu accomplis ce mystère en libérant ta sœur, ton frère, de la servitude et de l'esclavage. Tu lui dis qu'il est libre pour aimer à son tour. Aimer, c'est révéler à l'autre son unique beauté.

87. Le dernier repas

Luc 22, 14-20

[14] Quand l'heure fut venue, Jésus prit place à table, et les Apôtres avec lui.

[15] Il leur dit : « J'ai désiré d'un grand désir manger cette Pâque avec vous avant de souffrir ! [16] Car je vous le déclare : jamais plus je ne la mangerai jusqu'à ce qu'elle soit pleinement accomplie dans le royaume de Dieu. » [17] Alors, ayant reçu une coupe et rendu grâce, il dit : « Prenez ceci et partagez entre vous. [18] Car je vous le déclare : désormais, jamais plus je ne boirai du fruit de la vigne jusqu'à ce que le royaume de Dieu soit venu. »

[19] Puis, ayant pris du pain et rendu grâce, il le rompit et le leur donna, en disant : « Ceci est mon corps, donné pour vous. Faites cela en mémoire de moi. » [20] Et pour la coupe, après le repas, il fit de même, en disant : « Cette coupe est la nouvelle Alliance en mon sang répandu pour vous. »

Le moment choisi par Jésus pour livrer son « testament » n'est pas une coïncidence. Le repas de la Pâque n'est pas qu'un rappel de ce qu'ont vécu les ancêtres. Elle est aussi l'annonce de la libération définitive à la fin des temps. Du coup, elle permet au croyant de vivre à son tour, à chaque fête de la Pâque, l'expérience de la libération. Le rituel de ce repas pascal décentre les convives d'eux-mêmes pour les faire entrer dans la louange et la bénédiction. Jésus exprime avec force le désir de partager ce repas avec ses amis avant de souffrir. C'est un repas d'adieu. La mort y est présente et les propos de Jésus dévoilent le sens de l'événement pascal.

Jésus va mourir. Il laisse ce mémorial à ses amis pour qu'ils demeurent fidèles au don qu'ils ont reçu ce soir-là. Alors, Jésus prend le pain ; après l'avoir rompu, il rend grâce et dit à ses amis : « Ceci est mon corps donné pour vous. Faites cela en mémoire de moi. » Il prend ensuite la coupe et leur dit : « Cette coupe est la nouvelle alliance en mon sang répandu pour vous. » Les disciples feront mémoire de ce geste et de cette parole jusqu'au jour où le Christ reviendra. Ils reconnaîtront dans ce pain rompu et dans la coupe du salut la vie donnée de Jésus, Seigneur. Le partage de ce repas en mémoire du Seigneur crée une communion nouvelle et éternelle entre les frères et leur

Maître. Aussi, pour témoigner de ce mystère, les disciples auront, à la suite de leur Seigneur, à donner ce qu'ils sont pour la vie du monde.

88. « Voici ta mère » et la mort de Jésus

Jean 19, 25-30
25 Or, près de la croix de Jésus se tenaient sa mère et la sœur de
sa mère, Marie, femme de Cléophas, et Marie Madeleine.
26 Jésus, voyant sa mère, et près d'elle le disciple qu'il aimait, dit à
sa mère : « Femme, voici ton fils. » 27 Puis il dit au disciple : « Voici
ta mère. » Et à partir de cette heure-là, le disciple la prit chez lui.
28 Après cela, sachant que tout, désormais, était achevé pour que
l'Écriture s'accomplisse jusqu'au bout, Jésus dit : « J'ai soif. »
29 Il y avait là un récipient plein d'une boisson vinaigrée. On fixa
donc une éponge remplie de ce vinaigre à une branche d'hysope,
et on l'approcha de sa bouche.
30 Quand il eut pris le vinaigre, Jésus dit : « Tout est accompli. »
Puis, inclinant la tête, il remit l'esprit.

La Passion de Jésus s'achève. Ses ultimes paroles viennent encore révéler la mission qu'il est venu accomplir pour l'humanité. Jusqu'au bout de sa souffrance, Jésus témoigne de l'humilité de Dieu, de sa faiblesse et de sa vulnérabilité. Entre Marie et le disciple que Jésus aimait, il tisse un lien nouveau issu de sa relation filiale avec sa mère. Nous voilà frères en Jésus. Désormais, Marie, comme une mère aimante, accompagne tout disciple à vivre la foi dans la fidélité.

« J'ai soif. » Un cri d'épuisement et de douleur adressé à l'humanité entière. La soif de Dieu se dit sur le Golgotha dans le corps nu du Crucifié. Il n'a plus que ce corps lynché pour livrer l'amour à ses amis. Il lui reste sa soif comme dernier désir. Quelle est-elle, cette soif inassouvie, sinon celle de communier avec l'homme pour l'ouvrir à la tendresse du Père ? Jésus a soif de notre bonheur aujourd'hui et pour l'éternité.

Paradoxalement, les derniers mots de Jésus ne mettent pas fin à l'événement de la Passion, mais ils donnent à ce moment tragique une espérance pour l'humanité entière.

« Tout est accompli. » Autrement dit, la mission est réalisée. Dès maintenant, l'œuvre du Père se donne à voir dans l'excès de l'amour. La mission est vraiment accomplie. Le Salut est pour tous. Aux croyants est confiée l'annonce de ce mystère qui libère le monde du mal et de la mort.

89. L'apparition à Marie Madeleine

Jean 20, 11-18

11 Marie Madeleine se tenait près du tombeau, au-dehors, tout en
pleurs. Et en pleurant, elle se pencha vers le tombeau. 12 Elle aper-
çoit deux anges vêtus de blanc, assis l'un à la tête et l'autre aux
pieds, à l'endroit où avait reposé le corps de Jésus.
13 Ils lui demandent : « Femme, pourquoi pleures-tu ? » Elle leur
répond : « On a enlevé mon Seigneur, et je ne sais pas où on l'a
déposé. » 14 Ayant dit cela, elle se retourna ; elle aperçoit Jésus
qui se tenait là, mais elle ne savait pas que c'était Jésus.
15 Jésus lui dit : « Femme, pourquoi pleures-tu ? Qui cherches-tu ? »
Le prenant pour le jardinier, elle lui répond : « Si c'est toi qui
l'as emporté, dis-moi où tu l'as déposé, et moi, j'irai le prendre. »
16 Jésus lui dit alors : « Marie ! » S'étant retournée, elle lui dit en
hébreu : « Rabbouni ! », c'est-à-dire : Maître.
17 Jésus reprend : « Ne me retiens pas, car je ne suis pas encore
monté vers le Père. Va trouver mes frères pour leur dire que je
monte vers mon Père et votre Père, vers mon Dieu et votre Dieu. »
18 Marie Madeleine s'en va donc annoncer aux disciples : « J'ai vu
le Seigneur ! », et elle raconta ce qu'il lui avait dit.

On court, ce matin-là, dans tous les sens. La stupeur et l'effroi ont gagné les amis de Jésus. Dans un premier temps (Jean 20, 1-10), Marie Madeleine, venue au tombeau pour embaumer le corps de Jésus, ayant trouvé la pierre roulée devant le tombeau vide, annonce à Pierre et à l'autre disciple ce qu'elle prend pour un méfait : « On a enlevé le Seigneur de son tombeau... » C'est le choc. Tous les deux courent jusqu'au lieu où se trouve le tombeau. L'autre disciple laissera Pierre entrer le premier bien qu'il soit arrivé avant lui. Pierre pénètre alors dans le tombeau, il découvre les linges posés à plat et le suaire roulé à part, à sa place. L'autre disciple, nous dit l'Évangile, entra. Il vit et il crut. C'est la foi dans les paroles de Jésus, quand il était encore avec eux, qui lui permettra de voir et de reconnaître que ces linges mortuaires font signe. Non, ce ne sont pas des preuves de la Résurrection de Jésus, ce sont des signes à croire pour les croyants. La Résurrection, en effet, est un événement réel qui ne se voit pas et qui n'est accessible que par la foi.

Marie Madeleine l'apprend dans le jardin, au moment où elle se retourne et aperçoit Jésus qui se tient là. Son regard, voilé par sa douleur, l'empêche de le reconnaître. La méprise est totale. Elle prend Jésus pour le jardiner qui lui dit : « Qui cherches-tu ? » C'est la question fondamentale et permanente adressée au croyant.

En l'appelant par son nom, Jésus éveille Marie Madeleine à sa présence insaisissable de Ressuscité. Elle aurait bien voulu le retenir. Lui l'envoie vers ses frères annoncer la nouvelle. « J'ai vu le Seigneur », dira-t-elle en devenant l'apôtre privilégiée auprès des disciples bouleversés.

Les Actes des Apôtres

Le livre des Actes des Apôtres fait partie de l'œuvre de Luc. Ce pourrait être le « tome II » de son évangile. Tel un historien, il fait mémoire des années qui suivirent la mort et la résurrection de Jésus, jusque vers 80. Son récit palpitant met en lumière les difficultés de la première génération de chrétiens face au désarroi des juifs dont le Temple a été détruit et la ville sainte, Jérusalem, saccagée. De manière subtile, Luc, le croyant, désigne la force étonnante des premiers chrétiens en reconnaissant en eux la puissance de l'Esprit Saint. Certains commentateurs des Actes des Apôtres n'ont pas hésité à l'appeler l'« évangile de l'Esprit ». Luc prend soin d'insérer dans son livre les discours célèbres qui ont marqué cette période : discours d'Étienne, de Pierre et de Paul. En s'adressant aux chrétiens, séparés de la synagogue, il insiste sur l'héritage que leur a laissé la tradition d'Israël. L'origine de la foi trouve sa source dans l'histoire de Dieu avec son peuple, Israël. Jésus vient accomplir les promesses de la Première Alliance, donnant ainsi naissance au christianisme. Le livre des Actes des Apôtres fait une grande place à Paul, à son histoire et à ses activités. Ses voyages et ses prédications, sans compter les péripéties qu'il aura à vivre, ont donné à l'Église naissante un élan pour faire connaître l'Évangile du Salut à toutes les nations. Cette ouverture à l'universel a stimulé chez beaucoup de croyants une forme de radicalité du témoignage de foi. Luc nous dresse un tableau historique impressionnant et n'hésite pas à faire connaître les tensions, les difficultés vécues par la communauté des apôtres. La foi dans le Christ Ressuscité a pourtant gardé ces communautés dans l'unité et la paix.

90. La Pentecôte

Actes des apôtres 2, 1-13
1 Quand arriva le jour de la Pentecôte, au terme des cinquante jours,
ils se trouvaient réunis tous ensemble. 2 Soudain un bruit survint
du ciel comme un violent coup de vent : la maison où ils étaient
assis en fut remplie tout entière. 3 Alors leur apparurent des lan-
gues qu'on aurait dites de feu, qui se partageaient, et il s'en posa
une sur chacun d'eux. 4 Tous furent remplis d'Esprit Saint : ils se
mirent à parler en d'autres langues, et chacun s'exprimait selon
le don de l'Esprit.
5 Or, il y avait, résidant à Jérusalem, des Juifs religieux, venant
de toutes les nations sous le ciel. 6 Lorsque ceux-ci entendirent la
voix qui retentissait, ils se rassemblèrent en foule. Ils étaient en
pleine confusion parce que chacun d'eux entendait dans son propre
dialecte ceux qui parlaient. 7 Dans la stupéfaction et l'émerveil-
lement, ils disaient : « Ces gens qui parlent ne sont-ils pas tous
Galiléens ? 8 Comment se fait-il que chacun de nous les entende
dans son propre dialecte, sa langue maternelle ? 9 Parthes, Mèdes
et Élamites, habitants de la Mésopotamie, de la Judée et de la
Cappadoce, de la province du Pont et de celle d'Asie, 10 de la Phrygie
et de la Pamphylie, de l'Égypte et des contrées de Libye proches
de Cyrène, Romains de passage, 11 Juifs de naissance et convertis,
Crétois et Arabes, tous nous les entendons parler dans nos langues
des merveilles de Dieu. »
12 Ils étaient tous dans la stupéfaction et la perplexité, se disant l'un
à l'autre : « Qu'est-ce que cela signifie ? » 13 D'autres se moquaient
et disaient : « Ils sont pleins de vin doux ! »

Pâques fait mémoire de la résurrection de Jésus, le Christ. Le récit de la Pentecôte raconte la résurrection des disciples. La peur les tenait enfermés dans la maison où ils se trouvaient. Soudain, un bruit fort et envahissant les surprend en même temps que des langues de feu répandues sur chacun d'eux. Ces signes parlent mieux que toute autre parole. Le souffle, rappelons-nous, est présent au moment de la Création. Le feu, Moïse l'a vu embraser le buisson quand le Seigneur s'est fait connaître. Ces signes accompagnent et manifestent aux disciples le don de l'Esprit Saint. Ils le reçoivent comme une force inconnue qui se déploie en chacun d'eux.

Ce n'est pas un hasard si leurs langues vont se délier. Chacun se fera comprendre par ces populations diverses rassemblées à Jérusalem. La Parole proclamée annonce et atteste que l'Esprit reçu se communique à tous, qu'il rassemble dans l'unité l'humanité entière tout en faisant vivre les différences. L'étonnement des foules, témoins de ces événements, fait écho à la stupéfaction générale de tout Jérusalem. L'Esprit Saint est le Souffle de Dieu. Il vivifie ce qui est mort, il se découvre dans l'audace et la liberté. Cet Esprit, en se communiquant, donne naissance à la communauté de Jérusalem. La mission confiée aux disciples jusqu'à la fin des temps ne pourra jamais être séparable du don de l'Esprit Saint, car l'Esprit seul habilite les croyants à devenir des témoins de la foi en Jésus, le Christ. Ils avaient raison, même s'ils se moquaient, ceux qui pensaient que les disciples étaient pleins de vin doux à cette heure matinale. L'ivresse apparente n'était autre que celle de l'Esprit.

91. La conversion de Paul

Actes des apôtres 9, 1-19

1 Saul était toujours animé d'une rage meurtrière contre les dis-
ciples du Seigneur. Il alla trouver le grand prêtre 2 et lui demanda
des lettres pour les synagogues de Damas, afin que, s'il trouvait
des hommes et des femmes qui suivaient le Chemin du Seigneur,
il les amène enchaînés à Jérusalem.
3 Comme il était en route et approchait de Damas, soudain une
lumière venant du ciel l'enveloppa de sa clarté. 4 Il fut précipité
à terre ; il entendit une voix qui lui disait : « Saul, Saul, pourquoi
me persécuter ? » 5 Il demanda : « Qui es-tu, Seigneur ? » La voix
répondit : « Je suis Jésus, celui que tu persécutes. 6 Relève-toi et
entre dans la ville : on te dira ce que tu dois faire. » 7 Ses com-
pagnons de route s'étaient arrêtés, muets de stupeur : ils enten-
daient la voix, mais ils ne voyaient personne.
8 Saul se releva de terre et, bien qu'il eût les yeux ouverts, il ne
voyait rien. Ils le prirent par la main pour le faire entrer à Damas.
9 Pendant trois jours, il fut privé de la vue et il resta sans manger
ni boire.
10 Or, il y avait à Damas un disciple nommé Ananie. Dans une vision,
le Seigneur lui dit : « Ananie ! » Il répondit : « Me voici, Seigneur. »

11 Le Seigneur reprit : « Lève-toi, va dans la rue appelée rue Droite,
chez Jude : tu demanderas un homme de Tarse nommé Saul. Il est
en prière, 12 et il a eu cette vision : un homme, du nom d'Ananie,
entrait et lui imposait les mains pour lui rendre la vue. » 13 Ananie
répondit : « Seigneur, j'ai beaucoup entendu parler de cet homme,
et de tout le mal qu'il a fait subir à tes fidèles à Jérusalem. 14 Il
est ici, après avoir reçu de la part des grands prêtres le pouvoir
d'enchaîner tous ceux qui invoquent ton nom. » 15 Mais le Seigneur
lui dit : « Va ! car cet homme est l'instrument que j'ai choisi pour
faire parvenir mon nom auprès des nations, des rois et des fils
d'Israël. 16 Et moi, je lui montrerai tout ce qu'il lui faudra souffrir
pour mon nom. »
17 Ananie partit donc et entra dans la maison. Il imposa les mains
à Saul, en disant : « Saul, mon frère, celui qui m'a envoyé, c'est le
Seigneur, c'est Jésus qui t'est apparu sur le chemin par lequel tu
venais. Ainsi, tu vas retrouver la vue, et tu seras rempli d'Esprit
Saint. » 18 Aussitôt tombèrent de ses yeux comme des écailles, et
il retrouva la vue. Il se leva, puis il fut baptisé. 19 Alors il prit de
la nourriture et les forces lui revinrent. Il passa quelques jours à
Damas avec les disciples.

Saul est un pur et dur. Plein de zèle et d'ardeur, le voilà sur la route de Damas, chargé d'une mission punitive envers ceux qui suivaient le Chemin du Seigneur. Pour lui, ces « infidèles » se sont laissé égarer par les propos illuminés des disciples de Jésus. Il est déterminé à aller jusqu'au bout de sa tâche lorsqu'une lumière aveuglante l'arrête et le projette à terre. Il entend alors une voix : « Saul, Saul, pourquoi me persécuter ? » « Qui es-tu Seigneur ? » répond-il. « Je suis Jésus, celui que tu persécutes. » C'est le choc. Jésus se révèle à lui et cette révélation inattendue désarme Saul, le rend disponible et confiant. Il ne s'agit pas d'une conversion, car Saul n'a jamais rejeté sa foi juive. Ici, il est saisi, comme il le dira plus tard, par Celui dont il deviendra l'apôtre des nations. Cette illumination le réveille et lui donne accès au mystère du Christ.

Mais il y a aussi Ananie. Il va manifester à Saul l'accueil de Jésus et de ses disciples par la guérison et le baptême qu'il recevra. « Saul, mon frère… » La proximité de Jésus est déjà à l'œuvre dans la fraternité à recevoir. L'immersion dans la nouveauté de l'Évangile est totale. Le Ressuscité est vivant. Il s'identifie aux persécutés et aux exclus. Saul découvrira au milieu de sa communauté nouvelle que Jésus est le Seigneur, le Messie promis et attendu. C'est en lui, Jésus, que s'accomplissent les Écritures.

Les Lettres et Épîtres

Les principales lettres du Nouveau Testament sont attribuées à Paul ; les extraits retenus dans notre ouvrage en font partie. Paul est né à Tarse, vers l'an 5 de notre ère, selon les historiens. Son parcours de vie bascule lorsque, sur le chemin de Damas, il est saisi par une lumière et une voix qui lui dit : « Saul, pourquoi me persécutes-tu ? Je suis Jésus que tu persécutes. » Alors qu'il pourchassait ceux qui suivaient la Voie du Seigneur pour les amener à Jérusalem, de sorte qu'ils soient jugés et condamnés, le voilà terrassé, lui, le serviteur zélé et intransigeant. Juif, pharisien et citoyen romain, il vit un renversement total lors de cette rencontre mystérieuse. Paul se fait baptiser et, quelques années plus tard, prend part à la mission des apôtres auprès des Gentils, c'est-à-dire des non-Juifs, en annonçant la Bonne Nouvelle et en fondant des communautés en Asie Mineure, en Grèce, et jusqu'à Rome.

Les écrits de Paul forment un ensemble considérable de treize lettres ou épîtres. La lettre, selon l'usage de l'époque, est un document personnel. Sa brièveté la distingue de l'épître. Cette dernière est fréquente dans l'Antiquité. Elle contient un sujet déterminé, présenté avec précision, et est appelée à être lue en public. À l'aide de ce genre littéraire, Paul dispense sa théologie nouvelle à partir de son expérience vivante du Christ. Visionnaire, il ouvre et développe des perspectives singulières en annonçant l'Évangile de Jésus. La Croix du Christ est au cœur de sa prédication. La justification par la foi, la grâce de Dieu, l'Église comme étant le Corps du Christ sont autant de thématiques importantes de sa théologie. Vers 51, il écrit ses deux lettres aux Thessaloniciens. Ce sera le premier texte du Nouveau

Testament. Il invite ses destinataires à l'espérance et à demeurer fermes dans la foi en vue de la proche venue du Christ.

D'autres lettres sont des écrits de circonstance : il répond à des questions émanant de communautés, ou en situation de crise. Les deux lettres aux Corinthiens, celles aux Galates, aux Philippiens et aux Romains témoignent de son souci de la vie de ces communautés qui lui sont proches. Elles ont été rédigées en 56-58.

Nous trouvons aussi dans le corpus paulinien ce qu'il est coutume d'appeler les « lettres de la captivité », écrites en 61-63. Elles sont destinées aux Colossiens, aux Éphésiens et à Philémon, un de ses disciples. Paul, emprisonné à cause de sa foi, leur adresse ces lettres dans lesquelles il donne à contempler le Christ au cœur de l'univers et de l'Histoire.

Il y a enfin les épîtres pastorales adressées à des disciples de Paul : Tite et Timothée. Ces textes sont les derniers, écrits sans doute juste avant la mort de l'infatigable missionnaire ou peut-être même après sa mort, par un de ces disciples. Le souci de Paul concerne l'Église, sa fidélité à la foi et son organisation, particulièrement celle qui touche à la question des fonctions et ministères.

92. L'Évangile du Crucifié

1 Corinthiens 1, 23-31
[23] Nous, nous proclamons un Messie crucifié, scandale pour les
Juifs, folie pour les nations païennes. [24] Mais pour ceux que Dieu
appelle, qu'ils soient Juifs ou Grecs, ce Messie, ce Christ, est puis-
sance de Dieu et sagesse de Dieu. [25] Car ce qui est folie de Dieu
est plus sage que les hommes, et ce qui est faiblesse de Dieu est
plus fort que les hommes.
[26] Frères, vous qui avez été appelés par Dieu, regardez bien : parmi
vous, il n'y a pas beaucoup de sages aux yeux des hommes, ni de
gens puissants ou de haute naissance. [27] Au contraire, ce qu'il y a
de fou dans le monde, voilà ce que Dieu a choisi, pour couvrir de
confusion les sages ; ce qu'il y a de faible dans le monde, voilà ce
que Dieu a choisi, pour couvrir de confusion ce qui est fort ; [28] ce
qui est d'origine modeste, méprisé dans le monde, ce qui n'est pas,
voilà ce que Dieu a choisi, pour réduire à rien ce qui est ; [29] ainsi
aucun être de chair ne pourra s'enorgueillir devant Dieu.
[30] C'est grâce à Dieu, en effet, que vous êtes dans le Christ Jésus,
lui qui est devenu pour nous sagesse venant de Dieu, justice, sanc-
tification, rédemption. [31] Ainsi, comme il est écrit : Celui qui veut
être fier, qu'il mette sa fierté dans le Seigneur.

La communauté de Corinthe est sous tension. Des divisions entre les chrétiens ont surgi à la suite des prédications diverses d'un Évangile défiguré. La Croix reste la pierre d'achoppement des convertis de Corinthe. Juifs et païens résistent à l'intégrer dans le dessein de Dieu. Paul, dans sa lettre, proclame avec force et sans ambiguïté qu'il n'y a pas d'autre Évangile que celui du Messie crucifié. Il mesure l'impact d'une telle annonce chez ses destinataires. Scandale pour les uns, folie pour les autres ! La Croix est le lieu où Dieu se révèle. C'est le cœur de la foi. Toute prédication de l'Évangile du Christ contient ce mystère dans lequel se dévoile le visage de Dieu.

À ceux qui cherchent Dieu dans la sagesse humaine comme à ceux qui, devant la Croix, crient malédiction, l'apôtre Paul précise avec fermeté la manière dont Dieu a voulu se laisser trouver dans l'échec apparent de la mort ignominieuse du Christ. Cette approche bouleverse les convenances, les habitudes et les idées reçues. Elle appelle les croyants à une conversion permanente.

Elle brise les limites de la puissance humaine et celles de la sagesse du monde.

93. L'amour de Dieu

Romains 8, 31-39
31 Que dire de plus ? Si Dieu est pour nous, qui sera contre nous ?
32 Il n'a pas épargné son propre Fils, mais il l'a livré pour nous
tous : comment pourrait-il, avec lui, ne pas nous donner tout ?
33 Qui accusera ceux que Dieu a choisis ? Dieu est celui qui rend
juste : 34 alors, qui pourra condamner ? Le Christ Jésus est mort ;
bien plus, il est ressuscité, il est à la droite de Dieu, il intercède
pour nous : 35 alors, qui pourra nous séparer de l'amour du Christ ?
la détresse ? l'angoisse ? la persécution ? la faim ? le dénuement ?
le danger ? le glaive ?
36 En effet, il est écrit : C'est pour toi qu'on nous massacre sans
arrêt, qu'on nous traite en brebis d'abattoir. 37 Mais, en tout cela
nous sommes les grands vainqueurs grâce à celui qui nous a aimés.
38 J'en ai la certitude : ni la mort ni la vie, ni les anges ni les
Principautés célestes, ni le présent ni l'avenir, ni les Puissances,
39 ni les hauteurs, ni les abîmes, ni aucune autre créature, rien
ne pourra nous séparer de l'amour de Dieu qui est dans le Christ
Jésus notre Seigneur.

La vie humaine est marquée par des épreuves de tous genres. Le malheur parfois semble nous tenir en échec quand il ébranle la foi en l'amour de Dieu. Paul s'adresse aux chrétiens de Rome, soumis à l'épreuve de la persécution. Avec « certitude », il affirme que rien ne peut faire obstacle à l'amour du Christ. En énumérant des situations désespérées que nous pouvons connaître, Paul déplace notre regard. Il situe l'homme au cœur de la création. Ni les puissances d'en-haut, ni aucune créature ne pourront nous séparer de l'amour du Christ. Il ouvre notre vie sur le mystère infini et inconditionnel de l'amour du Christ. Certes, cet amour ne peut empêcher la finitude de l'existence humaine, mais, dans notre faiblesse et notre fragilité, il assume chacune de nos histoires et nous rend victorieux de la victoire de Jésus sur la mort.

Cette victoire est totale et déjà réalisée. Elle se vit dans la communion définitive de l'homme avec Dieu. Ainsi, l'amour du Seigneur nous saisit et nous donne de traverser l'épreuve dans la logique de la confiance. L'amour de Dieu, manifesté dans le Christ, nous fait participer dès maintenant à l'événement de la Pâque de Jésus. Dans sa mort et sa résurrection, le Christ nous rétablit dans une alliance éternelle que rien, même pas la mort, ne pourra détruire.

94. L'hymne à la charité

1 Corinthiens 13, 1-13

**1 J'aurais beau parler toutes les langues des hommes et des anges,
si je n'ai pas la charité, s'il me manque l'amour, je ne suis qu'un
cuivre qui résonne, une cymbale retentissante. 2 J'aurais beau être
prophète, avoir toute la science des mystères et toute la connais-
sance de Dieu, j'aurais beau avoir toute la foi jusqu'à transporter
les montagnes, s'il me manque l'amour, je ne suis rien. 3 J'aurais
beau distribuer toute ma fortune aux affamés, j'aurais beau me
faire brûler vif, s'il me manque l'amour, cela ne me sert à rien.
4 L'amour prend patience ; l'amour rend service ; l'amour ne jalouse
pas ; il ne se vante pas, ne se gonfle pas d'orgueil ; 5 il ne fait rien
d'inconvenant ; il ne cherche pas son intérêt ; il ne s'emporte pas ;
il n'entretient pas de rancune ; 6 il ne se réjouit pas de ce qui est
injuste, mais il trouve sa joie dans ce qui est vrai ; 7 il supporte
tout, il fait confiance en tout, il espère tout, il endure tout.
8 L'amour ne passera jamais. Les prophéties seront dépassées,
le don des langues cessera, la connaissance actuelle sera dépas-
sée. 9 En effet, notre connaissance est partielle, nos prophéties
sont partielles. 10 Quand viendra l'achèvement, ce qui est partiel
sera dépassé. 11 Quand j'étais petit enfant, je parlais comme un
enfant, je pensais comme un enfant, je raisonnais comme un enfant.
Maintenant que je suis un homme, j'ai dépassé ce qui était propre à
l'enfant. 12 Nous voyons actuellement de manière confuse, comme
dans un miroir ; ce jour-là, nous verrons face à face. Actuellement,
ma connaissance est partielle ; ce jour-là, je connaîtrai parfaite-
ment, comme j'ai été connu.
13 Ce qui demeure aujourd'hui, c'est la foi, l'espérance et la charité ;
mais la plus grande des trois, c'est la charité.**

Paul livre aux chrétiens de Corinthe un éloge incomparable de la charité. Ce texte est sans doute le plus grandiose que l'apôtre ait écrit. Chaque être humain peut s'approprier cette page prodigieuse. Devant l'usage détourné des charismes, c'est-à-dire des dons de l'Esprit comme le don des langues ou de prophétie, reçus par des membres de la communauté de Corinthe, Paul rappelle avec vigueur l'unique et seule visée attachée à ces aptitudes variées. Ces dons ne peuvent être réduits à quelque avantage personnel. Ils sont donnés à certains pour le bien et la vie de tous. Saisi par l'expérience de l'amour de son Seigneur, Paul communique, dans sa lettre, la puissance et la force de cet amour avec un certain lyrisme, certes peu ordinaire. Emporté dans sa passion, il ramène les Corinthiens à l'essentiel et à ce qui est éternel. Mais attention ! L'amour ne se réduit pas au sentiment, ni à une vibration émotive.

Paul va plus loin. L'amour dont il est question est d'abord un acte de vie. Le passage obligé, pour que l'amour ait lieu, consiste, pour celui qui se risque à aimer jusqu'au bout, à mourir à soi-même. L'amour est premier parce qu'il est le lieu privilégié de la présence de l'Esprit Saint sans lequel il n'y a pas d'unité possible. C'est pourquoi Paul exhorte la communauté de Corinthe à retrouver l'amour fraternel, à y demeurer et à grandir dans la logique du don de soi pour que tous vivent à la manière du Seigneur. Les chrétiens de Corinthe, divisés au moment où ils reçoivent la missive de Paul, apprennent ainsi à devenir humblement de vrais témoins de l'Évangile. L'amour seul conduit vers la vérité.

95. Vase d'argile – Vie de Dieu

2 Corinthiens 4, 5-15

**5 En effet, ce que nous proclamons, ce n'est pas nous-mêmes ;
c'est ceci : Jésus Christ est le Seigneur ; et nous sommes vos
serviteurs, à cause de Jésus. 6 Car Dieu qui a dit : Du milieu des
ténèbres brillera la lumière, a lui-même brillé dans nos cœurs
pour faire resplendir la connaissance de sa gloire qui rayonne sur
le visage du Christ.**

**7 Mais ce trésor, nous le portons comme dans des vases d'argile ;
ainsi, on voit bien que cette puissance extraordinaire appar-
tient à Dieu et ne vient pas de nous. 8 En toute circonstance,
nous sommes dans la détresse, mais sans être angoissés ; nous
sommes déconcertés, mais non désemparés ; 9 nous sommes**

pourchassés, mais non pas abandonnés ; terrassés, mais non pas anéantis. [10] Toujours nous portons, dans notre corps, la mort de Jésus, afin que la vie de Jésus, elle aussi, soit manifestée dans notre corps. [11] En effet, nous, les vivants, nous sommes continuellement livrés à la mort à cause de Jésus, afin que la vie de Jésus, elle aussi, soit manifestée dans notre condition charnelle vouée à la mort. [12] Ainsi la mort fait son œuvre en nous, et la vie en vous.

[13] L'Écriture dit : J'ai cru, c'est pourquoi j'ai parlé. Et nous aussi, qui avons le même esprit de foi, nous croyons, et c'est pourquoi nous parlons. [14] Car, nous le savons, celui qui a ressuscité le Seigneur Jésus nous ressuscitera, nous aussi, avec Jésus, et il nous placera près de lui avec vous. [15] Et tout cela, c'est pour vous, afin que la grâce, plus largement répandue dans un plus grand nombre, fasse abonder l'action de grâce pour la gloire de Dieu.

Le ministère de Paul à Corinthe est contesté par quelques membres de la communauté. La division menace et l'apôtre Paul engage toutes ses forces pour désigner avec vigueur la puissance de Jésus Christ, Seigneur. Son expérience lui a donné de connaître dans sa chair la victoire du Salut. Il le sait, il n'est que le serviteur de Jésus. C'est lui seul qu'il a la charge d'annoncer comme un trésor unique. Paul connaît assez ses limites et sa faiblesse. Dès lors, il exhorte ses destinataires à accueillir cette incomparable puissance de Dieu dans des vases d'argile, c'est-à-dire dans notre faiblesse. Grâce à un discernement, nécessaire, l'apôtre peut percevoir l'action du Christ dans sa vie éprouvée. Contre vents et marées, Paul attestera la manifestation de Jésus dans son existence mortelle.

La foi ne peut en aucun cas rester muette. Elle suscite et engage la Parole pour qu'au cœur des communautés, grâce au partage fraternel entre croyants, abonde l'action de grâces devant la gloire du Seigneur. Ainsi vécu, tout ministère trouve sa juste place dans le dessein de Dieu. Paul, ce passionné du Christ, s'est livré sans compter pour l'annonce de l'Évangile. Au prix de toutes les incompréhensions, des adversités redoutables, il s'est laissé façonner par la grâce de son Christ. Le voilà libre, même de lui-même, à cause de Jésus et de l'Évangile.

96. Libérer la liberté

Galates 5, 1-6

1 C'est pour que nous soyons libres que le Christ nous a libérés. Alors tenez bon, ne vous mettez pas de nouveau sous le joug de l'esclavage.
2 Moi, Paul, je vous le déclare : si vous vous faites circoncire, le Christ ne vous sera plus d'aucun secours. 3 Je l'atteste encore une fois : tout homme qui se fait circoncire est dans l'obligation de pratiquer la loi de Moïse tout entière. 4 Vous qui cherchez la justification par la Loi, vous vous êtes séparés du Christ, vous êtes déchus de la grâce. 5 Nous, c'est par l'Esprit, en effet, que de la foi nous attendons la justice espérée. 6 Car, dans le Christ Jésus, ce qui a de la valeur, ce n'est pas que l'on soit circoncis ou non, mais c'est la foi, qui agit par la charité.

La communauté des Galates est en danger. Tiraillée par le doute et la peur face à la nouveauté de l'Évangile, elle se recroqueville et trouve refuge dans l'observation étroite de l'ancienne Loi. Quelquefois, la liberté est difficile à vivre. Rappelons-nous le peuple de Dieu dans le désert regrettant son statut d'esclavage en Égypte. La vie dans la liberté est une tâche à accomplir en toute histoire humaine. Paul interpelle les Galates au sujet de la libération définitive et totale apportée par le Christ. Il insiste fermement sur le don de la liberté, reçu comme signe de la présence de l'Esprit Saint en tout homme. Le Christ est venu pour nous libérer de tout. Cela se nomme le Salut. Seule la foi en Jésus donne accès à cette vie nouvelle que nous offre la liberté. Cette vie est celle de l'Esprit Saint en nous, autrement dit, la vie dans l'amour.

Paul n'hésite pas à demander aux Galates de rejeter le poids aliénant de la Loi pour se risquer avec confiance à l'accueil inconditionnel de la foi. Certes, la foi est un combat et le choix de croire implique une vigilance de tous les instants. L'esclavage est le contraire de la liberté et la foi ne peut être que liberté. La ténacité de Paul envers les Galates démontre, une fois de plus, combien son itinéraire d'homme croyant l'a conduit à vivre une relation nouvelle à la Loi et à ses frères grâce à la liberté libérée par le Christ. Il tente ici de communiquer cette expérience déterminante qu'il vivra passionnément jusqu'à sa mort. La foi ne peut être aliénée par aucune emprise. Croire devient ainsi le chemin de la liberté.

97. L'humilité du Christ, chemin de vie

Philippiens 2, 1-11

1 S'il est vrai que, dans le Christ, on se réconforte les uns les autres, si l'on s'encourage avec amour, si l'on est en communion dans l'Esprit, si l'on a de la tendresse et de la compassion, 2 alors, pour que ma joie soit complète, ayez les mêmes dispositions, le même amour, les mêmes sentiments ; recherchez l'unité. 3 Ne soyez jamais intrigants ni vaniteux, mais ayez assez d'humilité pour estimer les autres supérieurs à vous-mêmes. 4 Que chacun de vous ne soit pas préoccupé de ses propres intérêts ; pensez aussi à ceux des autres.

5 Ayez en vous les dispositions qui sont dans le Christ Jésus : Le Christ Jésus, 6 ayant la condition de Dieu, ne retint pas jalousement le rang qui l'égalait à Dieu. 7 Mais il s'est anéanti, prenant la condition de serviteur, devenant semblable aux hommes. Reconnu homme à son aspect, 8 il s'est abaissé, devenant obéissant jusqu'à la mort, et la mort de la croix.

9 C'est pourquoi Dieu l'a exalté : il l'a doté du Nom qui est au-dessus de tout nom, 10 afin qu'au nom de Jésus tout genou fléchisse au ciel, sur terre et aux enfers, 11 et que toute langue proclame : « Jésus Christ est Seigneur » à la gloire de Dieu le Père.

Philippes est une ville située en Macédoine. Elle porte le nom de son fondateur, le roi Philippe II, père du fameux Alexandre le Grand. Elle devint romaine et fut comblée de privilèges. Paul, l'apôtre, y fonde une Église avec laquelle il entretient une relation fraternelle et pleine d'affection. La lettre qu'il adresse à la communauté de Philippes est une lettre dite de captivité. Paul est prisonnier, mais ce qu'il vit ne l'afflige pas. Il y voit au contraire un bien à cause du Christ. Aussi, il n'a de cesse de rappeler les communautés à imiter Jésus lui-même.

Toute communauté chrétienne se construit à partir de son fondement qui est le Christ. Les chrétiens de Philippes sont encouragés par l'apôtre Paul à vivre dans la concorde et l'unité. Pour stimuler et justifier cette façon de vivre, Paul lève le voile sur le mystère du Christ Jésus. L'amour est manifesté dans le

Christ. Qui dit Amour, dit gratuité. Ici, le Christ, l'égal de Dieu, se livre dans la démesure. Il se vide de lui-même, s'anéantissant en prenant la condition de serviteur, devenant obéissant jusqu'à la mort de la Croix. Cet abaissement, appelé kénose, manifeste prioritairement les modalités de l'Incarnation. L'humilité de Jésus dans sa condition humaine porte notre regard sur le Dieu dépouillé, dépossédé de lui-même. Ce mouvement descendant du Christ vers l'homme accomplit l'amour jusqu'au bout. En devenant homme, le Christ assume la finitude et les limites de notre condition mortelle. Il prend sur lui la mort et le péché.

Paul relate aussi l'obéissance du Fils. Elle est réponse absolue à l'amour du Père. Cette obéissance le conduira à l'humiliation de la Croix. Et là, le Christ Jésus s'en remettra pleinement à son Père. C'est lui qui va lui donner le Nom au-dessus de tout nom de sorte qu'« au Nom de Jésus tout genou fléchisse » en le reconnaissant comme Dieu et Seigneur. Notre Dieu est un Dieu humilié qui s'est compromis dans l'histoire des hommes pour leur révéler la communion à laquelle ils sont appelés.

98. La foi ouvre le passage de la mort à la vie

Éphésiens 2, 1-9

1 Et vous, vous étiez des morts, par suite des fautes et des péchés
2 qui marquaient autrefois votre conduite, soumise aux forces mau-
vaises de ce monde, au prince du mal qui s'interpose entre le ciel
et nous, et dont le souffle est maintenant à l'œuvre en ceux qui
désobéissent à Dieu. 3 Et nous aussi, nous étions tous de ceux-là,
quand nous vivions suivant les convoitises de notre chair, cédant
aux caprices de la chair et des pensées, nous qui étions, de par
nous-mêmes, voués à la colère comme tous les autres.
4 Mais Dieu est riche en miséricorde ; à cause du grand amour
dont il nous a aimés, 5 nous qui étions des morts par suite de nos
fautes, il nous a donné la vie avec le Christ : c'est bien par grâce
que vous êtes sauvés. 6 Avec lui, il nous a ressuscités et il nous a
fait siéger aux cieux, dans le Christ Jésus. 7 Il a voulu ainsi montrer,
au long des âges futurs, la richesse surabondante de sa grâce, par
sa bonté pour nous dans le Christ Jésus.
8 C'est bien par la grâce que vous êtes sauvés, et par le moyen
de la foi. Cela ne vient pas de vous, c'est le don de Dieu. 9 Cela ne
vient pas des actes : personne ne peut en tirer orgueil.

Quelle heureuse nouvelle pour les destinataires de la lettre de Paul ! Il semble cependant que ceux-ci ne sont pas vraiment les Éphésiens – habitants d'Éphèse – puisque Paul ne les connaît pas (Éphésiens 1,15) alors qu'il a séjourné chez ces derniers un certain temps. Un indice (Éphésiens 6, 21-22) permet de penser que cette lettre est adressée aux Colossiens – habitants de Colosses. Ces destinataires vivaient leur existence aux prises avec la convoitise, liée à leur condition de créatures vulnérables. Les voilà touchés par la puissance de la résurrection du Christ. Paul leur parle de la « chair », désignant ainsi la personne, avec sa complexité physique et psychique. Là où la mort a accompli ses méfaits, la puissance de la Vie apporte le Salut. L'expérience de la foi fait vivre le passage de la mort à la Vie nouvelle. Cette Vie nouvelle est le don du Salut offert à celle ou celui qui accueille, comme une grâce, l'amour infini de Dieu dans sa vie. La grâce ! Ce mot reviendra souvent dans les lettres de Paul. Elle est le don de Dieu qui contient tous les autres, soit celui de Son Fils, mort et ressuscité. Cette grâce a la puissance de transformer l'être qui la reçoit. En ce sens, l'homme ne peut par lui-même reconnaître cet amour de Dieu. C'est Dieu qui en fait la grâce car il en est l'origine. Voilà le sens de la « miséricorde » : notre misère humaine a sa place dans le cœur de Dieu.

L'apôtre insiste. Dieu nous associe à la vie du Christ. Il nous fait connaître la Gloire de Jésus, son Fils, en nous donnant d'avoir part à sa gloire avec lui dans les Cieux. La perspective, ici, vise la fin des temps. Dans l'espérance, en vivant de la foi au Christ, nous sommes déjà sauvés avec la Création tout entière. La foi met ainsi à l'œuvre le Salut reçu pour vivre dès aujourd'hui dans la liberté et la confiance. Le Salut a été accompli par Jésus, le Christ. En fait, la puissance de la foi réside dans l'ouverture à la vie du Christ. Cette vie nouvelle libère le croyant de la peur et de l'angoisse, car sa vie est transformée par la vie du Christ. Paul est pétri par son expérience personnelle. Il deviendra un homme nouveau. Il écrira un jour à la communauté des Galates : « Ce n'est plus moi qui vis, c'est le Christ qui vit en moi » (Galates 2, 20). Avec ardeur et humilité, il communique ce qu'il vit lui-même grâce au baptême qu'il a reçu. Tout est donné par le Père.

L'Apocalypse

La lecture de la Bible s'achève avec le livre de l'Apocalypse. C'est le livre par excellence de l'espérance. Le mot « apocalypse » signifie « dévoilement » ou « révélation ». Jean, le visionnaire de l'île de Patmos, en est l'auteur.

Les chrétiens sont persécutés de tous côtés. Leur combat pour garder la foi est l'épreuve à laquelle ils sont soumis face à la violence délirante et à la mort. C'est pour eux que Jean écrit ce livre, sans doute autour des années 100. Le genre littéraire apocalyptique est rare dans la Bible. Seuls le livre de Daniel et le livre de l'Apocalypse utilisent cette forme littéraire.

L'auteur de l'Apocalypse fait état de ce mal monstrueux qui donne à croire à sa victoire. Les Églises fléchissent devant l'insoutenable et perdent la vitalité de la foi en Jésus, Christ. Une menace bien plus grande que la mort physique pèse sur les croyants : croire que le Ressuscité a abandonné ses amis aux forces du mal. Jean va soutenir ses sœurs et ses frères éprouvés en leur révélant l'au-delà de l'Histoire. En Jésus Christ, toute l'Histoire est accomplie. Le mal est vaincu pour toujours. Un nouveau monde est déjà né et Jean en est témoin.

Dans ses visions, il voit l'Agneau, animal innocent et vulnérable qui symbolise le Christ, au centre et, dans une grande liturgie céleste, associée à la gloire de Dieu, une foule immense que nul ne peut dénombrer. La victoire de la fin des temps est totale et universelle. La Terre et le Ciel ne feront plus qu'un.

L'Apocalypse nous dit la réalité. Ce monde est en marche. Il gémit des douleurs de l'enfantement. La destinée de l'humanité est perçue par les croyants comme le rassemblement de tous les peuples, races et nations réconciliés dans l'Unique Amour du Christ.

99. La Jérusalem nouvelle

Apocalypse 21, 1-8

**1 Alors j'ai vu un ciel nouveau et une terre nouvelle, car le pre-
mier ciel et la première terre s'en étaient allés et, de mer, il n'y
en a plus. 2 Et la Ville sainte, la Jérusalem nouvelle, je l'ai vue qui
descendait du ciel, d'auprès de Dieu, prête pour les noces, comme
une épouse parée pour son mari.**

**3 Et j'entendis une voix forte qui venait du Trône. Elle disait : « Voici
la demeure de Dieu avec les hommes ; il demeurera avec eux, et
ils seront ses peuples, et lui-même, Dieu avec eux, sera leur Dieu.
4 Il essuiera toute larme de leurs yeux, et la mort ne sera plus, et
il n'y aura plus ni deuil, ni cri, ni douleur : ce qui était en premier
s'en est allé. »**

**5 Alors celui qui siégeait sur le Trône déclara : « Voici que je fais
toutes choses nouvelles. » Et il dit : « Écris, car ces paroles sont
dignes de foi et vraies. » 6 Puis il me dit : « C'est fait. Moi, je suis
l'alpha et l'oméga, le commencement et la fin. À celui qui a soif,
moi, je donnerai l'eau de la source de vie, gratuitement. 7 Tel
sera l'héritage du vainqueur ; je serai son Dieu, et lui sera mon
fils. 8 Quant aux lâches, perfides, êtres abominables, meurtriers,
débauchés, sorciers, idolâtres et tous les menteurs, la part qui
leur revient, c'est l'étang embrasé de feu et de soufre, qui est la
seconde mort. »**

Le mot « apocalypse » signifie dévoilement ou révélation. Jean, l'auteur de ce livre, s'adresse aux chrétiens persécutés. La persécution, menée par l'Empire romain bat son plein et l'Église est en péril. Comment fortifier la foi de celles et de ceux qui sont livrés à la mort à cause de Jésus en qui ils ont mis leur confiance ? Les chrétiens soumis à la violence pensaient au retour imminent du Christ. Or, ce retour se fait attendre. Beaucoup perdent courage et vivent leur foi dans la tiédeur. Jean, lui-même en sécurité sur l'île de Patmos, leur décrit les visions qu'un ange lui permet de contempler. Ce sont des réalités mystérieuses qui, à partir de la Résurrection du Christ, donnent sens au combat et à la persévérance dans le monde. Comme des prophéties, elles annoncent la victoire finale du Christ sur le mal. Dans la mort et la Résurrection du Christ, le Salut est déjà donné à tout homme. Il reste cependant à vivre de cette espérance jusqu'à la fin de l'histoire de l'humanité. Oui, un monde nouveau est déjà né. Un Ciel et une Terre, sans la mer, évoquent l'au-delà de la mort. Il n'y a plus de mer car la première création aura disparu et la mer, lieu que l'on croyait symboliquement habité par les forces du mal, n'a plus de raison d'être. Du Ciel, Jérusalem, la ville sainte, parée pour son époux, est désignée par une voix venant du trône comme la « demeure de Dieu avec les hommes ». Elle est l'opposé de la Babylone sanguinaire et prostituée. Jérusalem est bien celle qui rassemble les nations. Voilà la communauté humaine rassemblée, libérée de tout mal, de toute souffrance et de toute mort et demeurant avec Dieu. Elle est l'œuvre de Dieu et le Christ, Vainqueur du mal, siège désormais sur le trône de Gloire. C'est lui le Premier et le Dernier, l'Alpha et l'Oméga, l'origine et la fin de l'histoire. En Lui, tout est accompli pour l'éternité. Il donnera part à l'héritage promis à celui qui aura vécu dans la confiance et la fidélité.

Quant à ceux qui se seront opposés jusqu'à leur dernier souffle à la victoire de l'Amour, ils se jugeront eux-mêmes, livrés à leur propre sort.

100. Le Salut pour toutes les nations

Apocalypse 22, 1-5

1 Puis l'ange me montra l'eau de la vie : un fleuve resplendissant comme du cristal, qui jaillit du trône de Dieu et de l'Agneau. 2 Au milieu de la place de la ville, entre les deux bras du fleuve, il y a un arbre de vie qui donne des fruits douze fois : chaque mois il produit son fruit ; et les feuilles de cet arbre sont un remède pour les nations. 3 Toute malédiction aura disparu. Le trône de Dieu et de l'Agneau sera dans la ville, et les serviteurs de Dieu lui rendront un culte ; 4 ils verront sa face, et son nom sera sur leur front. 5 La nuit aura disparu, ils n'auront plus besoin de la lumière d'une lampe ni de la lumière du soleil, parce que le Seigneur Dieu les illuminera ; ils régneront pour les siècles des siècles.

L'ange poursuit la présentation de ce monde nouveau et réconcilié. Étonnamment, cette vision fait allusion au jardin d'Éden du début du livre de la Genèse. Un fleuve d'eau vive coule abondamment et un arbre de vie, doté d'une fécondité sans pareille, est placé là, au milieu de la place. En plus, son feuillage servira à guérir les nations. L'image est forte. Ce n'est pas l'Éden retrouvé, mais plutôt le lieu de l'accomplissement de l'histoire du Salut. Tous seront sauvés. Tous seront guéris. Dieu et l'Agneau (son Fils) seront dans la Cité. Ils habiteront avec les hommes qui lui rendront un culte de louange. Cet aspect liturgique souligne ici l'accomplissement de l'histoire des hommes. En fait, ce culte se vivra dans un face-à-face définitif. Ils verront son visage et son nom sera sur leurs fronts. Comment ne pas penser à Moïse lui-même qui n'a pu voir le visage de son Dieu ? Déjà dans les Béatitudes, Jésus avait fait de ce face-à-face, au-delà de la mort, une promesse. « Heureux les cœurs purs, car ils verront Dieu » (Matthieu 5, 8). L'apôtre Jean, dans sa première lettre, confirme cette espérance : « Nous savons que lorsqu'il paraîtra, nous lui serons semblables puisque nous le verrons tel qu'il est » (1 Jean 3,2).

Enfin, la vision reprend le thème de la victoire de la lumière sur les ténèbres. Il n'y aura plus de nuit et la lumière viendra de Dieu lui-même.

Cette vision de l'Apocalypse soutient le croyant dans ses combats d'aujourd'hui. Suivre Jésus, l'Agneau de l'Apocalypse, c'est s'exposer dans le monde à l'adversité et au rejet. Cette vision apocalyptique donne déjà au croyant de goûter, dans l'espérance, à la victoire finale de l'Amour. Ainsi s'achève ce dévoilement qui n'est pas d'abord un *happy end*, mais une promesse réalisée sur laquelle s'appuient la confiance et l'espérance.

Quelques repères

Chronologie

2000-1700 : Époque des patriarches : Abraham, Isaac et Jacob-Israël (Chaldée ; Canaan)
1700-1300 : Installation en Égypte et réduction en esclavage
1300-1200 : Moïse et la sortie d'Égypte
1200-1030 : Les Hébreux s'établissent au pays de Canaan ; Époque des juges
1030 : Roi Saül puis roi David
1010 : Roi Salomon
930 : Schisme entre le royaume du Nord (Israël, capitale : Samarie) et le royaume du Sud (Juda, capitale : Jérusalem).

930-720 : *Royaume d'Israël*
870 : Achab et le prophète Élie
720 : Fin du royaume d'Israël et exil en Assyrie

930-586 : *Royaume de Juda*
700 : Ézéchias et prophète Isaïe
620 : Josias et sa réforme fondée sur le Deutéronome
597 : Domination de Babylone ; prophète Jérémie

586 : Première destruction de Jérusalem
586-536 : Captivité à Babylone ; prophète Ézéchiel

536-332 : *Domination des Perses*
516 : Zorobabel et la reconstruction du Temple
458-443 : Esdras et Néhémie

332-140 : *Domination grecque*
332 : Alexandre à Jérusalem

320 : Judée sous domination grecque : les Ptolémées
198 : Judée sous domination grecque : les Séleucides
167 : Soulèvement des Hasmonéens (Macchabés)
140 : Libération de la domination grecque ; Judée indépendante

140-37 : *Fin de la période hasmonéenne et époque d'Hérode*
140 : Nassi (prince) Siméon l'Asmonéen
135 : Nassi (prince) Yohanan Hyrcan ; développement des partis sadducéens et pharisiens
103 : Roi Alexandre Jannée
67 : Guerre Hyrcan-Aristobule
63 : Pompée et les Romains à Jérusalem
62 : Hyrcan et Antipater
37 : Roi Hérode le Grand

1 : Naissance présumée de Jésus de Nazareth (plus probablement – 4 ou – 7)
4 : Mort d'Hérode
6-40 : Procurateurs romains en Judée
30/33 : Crucifixion de Jésus de Nazareth
Vers 36 : Martyre d'Étienne
41-44 : Roi Agrippa Ier
49-50 : Concile de Jérusalem
64 : Martyre de Pierre
66-67 : Martyre de Paul
44-66 : Derniers procurateurs
66-70 : Guerre contre Rome
70 : Deuxième destruction de Jérusalem
80 : Yochanan ben Zaccaï fonde l'Académie rabbinique à Yavné
Vers 100 : Canonisation de la Bible hébraïque (*Tanakh*)
132-135 : Soulèvement infructueux de Bar-Kochba. La Judée devient la Palestine.
Vers 150 : Déplacement de l'Académie rabbinique en Galilée
Vers 200 : Nassi (prince) Juda : compilation de la tradition orale (*Mishna*)
À partir de 250 : Diaspora juive : Babylone, Empire romain...
Vers 400 : Talmud de Jérusalem
Vers 400 : Clôture du canon chrétien
Vers 600 : Talmud de Babylone

Le Proche-Orient à la mort de Salomon (– 930)

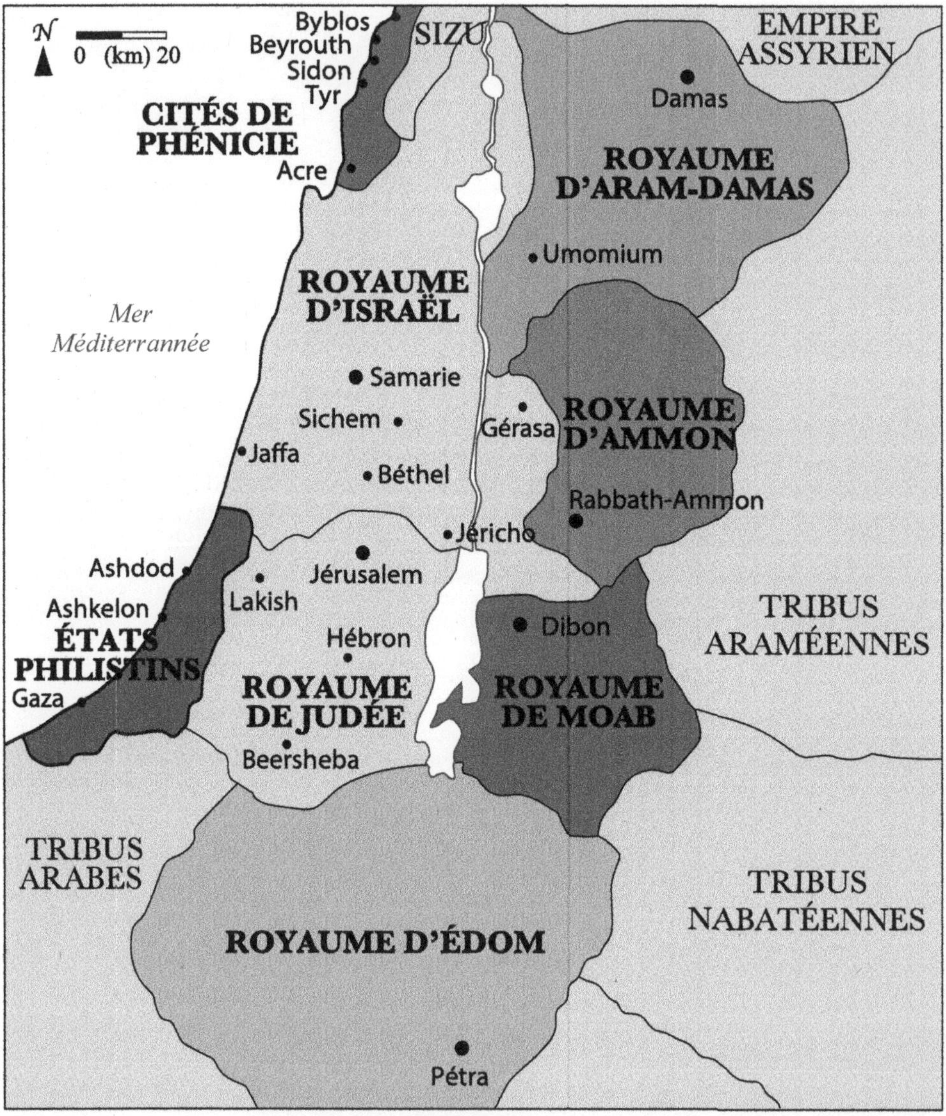

Israël sous domination romaine au temps de Jésus-Christ

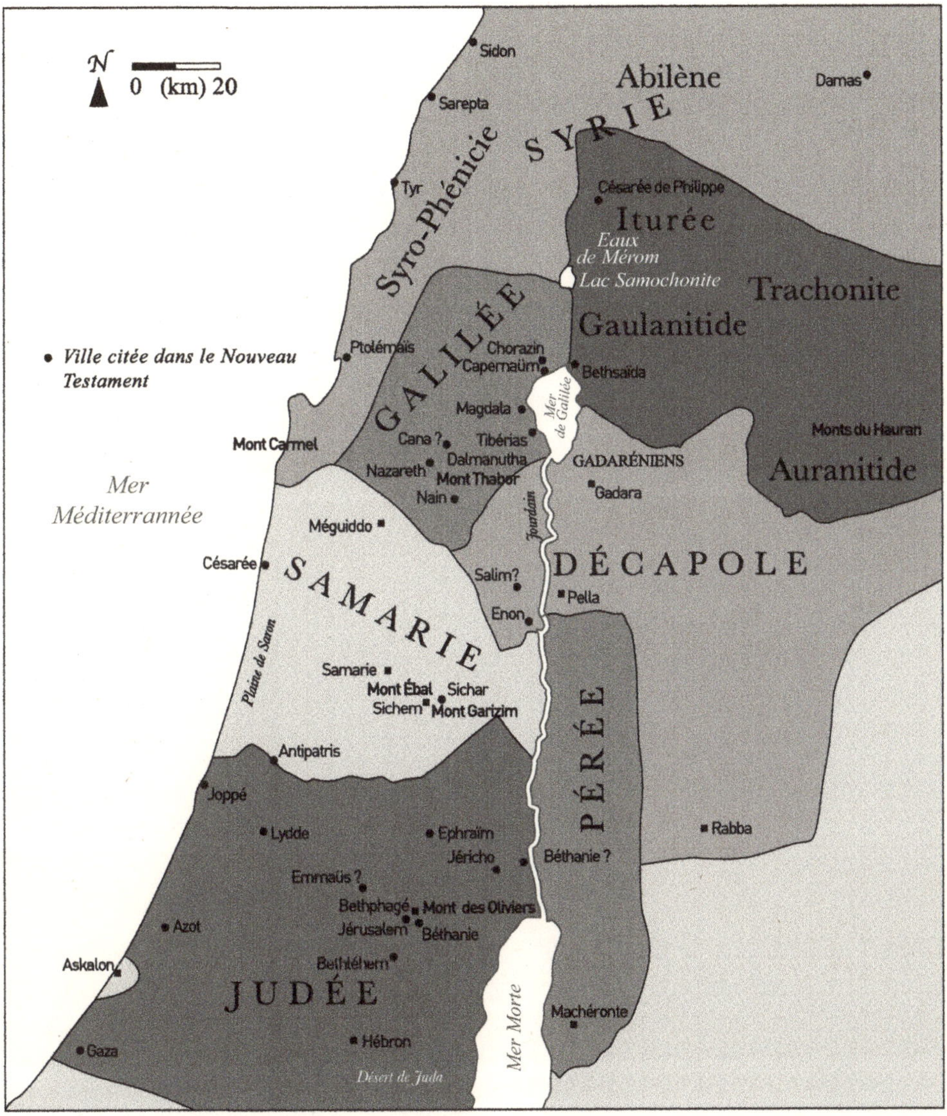

Pour aller plus loin

Principaux ouvrages de Philippe Haddad

Comment Jésus lisait la Torah, Daleth, 2021
La Torah expliquée, Eyrolles, 2021
Sommes-nous tous violents ? (ouvrage collectif), Eyrolles, 2021
Petit lexique pour comprendre la kabbale et les kabbalistes, Erick Bonnier, 2018
Petit lexique pour comprendre le judaïsme et le sionisme, Erick Bonnier, 2017
Citations talmudiques expliquées, Eyrolles, 2017
Pour expliquer le judaïsme à mes amis, In Press, 2013
Paroles de rabbin, Seuil, 2010
Islam et judaïsme en dialogue, avec Ghaleb Bencheikh, L'Atelier, 2002
L'Aigle de Dieu (roman), Éditions Jean-Cyril Godefroy, 2002
Le Méiri, rabbin catalan de la tolérance, Mare Nostrum, 2001
Épreuves d'espérance, Actes Sud, 2000

Bibliographie pour le judaïsme

Traduction de la Bible

La Bible, Ancien Testament, traduction et notes d'Édouard Dhorme, Gallimard, La Pléiade, 1956

La Bible du Rabbinat (sous la dir. de Zadoc Kahn), Colbo, version électronique sur www.sefarim.fr avec les commentaires de Rachi sur le Pentateuque
La Bible, traduction d'André Chouraqui, Cerf, 1977
La Bible, traduction d'Henri Meschonnic, DDB, 1970
La Genèse de la Genèse, traduction et commentaires de Marc-Alain Ouaknin, Éditions Diane de Selliers, 2019

Lecture juive de la Bible

Armand Abécassis, *L'Univers hébraïque. Du monde païen à l'humanisme biblique*, Albin Michel, 2003
Léon Ashkenazi, *La Parole et l'Écrit* (2 tomes), Albin Michel, 2000 et 2005
Gilles Bernheim, *Le Souci des autres*, Calmann-Lévy, 2002
Marc Breuer et Alain Goldman, *La Torah commentée*, Keren Hasefer ve Halimoud, 1977
Martin Buber, *La Foi des prophètes*, Albin Michel, 2003
Josy Eisenberg et Armand Abécassis, *À Bible ouverte* (5 volumes), Albin Michel, 1991
Élie Munk, *La Voix de la Torah* (5 volumes), Fondation Samuel-et-Odette-Levy, 1969
André Néher, *Prophètes et prophéties. L'essence du prophétisme*, Payot, 1955, 2016
Marc-Alain Ouaknin, *Lire aux éclats*, Lieu commun, 1989

Histoire de la Bible

Israël Finkelstein et Thomas Römer, *Aux origines de la Torah*, Bayard, 2019
Thomas Römer et Jean-Daniel Macci, *Introduction à l'Ancien Testament*, Labor et Fides, 2009
Shmuel Trigano (dir.), *Controverse sur la Bible*, Pardès n° 50, In Press, 2012
Shmuel Trigano (dir.), *D'où vient la Torah*, Pardès n° 51, In Press, 2012

Lecture juive, lecture chrétienne de la Bible

Bruno Charmet, Jérôme Beau et Yves Chevalier, *Juifs et chrétiens lisent ensemble les Écritures. L'Ancien Testament*, Parole et Silence, 2016

Jean Mouttapa, *Religions en dialogue*, Albin Michel, 2002

Pierre d'Ornélas et Jean-François Bensahel, *Frères à l'évidence*, Odile Jacob, 2015

Bibliographie pour le christianisme

Paul Beauchamp, *Parler d'Écritures saintes*, Seuil, 1987

Étienne Charpentier et Régis Burnet, *Pour lire le Nouveau Testament*, Cerf, 2010

Daniel Marguerat (dir.), *Introduction au Nouveau Testament. Son histoire, son écriture, sa théologie*, collectif, Labor et Fides, 2008

Daniel Marguerat et Camille Focant (dir.), *Le Nouveau Testament commenté*, Bayard/Labor et Fides, 2014

John P. Meier, *Un certain Juif, Jésus. Les données de l'histoire*, Cerf, t. 1 : *Les Sources, les Origines, les Dates*, 2004 ; t. 2 : *La Parole et les Gestes*, 2005 ; t. 3 : *Attachements, affrontements, ruptures*, 2005 ; t. 4 : *La Loi et l'Amour*, 2009

Table des matières

INTRODUCTION À *NOTRE BIBLE*

LA BIBLE HÉBRAÏQUE

LE NOUVEAU TESTAMENT

Composition et mise en pages
Nord Compo à Villeneuve-d'Ascq

MIXTE
Papier
FSC FSC® C003309

L'éditeur de cet ouvrage s'engage dans une démarche
de certification FSC® qui contribue à la préservation
des forêts pour les générations futures.

Pour en savoir plus :
www.editis.com/engagement-rse/

Cet ouvrage a été achevé d'imprimer en février 2022
sur les presses de Normandie Roto Impression s.a.s.
61250 Lonrai (Orne)
N° d'éditeur : 63923/03 - N° d'impression : 2200544

Imprimé en France